教育部人文社会科学研究一般项目"机场地区'港产城'一体化发展模式研究——以京津冀地区为例"（项目批准号：15YJAZH053）资助。

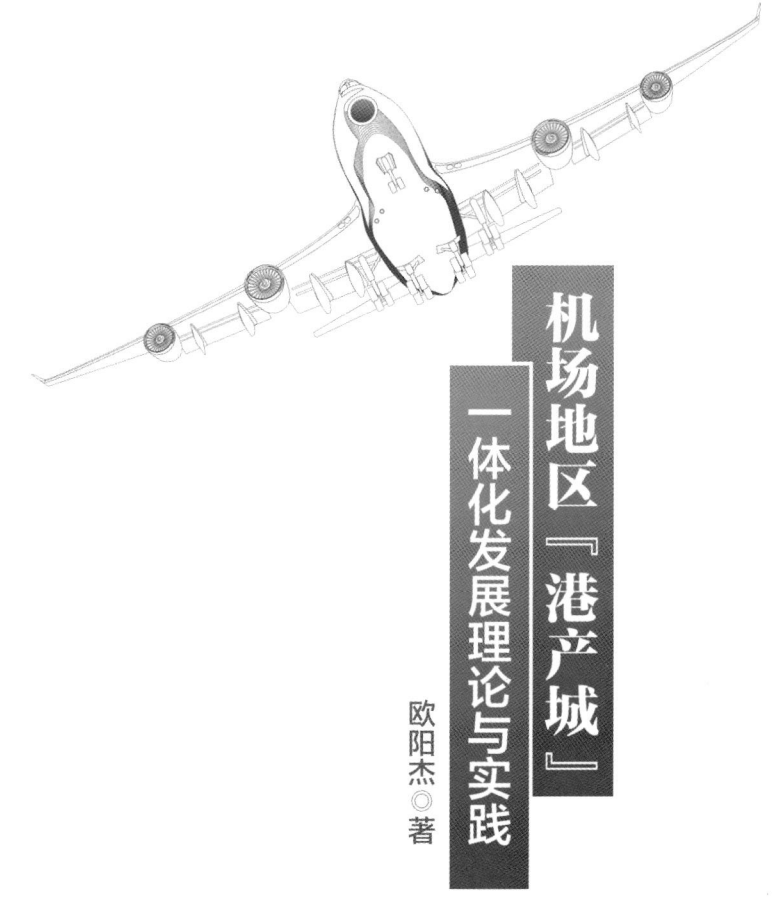

机场地区"港产城"一体化发展理论与实践

欧阳杰 ◎ 著

中国社会科学出版社

图书在版编目（CIP）数据

机场地区"港产城"一体化发展理论与实践 / 欧阳杰著. —北京：中国社会科学出版社，2022.4

ISBN 978 - 7 - 5203 - 9422 - 2

Ⅰ. ①机… Ⅱ. ①欧… Ⅲ. ①港口经济—经济发展—研究—中国 Ⅳ. ①F552.3

中国版本图书馆 CIP 数据核字（2021）第 258681 号

出 版 人	赵剑英
策划编辑	周 佳
责任编辑	刘凯琳
责任校对	韩天炜
责任印制	王 超

出　　版	中国社会科学出版社
社　　址	北京鼓楼西大街甲 158 号
邮　　编	100720
网　　址	http://www.csspw.cn
发 行 部	010 - 84083685
门 市 部	010 - 84029450
经　　销	新华书店及其他书店
印　　刷	北京君升印刷有限公司
装　　订	廊坊市广阳区广增装订厂
版　　次	2022 年 4 月第 1 版
印　　次	2022 年 4 月第 1 次印刷
开　　本	710×1000　1/16
印　　张	18.5
插　　页	2
字　　数	298 千字
定　　价	98.00 元

凡购买中国社会科学出版社图书，如有质量问题请与本社营销中心联系调换
电话：010 - 84083683
版权所有　侵权必究

目 录

第一章　绪论 …………………………………………………………（1）
　第一节　基本概念 ……………………………………………………（1）
　第二节　国内外研究综述 ……………………………………………（4）
　第三节　主要研究内容 ………………………………………………（10）

第二章　城市空间结构体系与交通方式的演进及其互动 …………（12）
　第一节　交通方式与城市空间结构互动演进的阶段性特征 ………（12）
　第二节　城市体系、全球城市与交通体系的互动 …………………（19）
　第三节　京津冀地区城市空间和交通方式的互动 …………………（25）
　第四节　从历次城市定位的演变反思京津城市空间及
　　　　　交通结构的互动 ……………………………………………（34）
　第五节　新时代京津冀核心区空间结构与交通结构的互动 ………（47）

**第三章　服务于建设世界级城市群的京津冀国际交通
　　　　　体系发展战略** ……………………………………………（54）
　第一节　京津冀地区综合交通体系的发展特性及其面临
　　　　　的问题 …………………………………………………………（54）
　第二节　京津冀地区综合交通体系的基本构成及其目标
　　　　　定位 ……………………………………………………………（62）
　第三节　北京首都交通功能的强化和非首都交通功能的疏解 ……（65）
　第四节　以疏解北京非首都交通功能为目标的京津冀国家
　　　　　交通体系发展战略 ……………………………………………（69）

第五节 以服务于"一带一路"倡议为重点的京津冀国际交通
体系建设 …………………………………………………… (76)

第四章 建设京津冀世界级机场群的发展战略 ……………………… (83)
第一节 机场群的基本条件、运营模式及地面交通组织模式 …… (83)
第二节 城市群与机场群的互动 ……………………………………… (99)
第三节 中国机场群的规划布局和建设发展 ……………………… (106)
第四节 基于生命周期理论的京津冀机场群发展历程分析 …… (117)
第五节 京津冀机场群的发展现状和国家战略价值分析 ……… (125)
第六节 建设京津冀世界级机场群的发展战略思路 …………… (133)
第七节 京津冀地区机场综合交通枢纽布局及其多式联运
模式 ………………………………………………………… (150)

第五章 机场地区的 AOD 综合开发模式 …………………………… (162)
第一节 不同城市体系背景下高铁车站与枢纽机场的布局 …… (162)
第二节 以机场为导向的城市土地综合开发模式 ……………… (169)
第三节 机场地区的综合开发模式和土地利用模式 …………… (185)

第六章 机场地区"港产城"一体化发展理论的应用实践 ………… (195)
第一节 机场地区"港产城"一体化发展基础理论 ……………… (195)
第二节 北京首都机场地区"港产城"一体化发展模式 ………… (206)
第三节 北京大兴机场地区"港产城"一体化发展模式 ………… (216)
第四节 天津滨海机场地区"港产城"一体化发展模式 ………… (220)
第五节 石家庄正定机场地区"港产城"一体化发展模式 ……… (233)

第七章 机场群、临空产业集群和航空都市群协同发展理论与
实践 ……………………………………………………………… (238)
第一节 区域"交通—产业—空间—生态"链式结构 ………… (238)
第二节 机场群、临空产业集群和航空都市群"三群联动"的
基础理论 …………………………………………………… (248)

第三节 京津冀机场群、临空产业集群和航空都市群
"三群联动"的总体思路……………………………（259）
第四节 京津冀机场群、临空产业集群和航空都市群
协同发展的对策……………………………………（273）

参考文献 ………………………………………………………（281）

后　记 …………………………………………………………（290）

第 一 章

绪 论

第一节 基本概念

近些年来，机场、临空经济和航空城等相关领域的研究比较热门，涉及机场地区"港产城"领域的新概念、新观点及新思想频繁出现。早在20世纪60年代，美国学者麦金利·康威（McKinley H. Conway）就提出了"机场综合体"的概念，并在1977年出版著作《机场城和未来的多式联运体系》。美国北卡罗来纳大学商学院的约翰·卡萨达（John D. Kasarda）教授于2000年年末在《物流和航空都市区的崛起》一文中预言，全球化和航空业的发展将塑造一种新的城市形态——航空大都市（Aerotropolis），并将其定义为以机场为核心，由航空产业吸附相关商务活动、休闲娱乐活动等协同发展，从而集聚人气所形成的城市新形态。而后机场域（Airea）、翼城（Winged City）、航空商务集聚区（Air-Commerce Cluster）、机场走廊（Airport Corridor）等新概念不断涌现。

从概念内涵及其学科属性来看，涉及机场地区的基本概念总体上可分为交通运输工程类、经济学类和城市规划类三类，其中常见的交通运输工程类相关概念包括机场（Airport）、机场交通枢纽（Airport Transportation Hub）、机场群（Airport Cluster）、机场管理机构（Airport Managing Body）和多机场体系（Multi-Airport System）等；经济学类的相关概念包括机场经济（Airfield Economic）、临空经济（Airport Economic）、航空经济（Aviation Economic）等；城市规划类的相关概念更是多元化，具体包括机场综合体（Airport Complex）、航空城（Aviation City）、航空大都市（Aerotropolis）、机场城或空港城（Airport City）、机场区域（Airport Region)、机场地区（Airport Areas）和临空经济区（Airport Economic Zone）等（见表1—1）。本书所指的机场地区包括空港及其周边的临空经济区两大组成部分，其中空港由民航部门主管，临空经济区由所在园区管理委员会管理。

表1—1　机场、临空经济和航空城相关领域典型概念的辨析

学科门类	专用名称	内涵定义	概念范畴和要素禀赋
交通运输工程	机场（航空港）（Airport）	供航空器起飞、降落和地面活动而划定的一块地域或水域，包括域内的各种建筑物和设备装置[①]	航空交通学范畴；特指民航交通专属用地
	机场群（Airport Cluster）	指在特定的区域空间范围内，以枢纽机场为核心、干线机场为骨干、支线机场为基础、通用机场为补充，依托以铁路交通和高速公路为骨干的区域综合交通体系，共同构筑"分工合作、有序竞争、协力共进"的多机场体系	航空交通特定名词；机场归属同一区域空间体系和区域交通体系
	机场管理机构（Airport Managing Body）	指主管跨区域或本区域内多机场体系的机场运营管理机构，其主体形式有行政性质的机场管理当局、企业性质的机场集团公司以及协会性质的机场管理委员会等	航空运输管理专用名称；机场归属同一机场管理体制
经济学	机场经济（Airfield Economic）	在经济学范畴，专指以客流为主的"枢纽经济"和以货流为主的"口岸物流经济"所构成的航空运输类经济形态	交通经济学范畴；主要涉及航空直接关联产业
	临空经济（Airport Economic）	依托机场的交通优势、口岸优势以及区位优势，以航空运输业为动力，促使生产、技术、资本、贸易和人口等生产力要素在机场周围地区聚集，呈现以临空偏好型产业为特征的新兴产业经济业态	区域经济学范畴；产业业态丰富，且涵盖空间范畴；涉及航空直接和间接关联产业及引致产业

① 由国际民航组织（ICAO）定义。

续表

学科门类	专用名称	内涵定义	概念范畴和要素禀赋
经济学	航空经济（Aviation Economic）	以航空公司为核心要素，以航空工业为产业基础，通过直接或间接航空关联产业联动，带动上下游航空运输产业链发展，进而衍生出全产业链的航空产业业态	产业经济学范畴，无特定空间概念；产业业态仅涉及直接或间接关联产业
城市规划	机场综合体（Airport Complex）	以机场为核心，集航空运输、物流、购物、旅游、休闲、工业等诸多功能开发于一体的多功能大型机场综合体[1]	城市功能区概念，具有集聚性和多元化的机场功能
城市规划	机场区域（Airport Region）（Roeseler，1971）	机场地区直接汇集"客货交通流"，并叠加有"信息流、资金流和技术流"等各种资源禀赋，推动机场内外区域空间由静态的"地点空间"（Space of Places）向动态的"流动空间"（Space of Flows）转型升级	城市空间用地范畴，可涵盖机场及其周边地区的城市空间、产业和交通领域
城市规划	机场地区（Airport Areas）[2]	指在国际机场周边，轮廓、周长、特征彼此各不相同，但通向同一个国际机场的地理空间[3]	城市地理学范畴，研究机场活动对周边区域产生正面作用和负外部性作用
城市规划	临空经济区（Airport Economic Zone）	依托航空枢纽和现代综合交通运输体系，提供高时效、高质量、高附加值产品和服务，集聚发展航空运输业、高端制造业和现代服务业而形成的特殊经济区域，是民航业与区域经济相互融合、相互促进、相互提升的重要载体[4]	城市功能区性质，指由政府派出机构——管理委员会管辖的特定城市功能区

---

[1] 由美国学者 McKinley H. Conway 定义。
[2] 大巴黎规划院（IAU）1998 年提出。
[3] 大巴黎规划院在《可持续的机场地区——决策者导则》报告中定义。
[4] 国家发改委、民航局发布的《关于临空经济示范区建设发展的指导意见》中提出。

续表

学科门类	专用名称	内涵定义	概念范畴和要素禀赋
城市规划	机场城/空港城（Airport City）（Conway, 1980）	以机场为中心，以航空运输为核心功能，依托机场的区位优势、交通运输优势和航空口岸优势，在机场内部及其周边地区开发形成的具有城镇性质的新兴功能区	小城镇、卫星城或新城性质，针对机场地区人口城市化和土地城市化的一种泛称
	航空大都市（Aerotropolis）（Kasarda, 1991）	指基础设施、土地利用和经济业态都以机场为中心所形成的一种城市功能区。它由锚固在航空核心及其外围交通走廊的航空、物流和商业等设施所构成，并聚集着临空导向型商务区和居住区，彼此相互依存，且享有机场的通达性	理想城市概念，针对航空特性显著、城市功能齐备的大型航空城的一种泛称

注：未注出处的地方为笔者自定义。
资料来源：笔者整理。

第二节 国内外研究综述

本书所研究领域涉及面较为广泛，这些相关领域的研究进展及其应用实践总结也成果斐然。有关研究文献综述的内容包括城市空间结构和城市交通结构互动、机场群及其地面交通结构和空铁联运模式、机场地区"港产城"一体化发展等诸多方面。

一 城市空间结构与交通互动研究

产业革命以后，城市空间形态和交通方式的互动成为城市研究领域的关键因素。1882年，西班牙工程师苏里亚·伊·马塔（Soya Y. Mata）提出"带形城市"理论，即城市沿一条或多条宽敞的道路及电气铁路运输线呈带状的发展模式，其中的交通走廊作为城市生长的脊椎。1898年，霍华德（E. Howard）在其代表作《明天——一条引向真正改革的和平道路》中提出保持城市与乡村自然景观和谐共处的"田园城市"规划思想。从交通角度来看，该理想模型所设想的1140米的城市半径是按照以中央花园为核心的合理步行距离所确定的，外围的卫星城由放射状道路及环路所连接，这一环放式路网结构至今仍为众多城市所沿用。20世纪30年代苏联的米柳金（N. A. Milutin）在"带形城市"概念的基础上又提出"连续功能分区"方案。

20世纪50年代，法国经济学家佩鲁（F. Peru）提出了"增长极理论"（Growth Pole）。70年代初，波兰学者萨伦巴（Salumba）和马利士（Marlis）提出了"点轴开发理论"，其主旨是在一个国家或地区，选择重大的基础设施线（如交通线、动力供应线、水源供应线等）或线的集合带作为重点优先开发的"轴"，在轴上选择若干中心城市、城镇区域、工业基地作为更重点、更优先开发的"点"，点轴逐步向较不发达地区延伸、扩散，从而带动整个区域的经济发展。点轴开发理论为后来TOD开发模式的产生奠定了基础。针对交通运输与区域经济一体化协同发展的态势，80年代有学者提出了"交通经济带"（Traffic Economic Belt）概念和理论，张文尝、金凤君等编著的《交通经济带》一书对该理论进行了详细的解释。魏后凯认为区域经济发展是一个动态的过程，将先后呈现出增长极点开发、点轴开发和网络开发三个不同阶段（魏后凯，1988）。曾菊新提出了可指导区域全过程发展的城乡网络化发展的新模式（曾菊新，2001）。

1992年，美国北卡罗来纳大学商学院的卡萨达教授提出了"第五波理论"，指出航空枢纽是继海港、内河、铁路、高速公路四种运输方式之后又一波推动国际经济中心城市崛起的原动力，也是促成航空城发展的直接动力。阿姆斯特丹史基浦机场高级规划师莫里茨·沙夫斯马（Maurits Schaafsma）等提出空港与中心城市之间的"机场走廊"（Airport Corridor）是经济开发的推手（Schaafsma et al.，2008）。欧阳杰提出了以机场为导向的点轴综合开发模式（AOD模式）（欧阳杰，2013）。吕小勇等论述了轴带式产业空间的概念及其形成机制，并提出组团放射型、连绵带型、星座型、组团串联型四种空港城市轴带式产业空间布局模式（吕小勇、赵天宇，2014）。

二 全球城市与航空运输的关联研究

全球城市是世界范围内最具有直接影响力的节点和中心，它在全球政治、经济、文化等方面具有广泛控制力或重要影响力。1966年，英国地理学家彼得·霍尔（Peter Hall）指出全球城市（Global Cities）是专指那些已对全世界或大多数国家产生全球性经济、政治、文化影响的国际一流大城市，他认为全球城市是主要的政治中心、商业中心以及公司总部所在地，有大的港口、铁路与公路枢纽及主要机场，是主要的财政、金融和文化中心。1986年，美国学者约翰·弗里德曼（John Friedmann）在《世界城市假说》一文中指出，世界城市是全球经济的组织节点，组织并连接区域经济、国家经济而形成全球经济。这样的组织节点可能包括：主要金融中心、跨国公司总部所在地、国际机构所在地、迅速增长的商务服务部门、重要的工业中心、主要的交通节点和较大的人口规模等，其中主要的交通节点是指国际机场和国际港口。卡斯蒂尔斯（M. Castells）指出世界城市的产生与再发展是通过其流量（如信息、知识、货币和文化等的流动）而不是存量凝结（如城市形态和功能）来实现的（Castells，1996）。在全球城市体系研究方法方面，利用航空运输业的数据进行分析是一项重要的研究方法，国际航空运营水平和航线网络直接反映国家与国家之间的连接网络和社会经济文化等方面的关系密切程度，也是衡量世界城市的重要指标之一。Peter J. Rimmer 等研究了1984—1992年的国际航空资料，指出在全球往返航空旅客最为频繁的前25个城市中，中国香港—中国台北、中国台北—日本东京分别排名第六、第八（Rimmer，Davenport，1998）。Malcolm C. Burns 等采用网络分析法分析欧洲28个主要都市区之间的航空客流，以评估欧洲大都市区域空间的动态演变（Burns et al.，2008）。

三　机场群和多机场体系的相关研究

国外对多机场体系方面的研究主要集中在多机场体系中各机场的市场份额等领域。例如，美国麻省理工学院的理查德·德·诺伊夫维尔（Richard de Neufville）界定了"多机场体系"，并提出了大都市区发展多机场体系的动态战略（Neufville，1995）。麻省理工学院的弗朗索瓦·J. 科哈斯（Francois J. Cohas）和彼得·P. 贝洛巴巴（Peter P. Belobaba）等在多机场体系中建立基于动态的票价和航班频率因素的单一机场市场份额模型（Cohas et al.，1995）。斯蒂芬·赫斯（Stephane Hess）和约翰·

W. 波拉克（John W. Polak）以美国旧金山海湾地区为实例，应用混合多项罗吉特模型研究航空旅客在多机场体系中的选择因素（Hess，Polak，2004）。

张越、胡华清结合英国伦敦地区、美国东北部地区以及珠江三角洲地区的区域多机场体系运营模式案例进行了一系列的研究，提出建立多机场一体化系统的理念（张越、胡华清，2007）。刘晏滔应用系统论和协同学原理，运用数据包络分析方法（DEA）对区域多机场系统的协调度问题进行研究，并以长江三角洲区域多机场系统为例，对其协调发展程度进行了定量分析评价（刘晏滔，2008）。欧阳杰在主持"京津冀区域机场综合交通枢纽发展规划"项目时借鉴建设"轨道上的京津冀"理念，提出建设"轨道上的京津冀机场群"思路（欧阳杰、苏千，2016）。陈欣等以三大典型机场群为例，运用复杂网络理论分析机场群航线网络动态特征和同构性（陈欣等，2020）。

四 机场综合交通体系和空铁联运模式的相关研究

多式联运的研究主要集中在公路—铁路、铁路—海运之间的联运，空铁联运的研究文献较少，国外空铁联运的文献普遍是基于案例进行的实证研究，主要研究文献集中在欧洲国家。卢卡·贝托里尼（Luca Bertolini）将车站地区分为"节点"和"场所"两大组成部分，并将节点内的交通流相互关联的程度称为"节点价值"，城市功能集中的程度称为"场所价值"，由此划分房地产导向和交通导向的两大类开发模式（Bertolini，1996）。德国不来梅大学的安德烈亚斯·艾辛格（Andreas Eichinger）比较了各种不同空铁联运模式的潜力和局限性，并归纳了空铁联运运营成功的关键性因素（Eichinger，2007）。英国的摩西·吉沃尼（Moshe Givoni）等以伦敦希斯罗机场为研究对象，论述航空公司通过空铁联运，使高铁线路部分替代中枢航线网络中的轮辐航线的可行性，认为航空运输和铁路运输之间存在竞争、合作和整合三种关系（Givoni，Banister，2006）。大卫·拜斯特（David Banister）等以伦敦希斯罗机场为研究实例，认为高速铁路（HST）与航线进行整合后，也可成为航空系统设施的组成部分，还提出了航空公司和高铁运营商整合的营销模式（Banister，Givoni，2013）。瓦莱特（J. Varlet）也以伦敦希斯罗机场为研究背景，论述了飞机和高速铁路在多式联运基础上的替代模式,提出航空公司利用铁路服务作为其中枢航线结构中的额外航空支线,以此替代现有的支线飞机运营(Varlet,1992)。谢卡尔·戈文德(Shekhar Govind)基于旧金山海湾地区机场的研究,提出机场应成为铁路、公路及海运的多式联运中心,不仅是客货源的始发终到点和转运点,也可支撑办公、商业、产业及娱乐活动,提出21世纪机场应是多功能的枢纽(Govind,1992)。

近年来国内有关机场综合交通枢纽的理论研究和实践应用的文献逐渐增多。秦灿灿等提出上海虹桥和浦东两大机场以沪杭磁悬浮线和京沪高铁线的建设为契机,在长三角地区开展空磁、空铁联运的设想,并探讨了该联运模式的实施策略、运营机制(秦灿灿、刘武君,2006)。韩传虹介绍了长吉城际铁路龙嘉机场站的规划设计经验和体会,提出航站区规划既要面向城市,又要与区域、城市交通整合为一体,采用地下车站的方案是实现流线和交通组织优化的最佳方案(韩传虹,2008)。刘淑敏论证了空港型综合交通枢纽的陆侧交通系统关键技术(刘淑敏,2017)。丁磊等以上海虹桥枢纽为中心分析了长三角地区的空铁联运模式(丁磊、徐行方,2019)。当前该领域的文献以机场航站区地面交通枢纽及空铁联运为研究重点。

五 临空产业和临空经济的相关研究

国内经济管理界对临空经济的研究与城市规划界对航空城的研究几乎同期起步,近些年临空经济理论的研究有较大突破。茅芜论证了上海浦东机场临空产业的发展对策(茅芜,1998)。曹允春等论述了建立临空经济区的意义、地域增长模式和功能分区(曹允春、踪家峰,1999)。金忠民论述了空港城开发实施的重点策略,包括政策引导、产业选择、城市规划先行等(金忠民,2004)。孙波等以首都机场[①]为例分析了临空经济的产生机理(孙波等,2006)。刘雪妮等剖析了发展临空产业集群的动力机制,并对临空经济与供应链的相互作用展开研究(刘雪妮等,2007)。孙艳峰等在界定空港经济的概念及分析其产生机理的基础上,进一步分析了空港经济的空间分布模式(孙艳峰等,2009)。张蕾等以长三

---

① 本书中北京首都国际机场有时简写首都机场或北京首都机场。

角枢纽机场为实例，验证分析了空港经济区范围的界定方法（张蕾等，2011）。张凡等提出全球化背景下临空经济推动地方发展的三重耦合模型，即全球化和城市化的地方耦合过程、跨国公司与地方政府基于供需关系的战略耦合过程，航空大都市提供了这两种耦合的空间载体（张凡、宁越敏，2019）。汤凯将临空经济区的溢出效应分为连续型、离散型两种类型，在构建离散型空间溢出效应模型之后，利用中国35个主要空港城市面板数据进行实例验证（汤凯，2020）。欧阳婧等运用投入产出法定量分析了航空货运业与各产业部门的关联性，剖析了货运枢纽机场的临空产业体系及产业带动机制（欧阳婧、刘雪妮，2021）。当前国内研究热点主要集中于临空经济的形成机理和作用效应、临空产业的遴选等。

六 航空城和临空经济区的相关研究

有关支撑航空城理论架构的传统基础理论包括区位理论、圈层结构理论（包括农业杜能环、工业区位论等）、中心地理论、竞租理论以及北美城市空间结构三大模式（同心圆模式、扇形模式和多核心模式）等。Glen E. Weisbrod 等根据不同产业与空港联系的紧密程度，提出机场地区划分为空港区、空港紧邻区、空港相邻区和外围辐射区四个"圈层"空间模式（Weisbrod，Reed，1993）。国内学界结合我国临空产业园区或空港新城的广泛应用实践研究有关航空城的文献较多，研究的角度各异。欧阳杰从土地开发角度将航空城开发分为渐进式和蛙跳式两种模式（欧阳杰，1999）。蒋伶和李挚分别从应用实践角度分析了南京市和长沙市建设航空城的可能性和必要性（蒋伶，1999；李挚，2009）。管驰明剖析了空港都市区形成的动力机制及其地域圈层结构，将临空区域分为空港机场区、紧邻空港的服务型产业区、空港相邻地区的关联型产业区和空港外围辐射区四部分（管驰明，2008）。孙艳峰等将空港经济区分为空港运营区、空港紧邻区、空港相邻区、外围辐射区四个圈层（孙艳峰等，2009）。胡科等以北京首都机场为例，应用GIS空间分析和统计方法研究了临空经济区的空间范围及其企业分布特征（胡科等，2020）。国内文献多从城市规划角度研究航空城及临空经济区，侧重于其空间层次划分、功能分区、空间布局结构及其演进等。

七 机场地区"港产城"一体化发展的相关研究

"港产城"互动理论早先起源于港口理论研究，欧阳杰等在国内首次提出了通过枢纽化、产业化和城市化，在机场地区形成"港"（航空港）、"城"（航空城）、"业"（产业）三方面互动的动态作用机制（欧阳杰、李旭宏，2009）。邓海超等在定性分析机场地区"港产城"互动发展阶段、动力机制的基础上，再利用系统动力学和 Vensim PLE 软件对三者互动机理进行定量分析（邓海超、欧阳杰，2015）。赵冰等从临空经济区系统演化的结构效应、规模效应和环境效应三方面分析临空经济区"港产城"一体化发展的演进路径，提出"空港—产业—空港新城"复合系统理论体系（AIC）及其视角下的临空经济发展模式（赵冰等，2016）。蔡云楠等论证了空港经济区"港产城"系统内在的自组织特性和协同发展机理及其规划策略与方法（蔡云楠等，2017）。赵玉娟等以西安西咸新区空港新城为例，探究时空耦合机制中"港产城"三大主体融合发展的思路与方法（赵玉娟等，2019）。关竣仁对比分析了"港产城"融合趋势下的机场工作区和传统工作区在功能构建、空间形态、路网布局及建筑形态等方面的异同（关竣仁，2020）。

第三节 主要研究内容

本书研究领域涉及面较广，主要体现在以机场地区为研究中心的交通、城市和产业三大相关领域。全书共分七章，每章具体研究内容如下。

第一章绪论部分基于交通运输工程、经济学和城市规划等学科范畴，系统对比梳理了机场地区"空港"、"临空产业"和"航空城"三大领域的相关基本概念，并分类综述了有关机场、临空产业和航空城等相关基础理论文献。

第二章在分析城市空间结构体系与交通方式的演进及其互动的阶段性特征基础上，重点论证全球城市体系与全球航空交通结构的互动。并以京津冀地区为例，梳理京津冀城市空间结构和交通结构互动的发展历程及其面临的问题。从京津两地历次城市定位演变反思京津空间结构与交通结构互动的得失利弊，并展望了新时代京津的互动关系。

第三章分析了京津冀核心区综合交通体系的基本构成、发展现状和存在的问题，重点剖析北京"首都交通"基本构成及"疏解非首都交通功能"的内涵，最后提出以疏解北京非首都交通功能为目标的京津冀国家交通体系。

第四章从理论上研究机场群的分类、形成条件及运营模式，分析机场群与城市群的互动关系，论证中国机场群的布局规划和建设发展，提出中国东西两大机场带的布局思路。基于生命周期理论分析了京津冀机场群发展历程及其特征，提出服务于首都功能和城市群的京津冀世界级机场群的发展战略，以及京津冀机场综合交通枢纽布局及多式联运模式。

第五章分析了不同城市体系下的高铁车站与枢纽机场的布局特征，提出以机场为导向的 AOD 综合开发模式，包括机场地区的增长极开发模式、点轴开发模式以及网络化开发模式，并从理论角度剖析了机场地区的综合开发模式和土地利用模式，还验证了京津冀机场地区的 AOD 开发模式。

第六章提出了机场地区"港产城"一体化发展基础理论，包括动力机制和开发时序等，并结合京津冀"三地四场"机场体系分析其"港产城"一体化发展模式的特征，重点以北京首都机场地区和天津滨海机场[①]地区为例进行验证。

第七章创新性地提出了区域"交通—产业—空间—生态"链式互动结构，在此基础上提出了"机场群—临空产业集群—航空都市群""三群联动"协同发展理论及其发展时序。最后提出京津冀"机场群—临空产业群—航空都市群"协同发展的总体策略及具体对策。

[①] 本书中天津滨海国际机场有时简写天津滨海机场、天津机场或滨海机场。

第二章

城市空间结构体系与交通方式的演进及其互动

第一节 交通方式与城市空间结构互动演进的阶段性特征

一 城市对外交通和城市内部交通方式演替的阶段划分

回顾世界城市交通的总体发展历程,根据不同交通方式在不同时期的主导特征及其与城市空间结构的阶段性互动关联,城市交通方式的演替大体可以分为五个阶段。

(一) 对外交通以水运为主、城市交通以步行和马车为主的阶段(19世纪以前)

水运自古以来就是许多自然衍生的古代城市起源和发展的主要原生动力,如起源于河运的有武汉、九江等,发端于海运的则有泉州、厦门等,这些城市最初常常以内河码头或海运码头等为核心,沿滨水地带向内陆腹地呈带状逐层向内发展。河运属于典型的走廊型交通系统,沿线均有孕育城市的可能,而作为集散型水运交通枢纽的河流交汇处或河海衔接处,则多成为孕育城市发展的首选之地,如天津三岔口地区、宁波的三江口地区等。海港更是跨洲越洋的集散型运输枢纽,其对国际城市的推动作用不言而喻。

在以步行、马车为主的城市交通时期,步行方式为城市居民主要的出行方式,此外的辅助交通工具为马车或船舶。这时期的中国古代城市具有"南船北马"的交通出行特征,而欧美国家城市还拥有马拉有轨车的交通方式。囿于出行方式的限制,这时期城市交通的通勤半径仅为3千米至5千米,城市多呈现出以单一城区为核心的紧凑型同心圆状或星状空间形态。

(二)对外交通以铁路为主、城市交通以有轨电车为主的阶段(19世纪—20世纪40年代)

以1825年英国伦敦建成世界上第一条铁路——斯道克顿(Stockton)—达林顿(Darlington)线和1863年伦敦建成世界上第一条地铁线为标志,这时期的对外交通和城市交通进入机动化阶段。城市交通以有轨电车为主,辅助以汽车、地铁,城区空间得以大幅度扩展。19世纪末—20世纪30年代末为工业化初期,以市际铁路和郊区铁路大发展为标志,对外交通进入铁路运输阶段,铁路枢纽也由此成为近现代城市形成和发展的原生动力,推动英国曼彻斯特—利物浦、德国鲁尔等地区初步形成工业城市群,也促成了中国铁路沿线的哈尔滨、石家庄、郑州等近代城市的产生,这些城市的中央车站所在地往往是市中心的位置。自1903年美国莱特兄弟成功试飞世界第一架飞机后,航空运输方式也开始逐渐出现。这时期的机场距离城市很近,多个机场普遍与城市相容发展。这时期的城市普遍沿若干条轨道交通干线或市郊铁路定向扩展,由此大城市空间形态多呈现扇形空间结构模式。与此同时,大城市外围也呈现"串珠状"市郊空间布局模式。

(三)对外交通以高速公路和航空交通为主、城市交通以骨干路网为主的阶段(20世纪50—60年代)

自20世纪50年代后,交通出行汽车化和城市郊区化促进了大城市的快速发展,欧美国家的众多大城市呈现为郊区化蔓延的分散空间形态,以大城市为核心的"大都市区"开始形成。大城市内部也相应地构建了骨干道路网,并在关键节点构建立交桥。高速公路的网络化建设加速了郊区化的进程,普通铁路受到公路运输和航空运输的双重压制开始逐渐萎缩,城市对外交通进入了以航空交通和高速公路为主的时期。随着1950—1960年以喷气式飞机为主体的民用航空业的快速发展,地处市区或近郊的大型军用机场普遍转型升级为民用机场,这时期的民用机场新建、改建和扩建频繁,以满足快速增长的航空出行需求。

（四）对外交通以高速铁路和航空并重、城市交通以轨道和环放式路网为主的阶段（20世纪70—80年代）

自1964年日本开通运行速度最高达200千米/小时的东海道新干线高速铁路后，高速铁路时代来临。随后法国在1981年前后陆续推出TGV高速列车系列，德国则在1988年开始ICE高速铁路系统的运营。快速铁路或高速铁路的出现为城市集聚区（City Agglomeration）或大都市带（Megalopolis）的发展奠定了基础。20世纪70年代末至80年代，航空运输业因放松管制而快速发展，原有地处市区的机场逐渐发展成为容量饱和的内城型机场，其机场周边地区基本实现城市化，地处远郊的新建机场逐渐取代了老旧机场，并与超级城市（Super City）、巨型城市（Mega City）等各种新兴的边缘城市相邻或包容发展。这时期城市群及大都市区的对外交通结构都以高铁运输和航空运输为主体。

与对外交通系统进入高铁和航空时代相对应，大城市的城市交通系统普遍进入了轨道交通和环放式快速路网并重发展的阶段。发达的城市轨道交通网络和快速路网成为特大城市交通系统的主体，各种城市交通方式呈现多元化特征，环放式的城市交通网络持续向外拓展，进而带动城市空间形态呈现圈层式扩张。这时期的大城市总体上向更为松散的多核心、网络化的城市空间形态转化，并依托轨道交通为主轴的复合型交通带孕育成城镇密集发展带。

（五）对外交通多式联运化、城市交通多元化的综合运输阶段（20世纪90年代至今）

进入20世纪90年代的综合运输阶段以来，在对外交通方面，高速铁路发展迅猛，航空运输业保持快速增长势头，信息技术更是促进了交通技术和交通方式的进步，并促进以航空运输和高铁运输为主体的现代客运交通体系逐渐向综合化、智能化方向发展。这时期对各种交通方式之间的衔接和多式联运也更为重视，尤其是机场地区逐渐成为航空运输方式与高速铁路、城际铁路及城市轨道交通等其他交通方式换乘的城郊型综合交通枢纽。大型枢纽机场在区域经济发展中已承担了前所未有的功能，一方面在区域城市聚落化和中心城市巨型化的影响下，机场在空间上与所在主城区相对靠拢；另一方面是航空运输业作为最主要的对外交通方式将发挥更大的功效，这将促使大型机场地区在空间形态和城市功能等方面逐渐孕育临空型新城。在城市内部交通方面，集中和分散并存的多中心大城市结构相应形成了以轨道交通为主的多模式公共交通体系，汇集轨道交通、公交、出租车等各种交通方式的城市综合交通枢纽为城市居民提供了无缝衔接的便利。

二 交通方式的演替和城市空间结构的演化

交通与城市的形成和发展具有与生俱来的关系，交通是城市形成和发展的先天基础和必要条件。根据交通因素在城市形成和发展中所起的作用，从城市化的动力机制方面可以分为原生动力和衍生动力两类。对于自然衍生的城市来说，水运、公路、铁路是这些城市发展的主要原生动力，其源动力是主导性的、先导性和内生诱发性的。这些城市多以码头、驿站、铁路车站等交通枢纽为核心，逐渐向外拓展形成，如因1903年京汉铁路车站的设置而新兴起来的石家庄市等。这些城市工商业的发展是与交通方式的演进密不可分的，可谓是交通功能的衍生物或共生物。相对于因政治、军事、经济等主导因素自主规划建设发展起来的城市来说，交通因素起从属的、辅助性的作用，仅是促成城市形成和发展的衍生动力，如明朝永乐二年（1404年）天津卫的设置很大程度上是考虑到拱卫京杭大运河的军事因素。

交通工具的改善和交通方式的进步促进了城市空间结构的演变，城市可达性的改善促成了城市空间扩张周期的缩短及其拓展范围的扩大。城市交通系统从城市内部交通和对外交通两方面促成城市空间结构的演替：一方面是城市内部交通模式的演替。不同交通方式对城市的主导时段和影响范围不同，近现代汽车、电车和轨道交通等各种城市交通方式的演替都先后在城市发展中起着重要作用，各类交通枢纽在空间和时间上的变迁可清晰地折射出城市发展的历史轨迹，促成城市空间形态产生差异性。另一方面是城市对外交通模式的演替，包括河运、海运、公路运输、铁路运输和航空运输等各种交通方式，主要影响集中在城市空间的外延范畴。城市对外交通方式有集散型和走廊型交通系统两种。航空和海运是集散型交通系统，而河道、公路、铁路尽管属于走廊型交通系统，但就其对城市空间形态的影响而言，终究是依托水运码头、驿站、铁路车站等集散型交通枢纽而发生主导作用的。从城市起源的主导因素考虑，以临港型、临站（场）型及临空型为主体的交通区位因素是城市发展的动力源泉之一。交通枢纽作为城市交通和对外交通的衔接点，是城市空间拓展的增长极，其枢纽节点功能对城市空间形态和发展方向有直接的影响。以机场为中心的航空交通枢纽对城市经济及区域经济具有隐性而广泛的影响，对机场周边土地利用则有着显性而有限的影响，航空运输业对城市及区域的间接影响远大于其对机场周边地区的直接影响。

三　交通方式和城市及其城市经济之间的阶段性互动演进

《边缘城市》的作者约耳·加罗（Joel Gallo）认为，城市的发展总是依托当时最先进的交通方式。交通运输方式的进步和更替是城市空间扩张和区域经济发展的前提条件。区域科学的首创者——美国学者沃尔特·艾萨德（Walter Isard）在其代表作《区位与空间经济》中指出：在经济生活的一切创造革新中，运输工具在促进经济活动和改变工业布局方面，具有最普遍的影响力（沃尔特·艾萨德，2011）。从经济发展的角度来看，每种交通方式的演替进步都与一系列的经济发展时机相互匹配。在工业革命之前，经济发展时机受限于规模和范围，只能进行短距离、少量的商品运输；工业革命后，蒸汽机的发明及其广泛应用推动了铁路运输和水上运输的飞跃发展，使新的市场和资源得以开发，生产和消费随之全面增长；在20世纪初开始的规模化生产时期，商业发展机会主要由以汽车主导的道路系统所引发；20世纪70—80年代开启了经济全球化和后工业化时代，海上运输、道路运输、铁路运输和航空运输均同步综合发展，新一轮经济发展浪潮由此在规模和范围方面遍及全球。

1998—1999年，针对不同时期各种对外交通方式对城市经济的推动影响，美国北卡罗来纳大学商学院约翰·卡萨达（John D. Kasarda）教授提出了"第五波理论"，他认为城市的发展及其商业中心的形成先后由17世纪的海港运输、18世纪的内河港口运输、19世纪的铁路运输、20世纪的高速公路四种主要交通方式形成的冲击波所推动，而在21世纪，航空运输业是促进经济发展、推动全球化和网络化城市发展的第5次冲击波，并称之为"航空运输时代"。他认为海港、内河、铁路和高速公路先后对各时期城市的形成发展起着关键性的交通枢纽作用，即海港促成大型商业中心在港口周围的兴起；而发达的运河网络则成为欧洲、美国工业革命的支柱力量;铁路的发展使得美国亚特兰大等内地城市成为商品生产、交易、配送中心;高速公路的发展使得大型郊外购物商城、商业中心、工业园区和办事处总部在远离城市中心的高速公路沿线地区逐渐兴起;而航空运输的发展顺应了当今的国际贸易和国际性生产协作所具有"远距、快速、节时"的运输需求,机场由此将代替海港、内河、铁路和高速公路系统而成为促进区域新兴经济的驱动力以及创造工作岗位和财富的新源泉,诸如德国法兰克福、瑞士苏黎世等一些内陆型城市则依托航空港而发展成为国际经贸城市。

对作为城市交通和对外交通之间衔接点的交通枢纽而言,其节点触媒效应对城市发展形态和发展方向有直接的影响,可谓是城市发展的增长点。回顾以交通枢纽为城市核心动力源的城市发展史,可以看出城市基本上先后依托海港、河运码头、铁路车站及机场而逐渐发展形成以交通枢纽为核心的海港城市、运河城市、车站城市以及航空城。尤其当今数字化及全球化的主导地位引发了时间价值的竞争,由此使得以机场为核心、以航空运输业为主要对外交通方式的航空城顺势崛起(见表2—1)。

表2—1 不同交通运输方式影响的交通土地利用效应及其空间形态

交通运输方式	城市经济阶段	交通枢纽及交通系统类型	交通特征	关联主导产业及其运输产品	土地利用效应及其空间形态
航空交通	后工业化时期/知识经济时代	航空港集散型	高速性;机动性;安全性;舒适性;网络弹性	高新技术产业;时效性强、附加值高的产品	在机场周边地区集聚临空产业;支撑区域性或国际性中心城市
高速铁路交通	工业化后期/信息时代	铁路车站走廊型	快速性;灵活性;舒适性;大容量	一般制造业;大件、快件运输产品	在新区、旧城车站集聚发展;培育地方性中心城市或城市中心

续表

交通运输方式	城市经济阶段	交通枢纽及交通系统类型	交通特征	主导产业类型及其运输产品	土地利用效应及其空间形态
一般铁路交通	工业化时期	铁路车站走廊型	经济性；适宜大批量、低价值、经常性运输	传统制造业；大件产品；大宗物品	在老城区车站集聚发展；培育中小城市中心
高速公路交通	工业化后期	出入口走廊型	快速便捷；机动灵活；运量小	高新技术/一般产业；集装箱货/散货	优先在出入口或环路的发展；孕育一般枢纽城市（镇）
一般公路交通	工业化初期	自由接入走廊型	门到门交通；接近市场、运输成本低；安全性低	化工、机械等一般制造业；零担散货	城市自由扩散式发展；呈干支线网连成的面状区域
海运交通	前工业化时期	海运港口集散型点	运量大；成本低；运速低；时效性差	传统制造业；钢铁、煤炭等大宗运输产品	沿港口岸线发展传统或重型工业区；呈线型点轴状的狭长区域
河运交通	前工业化时期	内河港口走廊型	运量较大；成本低；运速低；运输周期长	加工业；粮食、食盐等原材料或半成品	以码头为核心沿河岸带状分布；多在河海、河流交汇处集聚

资料来源：笔者整理。

第二节　城市体系、全球城市与交通体系的互动

一　城市体系的基本分类

Leo van den Berg 等学者认为，城市体系根据各城镇的功能可分为中心地型和网络型两种模式（Berg et al., 1997）。中心地型城市体系是垂直导向的向心型城市体系，区域城市空间结构由单一的中心城市所控制，单个城市在城市体系中的地位取决于其集聚的城市功能数量。区域内的城市等级层次分明，且城市体系的区划界定清晰。网络型城市体系则为多中心的空间结构，呈现出水平导向的离心型城市体系，区域内的城市布局分散而均衡，并具有多样性和独特性，在区域合作选择上具有更多的自由度。城市体系网络化现象已经在世界各大城市群出现，如荷兰兰斯塔德地区、日本京阪神地区以及美国洛杉矶地区等都形成了多中心的网络结构。

新兴的网络城市具有多中心的空间结构和功能弹性，具备不同于中心地模式的空间和功能概念。在市场经济条件下，网络城市比中心地城市更具有明显的竞争优势。巴滕（D. Batten）比较了这两种城市体系的异同点（见表2—2），并强调了信息、节点、弹性及互补在网络系统中的重要性。卡斯特尔斯提出21世纪绝非是中心地型城市的时代，而是逐步走

表2—2　　　　　中心地型城市体系与网络型城市体系比较

中心地型城市体系	网络型城市体系
中心形态	节点形态
依赖城市规模	对城市规模保持中性
有主从性	有弹性与互补性
同质性的产品和服务	异质性的产品和服务
竖向的可达性	水平向的可达性
单向辐射为主	双向辐射
运输成本	信息成本
空间上的完全竞争	有价格歧视的不完全竞争

资料来源：D. Batten, "Network Cities", *Urban Studies*, Vol. 32, No. 2, 1995。

向全球城市网络化的时代（Castells，1996）。"非场所性社会"及其空间的发展随交通、技术、信息等的发展而壮大，在其所在地的社会经济中发挥出比"地方空间社会"更大的作用，大企业总部倾向于选择在全球信息网络处于重要节点上的城市，而将其工业区设在运输成本、劳动力成本等较低的地区或城市。

二 城市体系由"中心—腹地"结构向"枢纽—网络"结构升级

中心地型城市体系普遍形成"中心—腹地"区域发展的组织结构，这一传统结构中的各中心城市彼此争夺各自的腹地市场，竞争范畴从独立市场到中间市场，直至扩展至重合市场。传统的"中心—腹地"结构侧重于以自然要素禀赋为主体、以交通区位条件为基础的腹地经济。而在网络型城市体系则体现出"枢纽—网络"的区域发展组织新结构，"枢纽—网络"这一新的经济地理结构是在以人力资本为核心、以交通网络和信息化条件为基础的知识经济背景下架构的。广义的枢纽概念源自法国地理学家戈德曼（J. Goldman），他在1957年提出"城市群"（Megalopolis）具备最突出的枢纽功能或"孵化器"功能，其中枢纽功能是指城市群汇集人口、物资、资金、观念、信息等各种可见和不可见要素，也是整个国家对内、对外联系网络相结合的枢纽。除了集聚效应之外，枢纽的另一大功能是溢出效应，包括知识溢出、市场溢出和资源溢出等。狭义的枢纽是承担着戈德曼所说的广义枢纽概念的主要交通承载平台，不同类型交通枢纽的腹地通常有陆向腹地、海向腹地和空向腹地之分。

三 网络型城市体系与区域交通网络体系的互动

与中心地型和网络型城市体系对应，世界各国的区域交通网络体系也可大体分为中心辐射式和网络分散式两大类布局模式，通常中心地型城市与环放式[①]的单中心辐射状交通网络结构对应，而多中心的网络型城市则多与分散枢纽式交通网络结构匹配。中心地型城市体系的交通体系通常是非均衡性的交通网络结构，多呈现出以国家首都作为全国交通中心的环状加放射状交通布局结构。同样，区域机场群也是以中心城市的

---

① 指环线加放射线组合。

枢纽机场为核心进行中枢航线网络结构布局的。诸如意大利、法国、日本等国家都分别以首都罗马、巴黎、东京作为全国政治、经济、文化中心以及交通中心，这些首都城市中的交通枢纽服务人口和辐射范围相对有限。

对于网络型城市体系而言，各城市规模和经济总量接近，呈现为相对匀质的区域城市结构，其总体上是以交通网络、景观网络和文化网络等各种联系为核心的多中心城市发展模式。德国、美国和荷兰等国家的政治、经济及文化中心呈现多元化分布特征，这些国家的交通网络结构相应地呈现出多中心的分散式网络化布局。以欧洲人口密度最大的国家——荷兰为例，该国自1990年以来在全国确定13个网络城市节点，一方面可通过这些交通便利的中心节点建设来减少交通流的总量，另一方面通过通信信息网、公共交通网来弥补现存容量的不足。德国则在全国范围内均衡地确定了柏林—勃兰登堡、莱茵—美茵、莱茵—鲁尔、汉堡和慕尼黑等11个国家大都市区，并将这些具有欧洲影响力的地区作为推动区域发展的重要战略地带。

网络型城市体系的交通网络发达，高速铁路网、高速公路网及空中航线网具有枢纽节点多、布局分散而均衡的网络状分布特征。网络型城市体系进入信息时代的标志性特征之一是交通网络的弹性明显增强。网络弹性是指一个网络能够调整到适应变化的环境和需求，无论是其基础设施还是运行机制，它对交通网络的空间组织及运营效率影响很大，并进而直接对空间结构产生作用。伊然·费特尔森（Eran Feitelson）和艾伦·萨洛蒙（Ilan Salomon）分析了交通网络弹性与空间结构的互动关系（Feitelson，Salomon，2000）。他们认为网络弹性是由节点弹性、连接弹性和时间弹性三个要素构成，这些要素共同对空间结构产生直接的效应。并将网络分为较低接入障碍的网络（包括公路和远程通信网络）和围绕节点发展的其他网络（包括航空、铁路等）两组。不同的网络分组构成不同的空间布局模式，进而影响不同空间结构的形成。

从国家和区域层面的城市空间和交通网络布局的关联来看，城市群与区域交通网络具有对应关系，中心地型城市体系决定了以市中心为核心的环放式交通网络，进而决定了以市中心高铁车站和内城型机场为主的对外交通枢纽。网络状城市体系普遍对应着发达的方格网状或三角形状高速公路网络和近远郊广为分布的长途汽车站、高铁车站和机场等对外交通枢纽。密集的高速铁路网络则对区域城市体系有着双重影响，一方面强化了城市体系的等级性，另一方面又促进网络化城市的形成。多中心、网络化的城市群必然对应于多枢纽的多机场体系，其机场群布局特征与城市空间结构、经济规模、交通区位条件以及航空公司基地选择等因素有关。

四 全球城市和国际交通体系的互动

（一）国际交通体系对全球城市发展成型的历史推动

从交通方式的发展历程来看，伦敦、纽约、东京这三大全球城市在其城市空间演进过程中无一例外地抓住了新兴交通方式突破性发展所带来的巨大推动作用，如19世纪中叶在新发明的蒸汽机的带动下，伦敦的国际航运业及铁路运输业得以快速发展，由此而奠定其国际金融贸易中心的地位；第二次世界大战后大型民用喷气式飞机的普及，引发了以纽约为洲际航空枢纽的美国民航运输业的快速发展；1964年世界第一条高速铁路——东京至大阪铁路新干线的开通，更是成为以东京为核心的日本经济腾飞的象征。

从国际化的交通推动力来看，现有公认的伦敦、纽约、东京三大全球城市演进的基本动力之一便是国际航运和国际航空两种运输方式。在航运方面，这三大全球城市都是依托港口经济和国际航运业的发展逐渐演进成为国际金融中心和全球经济中心的，它们首先从海港起步发展，再以国际金融贸易、跨国资本作为经济基础，借助于港口经济的发展而建设成为国际航运中心，并先后依托三次科技革命所引发的近现代工业技术进步作为基本动力，最终演变成为全球经济、金融和贸易中心。在航空运输方面，伦敦、纽约、东京分别是欧洲、北美及亚太三大区域重要的洲际航空枢纽，其中伦敦希斯罗机场是欧洲大陆与北美东海岸之间大西洋航线的中转地和目的地，东京成田机场则是北美与东亚之间太平洋航线的中转地和目的地，纽约肯尼迪机场主要为北美东海岸与欧洲之间大西洋航线的中转地和目的地。在港口经济和国际航运业持续发展的基础上，并借助国际航空或高速铁路等交通方式的快速发展，伦敦、纽约、东京三大全球城市依托所在区域的港口群、机场群承接国际交通枢纽功能，不仅吸引众多的国际始发终到客流，也接纳了大量的国际中转客流，由此逐渐转型为汇集各种国际客流和货流目的地与中转地的全球城市，并通过航空和航运以及通信技术手段实现对全球战略性资源、产业及通道的控制和影响。

（二）全球城市与国际交通体系的互动关联

在经济全球化和城市集群化的浪潮中，伴随着全球范围内城市间的政治、经济和文化方面的频繁交流，以全球城市为核心的区域经济已经成为推动全球经济发展的主要动力，全球城市在全球经济化中正扮演越来越重要的角色，需要在城市群的框架下通过构筑更高层次的新国际交通结构来引导全球城市的发展，疏解全球城市过于集聚的区域性对外交通功能，以期促进区域经济的发展和培育全球城市体系。

在"全球城市—全球城市区域—全球城市体系"所构成的三级空间结构中，交通网络是其联系的纽带，全球城市与其所在的全球城市区域（Global City Region）之间的联系主要依托高速公路和快速铁路网衔接，以满足区域一体化的需求，而全球城市及其所在的全球城市区域与全球城市体系之间的联系则多是依赖航空网络和航运网络，以顺应经济全球化的需求。最终这些全球城市区域是以全球城市为核心，主要依托具有集聚效应和扩散效应的枢纽机场群（主体为国际客流）和集装箱港口群（主体为国际货流），在全球范围内构筑世界级航空网络和航运网络及通信网络的主骨干，实现全球性连通，以主导世界航空业和航运业的主要运量和运力，并结合国际政治、经济和文化等方面所构筑的社会网络，最终共同形成对全球战略性资源、战略性产业、战略性通道进行有效影响和控制的全球城市体系。当前伦敦、纽约、东京三大全球城市在孕育发展过程中都依托于所在区域的城市群，如纽约所在的美国东北海岸地区、伦敦所在的英格兰东南部、东京所在的首都都市圈，在三大全球城市发展成熟之际，也就是这些城市群逐步发展成为全球城市区域并共同构筑全球城市体系之时。

（三）全球城市与国际枢纽机场的互动关联

从经济要素的组织、融合和再辐射角度来看，航空运输是全球城市发展流量经济的主要载体，发达的国际航空运输业也是全球城市形成的必要条件之一。从经济全球化背景下的庞大供应链式分工生产体系和频繁国际商务交流活动的角度来看，航空网络是促进全球城市体系成型的有形联系渠道，其航线密度的大小和航班频率的高低通常反映城市之间、区域之间的社会经济文化联系强度。

国际航空运输业是国家经济辐射力和全球经济影响力的重要体现，其发展水平和运营规模也是机场所在城市国际化水平的反映。对于广泛进行国际分工和合作的国际性大都市来说，它所拥有的大型枢纽机场在区域城市群中的发展地位日益显现，其发展成熟程度直接关系到区域经济的全球化水平。全球城市与洲际航空枢纽具有对应关系，全球城市普遍处于全球航线网络中的主要节点区位，如果全球城市在国际经济、贸易、政治、文化上占据主导地位，所在城市的机场也必然是洲际航空枢纽，这些航空枢纽往往是促成全球城市成型成熟的物质要素和必备条件。

洲际航空枢纽是全球城市不可或缺的国际对外交通设施。对于瑞士苏黎世、德国法兰克福等内陆型的国际性城市来说，可能没有港口，但不可能没有可供使用的国际机场。国际枢纽机场将强化其所在地的中心城市地位，而中心城市及其周边城市又为机场提供庞大的航空市场。例如，世界三大全球城市——纽约、伦敦和东京与其所在区域的国际枢纽机场群是密不可分的。国际枢纽机场的布局将直接关系到国家发展战略的实现和区域经济的发展，也将在某种程度上影响到地缘政治和国际经济格局，如中东地区的阿联酋迪拜机场是欧洲与东南亚及大洋洲、东亚与非洲的国际中转枢纽，区位条件优越的枢纽机场及其国际航空业和迪拜城市之间形成了良好的互动发展。

全球城市体系中的枢纽机场所在地区普遍是区域经济发展的重点地区和优先发展地区，这些大型机场地区具有两大发展趋势：一是机场综合交通枢纽化。顺应区域性交通结构升级换代的需求，各种类型的轨道交通方式逐渐引入航站区，使机场成为综合交通枢纽和多式联运的节点，以大型枢纽机场为中心的交通枢纽将成为全球经济活动的重要载体，将满足枢纽经济、临空经济和口岸经济发展的迫切需要，也满足航空旅客及机场地区人们的出行需求。二是机场地区趋于城市化。随着城市功能的多元化，机场地区逐渐成为各类酒店、会展及购物中心、交通中心及物流分拨中心。结合产业优化、功能调整等措施，机场地区的开发建设可成为促进城市空间新区开发、旧城复兴的重要手段，具体包括机场周边地区及其进场路沿线地区的开发利用。由于管理主体的不同，机场自身建设与周边地区开发相对独立。

（四）全球城市体系与国际枢纽机场群的互动关联

20世纪90年代以来，随着城市发展区域化和区域发展城市化的全球性主导趋势，逐渐形成了区域城市集群化的现象，这些城市/区域都在全球城市体系中迅速地调整它们的全球控制功能和内部空间分工，以加速推动人流、物流、资金流、信息流及技术流在城市间进行实体或虚拟联系。评价全球城市往往更为关注上述经济要素的关系数据，而非自身所有的空间形态、经济规模、跨国公司总部数量等属性数据。空中航线是评价全球城市体系重要而显性的关系数据之一，全球机场体系则是全球城市体系中人流、物流的主要载体，并与全球城市体系在功能定位、规模等级等方面存在着基本的对应关系。

全球城市对应于分布各大洲的国际枢纽机场，成熟的世界级城市群也分别对应着各自功能完善的世界级机场群，以构筑服务于整个区域或国家的航空网络，满足于全球城市体系进行国际政治、经济和文化活动的各种需求。机场跨地区的服务特性决定其在城市群和区域经济中应起着积极的引擎作用，如果说城市群是全球经济发展的主体的话，那么机场群则是区域经济发展的主动力之一。不同类型的城市体系对应着不同的机场群形式，例如单中心的中心地型城市体系适合"一市多场"的多机场体系，而多中心的网络型城市体系则多形成两个以上的多枢纽机场群，也可能形成共享型的单枢纽机场群，如德国鲁尔地区分布有杜塞尔多夫和科隆/波恩两个主要机场以及另外两个辅助机场，而荷兰兰斯塔德地区则是六个城市共用史基浦枢纽机场，辅以鹿特丹、莱利斯塔德等支线机场。

第三节 京津冀地区城市空间和交通方式的互动

一 京津冀地区概况

京津冀地区包括北京市，天津市，河北省的石家庄、唐山、保定、秦皇岛、廊坊、沧州、承德、张家口等城市，以及河北省雄安新区，区域面积21.61万平方千米。根据北京市统计局统计，2019年京津冀地区城镇化水平为66.7%；区域人口1.13亿人，占全国比重8.1%；区域GDP总量为84580亿元，占全国比重8.45%。以首都北京为核心的京津冀地区具有独特的自然地理和交通区位条件以及区域经济结构，也是具有特定政治文化、社会经济等首都功能的都市圈。在特定的国情、特定的区域和特定的发展阶段背景下，京津冀地区注定将拥有前所未有的且世界独有的区域空间结构及区域交通结构。

本书所说的"京津冀核心区"特指以北京、天津为中心，涵盖河北石家庄、雄安新区、唐山、廊坊、秦皇岛、保定、沧州、张家口和承德的"2+9"城镇体系。京津冀核心区是京津冀协同发展的重心所在，区域内的人口分布密集，社会经济联系紧密，综合交通网络体系发达。

二 京津冀地区城市空间和交通方式的互动历程

京津冀地区是中国最早由古代交通升级到近现代交通结构的地区之一，该地区交通结构的演替始终在区域空间结构变革过程中起着先导和动力作用，其先后经历了马车与水运时代、有轨/无轨电车和铁路交通时代、轨道交通和汽车交通时代、高速铁路和航空交通时代，这分别代表着四种交通模式发展的不同阶段，也预示着京津冀核心区交通结构先后经历由古代—近代—现代—当代的升级。京津城市空间也分别经历了"单中心、依存型"阶段（明清时期）—"双中心、互补型"阶段（民国时期）—"双中心、竞争型"阶段（计划经济时期）—"双中心、竞合型"阶段（改革开放时期）的演化过程。时至今日，在京津冀协同发展战略的背景下，京津冀核心区的区域城市空间结构进入"网络化、一体化"的新时代。

京津两地之间城际交通的发展直接影响到京津冀空间结构的演进，并一直在全国的交通方式演替发展进程中起着引领作用。古代京杭大运河的河运构成了京津两地相互依存的关系；近代化交通方式——京津大道和津芦铁路的修筑则是两地对外交通向近代化交通模式转型的标志，促成市中心的主要交通枢纽由水运码头向铁路车站转变；中国第一条航线——京沪段京津航线的开辟，开启了我国航空运输业的新篇章；我国第一条跨省高速公路——京津塘高速公路的通车也开创了我国高速公路大规模建设的新时代；而我国第一条高速铁路——京津城际铁路的开通则预示着我国正式进入高速铁路时代，至今京津间的京津、京沪、京滨和津兴四条高铁线路的密集城际交通联系也是在世界级城市群中前所未有的。

(一) 明清时期

"京津保"的传统城市格局是在明清时期的政治制度架构下初步构成的。北京是辽代的陪都，以及金、元、明、清时期的都城；保定府为拱卫京师的军事重镇；天津自明末开始建城设卫，直至清末民初依托运往京城的漕运和盐运才开始繁盛。这时期的北京、天津、保定三城相互依存，互为犄角，分别承担都城（政治文化中心）、军事卫城（海上门户）、直隶省会（京畿重镇）的角色，其中顺天府管辖着京兆地区，保定直隶总督府则统管河南和山东的军民政务。这时期的京津保均为单中心的传统城厢空间结构。

明清时期的北京城和天津卫因军事、交通和经济职能等因素而联系密切。京津两地的城市空间形态发展集中在城墙围合的城域层次上，并表现为中国传统城市空间原型——方城棋盘街模式下的两种亚原型。其中整体受控的北京城以南北向的中轴线为中心，形成以宫城（紫禁城）、皇城、内城三重城池围合的典型套城制古代都城空间结构。而天津城则为局部受控的军事卫城，为"方城十字街"的城厢制空间结构，另外在城厢外围修建了不规则状的防护土城，从而形成了内外城的城市空间结构。天津在1860年开埠后，其城域空间呈现开放性的空间形态：一方面是旧城城墙被拆除，并在其基础上开通环城马路，这意味着传统城市原型的瓦解，河北新区的开发及天津北站的设置促成了天津老城的城域范围大幅向东拓展；另一方面，先后开辟的九国租界则是在老城外围直接移植了西方近代殖民式的方格网规划原型，形成了沿海河两岸分布的新区成片开发模式。这时期的近代天津是在传统的天津空间形态上叠加了现代城市功能以及近现代交通网络，由此表现出旧城区、租界区以及河北新区三个不同城区之间的"多元拼贴"特性，但总体上天津城域空间仍以曲折的海河为自然轴线进行沿河布局。

明清时期的北京及京畿地区属于运河时代。北京都城对外交往的主通道是京杭大运河，其漕运和盐运促成了天津卫的设置，也带动了大运河沿线的通州、杨村、杨柳青等直隶总督府所辖城镇的发展，这些城镇依托水运码头形成以农业经济为主体的商业中心。在传统的水运模式推动下，京畿地区沿京杭大运河形成了"一京二卫三通州"的主要城市带格局，这时期的京津两地之间主要的交通方式为河运，商业中心主要依托水陆码头及铁路车站设置，而直隶总督府所在地的保定府的对外交通仅可倚重于旱码头和铁路车站。从区域角度来看，这时期的京津两地城市空间结构与交通结构可谓是同型同构，形成了良性互动。

（二）清末民初时期

清末民初时期是京畿地区近现代交通方式的首创之时，也是由以运河运输为主向以铁路运输和公路运输为主、运河运输为辅的对外交通转型时期。这时期的京畿地区先后修建了津芦铁路（1897年）、京汉线（1906年）、正太线（1907年）、京张线（1909年）、津浦线（1911年）和京奉线（1912年）等铁路，这些铁路线促成了京畿地区主要城镇的对外交通枢纽由水陆码头向铁路车站转变。这一转变直接推动石家庄城市的形成，促进了廊坊、杨村等沿铁路线城镇的发展。随着京杭大运河的衰退，以京山铁路和京津大道（1917—1928年）为主的陆路交通由此逐渐取代河运而成为京津间的主要对外交通方式。这时期的航空交通也开始起步，1910年7月，清朝军谘府利用北京南苑五里甸毅军练兵场建成我国近代第一个机场——南苑机场。1920年5月7日，北洋政府交通部首次开辟我国第一条民用航线——京沪航线京津段。公路、铁路等线路走向对京津城市空间发展重心及方向并无显著影响，铁路交通枢纽所在地则有着替代水运码头作用的辐射聚集效应。

时至20世纪初，近代公路、铁路和航空等多元化交通方式已先后在北京城出现，交通枢纽数量和类型也随之增多。1901年，津芦铁路和京汉铁路分别通过正阳门东车站、西车站实现换乘，正阳门和前门地区也由此取代积水潭地区而成为全城商业中心。1916年，沿北京内城北面、东面城墙外围位置建设全长12.6千米的环城铁路线，串接了先后开通的京汉（1906年）、京张（1909年）、京奉（1912年）三条铁路干线以及京门（1908年）、京通（1901年）两条铁路支线。至此，北京初步形成环线加放射线的铁路网络格局。天津因漕运而兴起，并较早因近代铁路网及公路网的形成而勃兴。1881年开平矿务局建成中国

第一条自办标准化铁路——唐胥运煤铁路；1888年，该线路展筑至天津东站，标志着"中国铁路世纪的开始"。随后津芦、津浦等铁路的开设，使天津成为近代中国第一个呈"丁"字形的铁路枢纽中心。1917—1928年全线建成近代化公路——京津大道，而后拥有津沽、津保、津德、津白、林喜、邦遵6条公路。这时期京津两地均初步构建了近代公路和铁路主干网络。

在交通和社会经济、政治因素的作用下，北洋政府时期的北京空间结构仍能与当时的政治制度契合，北京城延续明清时期整体受控的格局，城市空间发展重心依旧局限于城内填充式发展。作为政治文化中心，中央政府与外来势力构成了相互钳制的双中心结构，而近代天津则快速演进为北方的经济中心、金融中心和工业中心，形成了以传统旧城区与河北新区为主的中式商业区，以及以法、日租界为代表的西式商业区所构成的双商业中心结构。这时期的京津两地形成了北方地区的互补型双中心布局，天津取代保定进而与北京形成了强烈的相互依存关系。这时期京畿地区核心城市空间结构逐渐由京津保"三中心"空间结构转型为京津"双中心、互补型"空间结构。京津两地的城市空间布局不再局限于城墙束缚，其城域范围进一步向外拓展。

（三）南京国民政府时期

在这时期，国民政府于1927年建都南京，北京政治中心地位的没落引发了城市经济发展的相对萎缩，天津则仍处于工商业快速发展的阶段，北方经济中心地位得以奠定。京津两地的城市空间结构、经济业态和交通结构相互错位，彼此异型异构，由此进入了近代京津两地经济和文化领域交流融合的时期。这时期的京津城市枢纽为多铁路车站的布局，在整个华北地区已经形成以京奉、京汉、津浦、京张和正太线为主的最为密集的区域铁路网。随着京津间的京杭大运河水运逐渐为京山线的铁路运输和京津大道的公路运输所取代，大运河沿线京津段的通县、杨柳青等城镇则趋于沉寂，沿京山铁路线的武清、廊坊、静海等城镇开始勃兴（见表2—3）。

表 2-3　近代京津地区城市性质与定位、空间结构和交通演替发展模式

分期	北京			天津		
	城市性质和定位	城市空间结构	城市交通系统	城市性质和定位	城市空间结构	城市交通系统
明清时期	国都；全国政治文化中心；商业城市；水陆交通枢纽	宫城、皇城和内城三重城池；三山五园（明、清）	棋盘式路网；水陆码头（河运）；官马驿路；南北御道	畿辅首邑；军事卫城；海防重地；交通枢纽和商业城镇	矩形城池；城厢格局；环城开衢；南市北关	十字街；水陆码头（河运、海运）；官马驿路
清末新政时期（1900—1911年）	国都；政治文化中心；华北商业中心	城门改造；东郊民巷使馆区的设立；前门商业大街和王府井商业区的设立	有轨电车（1899年）；碎石马路（1904年）；正京汉（1906年）、京张（1907年）、京奉铁路（1909年）等铁路；南苑机场（1910年）	通商口岸；对外交涉中心；洋务建设的北方中心；近代工商业港口；贸易城市	三方四界；开辟九国租界；沿海河带状发展；拆除旧城，城墙改造成环城马路	中街（1870年）；环城马路（1901年）；有轨电车（1906年）；津唐（1888年）、津芦（1897年）、津浦（1911年）等铁路
北洋政府时期（1911—1927年）	全国政治中心；全国最大的消费城市	发展手工业；修建街道、新辟城门；香厂新市区开发（1914年）；正阳门地区改造	修建长安街；沥青路面（1915年）；环城铁路（1916年）；京奉铁路（1912年）；有轨电车（1924年）	北方经济中心和工业中心；华北交通、航运、转口贸易中心	旧城区、河北新区和租界（1903年）；北门内外传统商业区和法、日租界新型商业区	法租界沥青路面（1918年）；京津大道（1917—1928年），而后开通津沽、津保、津德和津白等6条公路

第二章 城市空间结构体系与交通方式的演进及其互动 / 31

续表

分期	北京			天津		
	城市性质和定位	城市空间结构	城市交通系统	城市性质和定位	城市空间结构	城市交通系统
日伪时期（1937—1945年）	《北京都市计划大纲》（1941年）："政治、军事中心，特殊之观光城市，可视作商业城市"	设立西郊新市区、东郊工场地和通州大规模工场及特殊工场地	运河衰退；新建京承铁路和西苑机场；改造长安大街和平津公路（1941年）开辟启明门和长安门	《大天津都市计划大纲》：华北最大港口及经济中心；《天津都市计划大纲区域内塘沽新街市计划大纲》（1940年）塘沽为"水陆交通中心"	军需品加工制作中心和战略物资供应集散中心；塘沽新港和新街市开发	塘沽港；张贵庄军用机场；天津汽车总站；石德铁路；"津塘国道"
南京国民政府时期（1927—1937年）	国都南迁后为北方政治中心和全国文化中心；游览城市《北平都市计划大纲草案》（1933年）："将来中国之首都，独有之观光城市"	内城局部拆改；启动北平市新市街计划和北平市街道干线系统计划	枢纽：北京站，多火车站，多机场；京津，京榆，京古，京塘，京大，京石平固和京张等公路	《扩大天津都市计划要图》（1947年）：扩大市区范围；建设卫星城镇；设立众多的田园都市（十万人口）和农村住宅（一万人口）	租界收回；城市区街调整；塘沽新港扩建；干线公路修整；城防工程	铁路枢纽：天津站，天津西站和天津北站；第二次世界大战后扩建张贵庄机场和天津港
（1945—1949年）						

资料来源：笔者整理。

（四）计划经济时期

在计划经济时期，借鉴苏联莫斯科市的规划模式，北京城直接在传统的方城棋盘街式城市空间原型的基础上嫁接了西方城市规划原型。在承接南北向传统中轴线的基础上，转而开辟以政治性和交通性干道——长安街为东西向轴线。北京城市空间结构以拆除城墙建成二环线和环线地铁为标志，逐渐从"院套院""城套城"的传统城市空间原型转型到欧美国家的"环套环"圈层式城市空间原型，使整个城市道路环线骨架呈现"外圆内方、环环相扣"的格局。由于京津两地均倚重于发展资源密集型和劳动密集型的传统工业，由此依托塘沽港、秦皇岛港等渤海湾港口为其发展大规模输送原材料和燃料，以"大进大出"为特征的港口经济带动了塘沽临港城区的发展，天津由此构成了中心城区和塘沽新城的雏形。天津城市体系总体上是中心城市居中、环以近郊卫星城的格局，其中天津中心城区是以中心广场为核心呈椭圆形向外发展的模式，并确定城区干道系统为"三环十八射"的环状加放射形系统。这意味着天津城区由多元化、拼贴型的近代空间结构向单中心的现代空间结构转型。

新中国成立后，在计划经济体制下行政分割和资源争夺趋于加剧的背景下，京津两地存在产业结构、空间布局等诸多方面雷同的现象，城市功能定位也有交叉重叠之处。北京城市性质先后经历"全国政治文化中心—全国政治经济文化中心、工业中心—全国政治文化中心"的多次变迁，而天津城市性质也经历"贸易中心和金融中心—工业中心—北方经济中心"的反复变化。北京为服务于政治、文化中心的需求，开始加快对外交通基础设施的建设，1958年建成首都机场，次年又建成北京火车站，这两大交通枢纽确立了北京作为全国交通中心的地位。而天津作为近代北方经济中心的地位相对没落，华北交通枢纽地位也因公路、铁路及民航建设的相对滞后、河运的衰退而让位于北京。这时期京津地区的交通结构进入公路和铁路并重发展时期，京津之间继续强化京津轴线，实现了贯穿北京市区长安街、天津市区京塘公路之间的衔接，并建成了京山铁路三线。京津两地通过行政区划调整而大幅度扩张市域范围，京津两地的城市空间辐射范围由城域拓展至市域，虽然在空间上更为紧密，但两地的产业依存性减少，以致在功能协调上渐行渐远。在产业空间和城市空间同构的背景下，京津城市空间结构由此进入"双中心、竞争型"阶段。

（五）改革开放时期

在改革开放初期，北京和天津继续强化各自的中心城市发展定位，同样，这时期京津两地在产业结构和交通结构方面也呈现出趋同的态势。北京基本形成"方格网＋环放状"的骨干道路网络结构，并加快环放式轨道交通网络规划建设。在20世纪80年代，天津中心城区在国内率先建立了"三环十四射"的环状加放射形城市主干道路网，随后依次实现内环—中环—外环—东南与西北半环以及绕城高速公路的逐层向外演替，逐渐由不规则状向圆形转化，具有"刚性规划"特征的环放式路网结构使天津中心城区呈现出"单中心圈层式"的城市空间形态。天津同期还实施"产业东移"的发展战略，天津城市空间形态结构逐步由单中心辐射型布局转型为"双心一轴"发展模式，"双心"即为中心城区和滨海新区，"一轴"指沿海河自然轴线平行发展的市域空间轴线。

在区域范畴，1993年，京津之间开通我国第一条跨省区的京津塘高速公路，该高速路的建设直接带动了沿线地区亦庄、武清等开发区的设立和发展；2008年我国第一条高速铁路——京津城际高铁的开通则促成了京津间形成了半小时的同城效应，促进了亦庄、武清等沿线开发区和城镇向新城的转型，并强化京津塘高新技术走廊的带状开发。这时期以天津港为核心，以唐山京唐港及秦皇岛港为辅助港或专业港的渤海湾港口体系初步形成；以京津石三大机场为核心的区域机场体系也逐步建立，北京首都机场逐渐发展成为全国最大的枢纽机场，并着力打造成为亚太地区的航空枢纽，天津机场也进入快速发展轨道。高速公路网和高速铁路网及区域机场体系的规划建设为京津冀一体化奠定了交通基础，促进了京津冀地区"多中心、组团式"区域城市空间结构及新城的发展。

在21世纪之初，北京和天津两地的城市空间结构正顺应着机动化和现代化的进程而快速地拓展，随着市域空间的拓展及卫星城和边缘集团的发展，京津两市城市空间结构已经形成分散集团式结构，城市化进程也由城域层次过渡到整个市域层次。尽管在京津两城市代表着不同的市域空间类型，但两地的城域空间结构仍存在着同型同构的现象，其城域空间和市域空间的发展方向相互背离，且京津两地城市空间结构也缺乏区域层面的呼应和对接。

在城市轨道交通的推动下，京津两地中心城区都继续强化了各自成型的同心圆加放射状交通结构，北京业已形成了由10条普通铁路干线、7条高速线路、11条放射性国道和200多条国内外航线所构成的全国最发达的对外交通网络，而大规模地对外综合交通枢纽的规划建设预示着北京将进一步强化全国性交通枢纽城市的地位。相对而言，天津铁路枢纽、航空枢纽的建设规模和运营水平则相对滞后。京津同构化的城市交通结构使各自中心城区空间形态呈圈层式发展态势明显，并有可能在区域空间范畴引发各自环放状交通网络结构的排斥性。

第四节　从历次城市定位的演变反思京津城市空间及交通结构的互动

自新中国成立以来，北京市先后组织编制过七次城市总体规划，天津市更是先后编制过十八版不同层次的城市总体规划方案。作为相互毗邻的两个特大城市，京津总体规划中城市性质的界定是京津互动过程中至关重要且最需要相向而行的关键要素。长期以来，受制于政治经济宏观环境、城市行政区划变更以及工业化的时代需求等因素，京津历经多次更替的城市性质直至在京津冀协同发展的背景下才相对稳定。天津历次总体规划中的城市定位更是叠加了出台沿海城市不搞新的建设政策、河北省会驻地变迁等大事件因素的影响，频繁出现摇摆和不确定性，不断被动地做出适应性调整。

一　京津历次城市总体规划中城市性质和发展定位的演进历程

（一）京津两地"工业基地"同构发展阶段

在京津快速工业化、市域大规模扩张的计划经济时期，京津两地的空间用地、经济规模均纳入大规模的增量发展规划之中，尤其京津两地城市定位均高度重视作为城市经济发展的核心和基础的工业，以致这时期的京津两地历次总体规划在城市性质方面存在着工业功能的重合，两地始终存在因发展"工业基地"而引起计划经济体制下的资源要素之争。新中国成立后，在苏联规划专家指导下，北京提出了变"消费城市"为"生产城市"的口号，1953年的《改建与扩建北京市规划草案要点》提出的六条指导原则之一：北京是中国的政治、经济、文化中心，要成为我国强大的工业基地和技术科学的中心。为此苏联援助中国的156项工程中包括北京电子管厂、金属结构厂及战略火箭生产总厂3项，而天津因地处沿海前线而造成项目缺失。以建设工业基地为重点的快速工业化发展思路既为北京的快速城市化提供了人口集聚和就业基础，也为京津产业结构同构化和工业基地同质化竞争埋下伏笔。这时期北京"技术科学的中心"这一城市定位及其配套的海淀文教区规划建设是具有前瞻性的重大规划思路，为当今北京建设科技创新中心奠定了基础。

在"沿海城市不进行新的发展"的背景下，1954年版天津总体规划中的城市定位仅为"一个具有相当规模的工业城市"；在1957年版的《天津市城市初步规划方案》中则明确提升为"综合性工业城市"；为了规避北京强势发展工业势头并与其重点发展的工业门类错位，1958年以后的天津历次总体规划发展定位均强调发展竞争力强、特色工业门类的工业基地。例如，1959年《北京城市规划初步方案》（草案）提出北京要迅速建设成为一个现代化的工业基地，并确定工业发展的重点是冶金工业、机械电机制造工业、煤炭工业、无线电工业和精密仪器仪表工业以及有机合成化学工业、纺织工业等，同期的天津总体规划则相应界定其城市性质为"以机电工业与海洋化学工业为主的综合性工业城市"。随着1971年天津大港石油化工基地的建立，1978年版天津总体规划再次修订为"以石油、石油化学工业和海洋化学工业为特点的先进的综合性工业基地"。在历次天津总体规划的城市性质界定中，工业要素一直延续至今，但遗憾的是天津城市定位由近代的工商业城市演变为计划经济时期的单一工业城市，其传统商贸功能的缺失使天津城市经济活力始终缺乏方向性的引导和激发。从实际发展的现状来看，计划经济时期的北京已发展成为名副其实的工业城市，北京先后形成了化工、机械、电气、钢铁等多个生产基地，如1973年提出大规模从西方国家引进成套技术设备后，便先后引入日本、德国技术建成北京燕山石化总厂（1976年）、化工二厂

(1977年),而临港的天津石油化纤厂直至1983年才建成。1978年北京第二产业产值高达71.10%,其工业总产值占国民总产值的比重在全国排名第二,仅次于沈阳,而曾是近代工业重镇的天津市同期占比为69.61%,最终北京在计划经济时期以工业总产值为主体的经济总量超过了天津而成为北方第一大经济中心城市。

(二)京津两地"经济中心"的取舍阶段

"北京是中国的政治、经济、文化中心"的提法始于1953年的《改建与扩建北京市规划草案要点》。1964年,时任国务院副总理李富春向中央作了《关于北京城市建设工作的报告》,再次明确了北京三大中心的城市性质,不过"全国经济中心"的提法约束为"全国经济管理中心";1983年的《北京城市建设总体规划方案》在城市性质上不仅摒弃了"工业基地"提法(转而强调工业向高、精、尖方向发展,不再发展重工业),也不再提及"经济中心"。而同期编制的天津总体规划方案顺势首次提出建设"北方经济中心"的目标,并要打造工业、科学技术和外贸出口三个基地,这一最为全面的天津发展定位不仅突破了单一的发展工业理念,也开始注重商埠功能,尤其前瞻性地凸显了科学技术基地的作用,至今仍具有时代感和借鉴意义。1983年版北京总体规划"两个中心"和1982年版天津总体规划"一个中心、三个基地"的发展定位成为京津两地城市发展转型和经济结构调整的良好开端,并首次实现了在工业层面和经济层面的全面错位发展,此后历次北京总体规划对"去经济中心化"形成共识,而天津总体规划则先后提出了建设"开放型、多功能的经济中心"(1986年版)、"北方的重要经济中心"(1999年版)和"北方经济中心"(2006年版)的目标。自20世纪80年代开始,经济中心和港口要素已成为天津发展的关键词。在这一发展阶段,北京对大工业、重工业建设的舍弃彻底消除了京津工业基地的竞争,北京也舍弃了全国经济管理中心的诉求,转而探索发展"首都经济",天津则获得区域经济中心的地位,但京津之间一度仍存在全国金融管理中心和北方金融中心的功能磨合(见表2—4)。

第二章 城市空间结构体系与交通方式的演进及其互动 / 37

表2—4 京津历次城市总体规划中的城市空间结构和交通结构演进历程

阶段	北京				天津		
	城市性质和定位	城市空间结构	城市交通系统	城市性质和定位	城市空间结构	城市交通系统
京津"工业基地"同构发展阶段	《改建与扩建北京市规划草案要点》(1953年):我国政治、经济和文化中心,还必须是强大工业基地和科学技术的中心	旧城城墙拆除;居住区靠近工作地点;单中心、大分散、小集中楔式;旧城区设为行政区,西郊设置大工业区和大农大基地,西北郊设为文教区	客运以公共交通为主;棋盘式加放射状,环放式道路系统;8射、5环和1货运环线组成的公路网;设置铁路总站,增设2条直径线的铁路环形枢纽,铁路环线外移	《天津城市建设初步规划方案》(1953年)"一个具有相当规模的工业城市"	以"一宫"为市中心的同心圆结构;中心广场到水上公园同为城市主轴线;规划10个地区中心和东南郊、新开河、白庙和南郊四个工业区	"三环十八射"的铁路放射式干道网;路总站外迁至王串场以西,铁路编组站设在城市北部的南仓站;建设天津港
	《北京城市建设总体初步规划方案》(1957年):北京应迅速地建成现代化工业基地和科学技术中心	由市区和40多个卫星镇构成,"子母城";突出发展工业思想,提出"整治市区,发展远郊";把城墙拆掉,滨河修筑第二环路	铁路枢纽(7条干线和1条内环线、2条直径线、4座客运站);地铁网(两横两竖两对角线加一环线);城市道路(4环与18射,快速路(2环与7射);公路网(3环与10射);首都机场(1958年)	《天津市城市初步规划方案》(1957年)"综合性工业城市"	以第一工人文化宫一带为城市中心;规划12个市内工业区、5个近郊工业点和42个远郊县镇工业点(1959年)	环形放射式路网与棋盘式路网的结合;铁路东站规划迁至复兴庄一带修建客运总站;干道系统规划为2个环路和南北2个辅助半环及16条放射线(1957年)
				《天津市城市规划简要说明》(1959年)"以机电工业为主化学工业为主的综合性工业城市"		

续表

阶段	北京 城市性质和定位	北京 城市空间结构	北京 城市交通系统	天津 城市性质和定位	天津 城市空间结构	天津 城市交通系统
京津"工业基地"同构发展阶段	《北京市总体规划说明（草稿）》（1959年）：北京要迅速地建设成为一个现代化的工业基地	采用"分散集团式"布局形式，防止"摊大饼"；工业布局上提出"控制市区，发展远郊"初步设想	东西长安街延长；建设十大建筑；开通全国第一条地铁环线（1965年）；"一环"地铁总长198千米线路网（1971年）	《天津市城市总体规划纲要》（1978年）：以石油、石油化学工业和海洋化学工业为特点的，先进的综合性工业基地	6片住宅区的震后重建；污染工厂外迁，建设近郊卫星城，市内10个工业区附近规划有14个生活区	丁字形铁路枢纽改造为环形铁路枢纽，铁路客运总站原址扩建，沿用环放式路网
	《北京城市建设总体规划方案》（1973年）：现代具有现代工业、现代农业、现代科学文化和现代化城市设施的清洁的社会主义首都	保留"分散集团式"布局形式，控制市区规模，改善工业外迁布局	预留京津快速铁路线路位置；铁路枢纽"两主、两辅、两郊"（1976年）；道路网"四横、三竖、一个环线"地铁网（4条环线、2条十字轴线、10条放射线）	《天津城市总体规划文件要点》（1982年）：天津作为我国北方的经济中心，发挥其作为一个工业基地和外贸出口基地的作用，科学技术基地的作用	单核心向多核心的城市群转型；近期打造中心城区、塘沽为核心的3个城市群	城市路网（内、外环线和18条放射线）；市区通往外埠公路15条；"丁"字型枢纽改为以天津站为中心站的环形枢纽
京津"经济中心"耦合阶段	《北京城市建设总体规划方案》（1983年）：全国的政治中心和文化中心	中心城+12个卫星城+10个边缘集团；工业全方位调整改造，传统工业外迁，基本上不发展重工业	环放式骨架道路网（4环，9主射/14次射）；规划8条对外铁路干线，"两主两辅"客运站；"四横、三竖、一个环线"地铁网，铁路枢纽和机场扩建	《天津市城市总体规划方案》（1986年）：拥有先进技术的综合性工业基地，开放型、多功能的港口中心和现代化的港口城市	城镇体系（市区和滨海地区+卫星城+县城+建制镇及重点乡镇）；"一条扁担挑两头"；城市空间结构；规划4个近郊卫星城	"三环十四射"骨架道路网；规划18条出口公路；放射状新建三级综合机场，蓟县建设直升飞机场

续表

	北京			天津	
	城市性质和定位	城市空间结构	城市交通系统	城市性质和定位	城市空间结构	城市交通系统
京津"经济中心"取舍阶段	《北京城市总体规划》（1993年）：北京是伟大社会主义祖国的首都，是全国的政治中心、文化中心，是世界著名的古都和现代国际城市	遵循"旧城逐步改建，近郊调整配套，远郊积极发展"方针，实施两个战略转移，市区为中心大团和十大边缘集团组合；设置绿化隔离带	铁路枢纽，两主、两辅（三横三竖加一环）；老城区（6横3纵干线），市区（4环，10主/15次环），快速路网（3环3次射）；公路网（11主7次射，3环）	《天津市城市总体规划》（1999年）：天津市是环渤海地区的经济中心，要努力建设成为现代化港口城市和我国北方重要的经济中心	由中心城区和滨海新区组成"双心一轴"大格局，中心城区调整为"多中心、组团式"空间结构	重点建设"两港两路"（海港、空港、高速公路、高速铁路）；完善"三环十四射"道路系统，增加快速路系统
	《北京市城市总体规划》（2005年）：北京是中华人民共和国的首都，是全国的政治中心、文化中心，是世界著名古都和现代国际城市	"两轴两带多中心"的城市空间结构，"中心城+新城（11个）+镇"的市域城镇体系；金融中心和商贸中心的建设，和南部开发战略	重要的洲际国际航空门户和国家铁路、公路板纽。"四主、两辅"铁路客运系统及10条干线；国道系统（3条主干线和8条国道）；市道系统（1环，16射和20联络线）；双环棋盘放射式地铁网	《天津市城市总体规划》（2006年）：天津市是环渤海地区的经济中心，要逐步建设成为国际港口城市、北方经济中心和生态城市	城镇体系由主副中心、新城、中心镇和一般建制镇组成；"一轴两带三区"市域空间结构；"三轴、两带、六板块"城市空间发展战略；滨海新区"一城双港三片区"	中心城区快速路网（两横、两纵、两环、两条联络线），环外快速路系统（快速环路，20条放射线和联络线）；建设北方国际物流中心和国际航运中心

续表

	北京			天津		
	城市性质和定位	城市空间结构	城市交通系统	城市性质和定位	城市空间结构	城市交通系统
京津冀协同发展阶段	《北京市城市总体规划》（2016年）：全国政治中心、文化中心、国际交往中心、科技创新中心	构建"一核一主一副、两轴多点一区"的城市空间结构；高水平建设三城一区，打造北京经济发展新高地	建立分圈层交通发展模式，打造一小时交通圈；围绕2个国际航空板块，10个全国客运枢纽、若干个区域客运枢纽，构建"2+10+X"的客运枢纽格局	《天津市国土空间总体规划》（2021年）全国先进制造研发基地、北方国际航运核心区、金融创新运营示范区、改革开放先行区	构建"三区两带中屏障，一市双城多节点"的国土空间总体格局。构建"双城、双轴、中屏障"的城市空间结构	提升海港国际航运核心区功能，塑造大通道。"京津冀开放大通道"，链接欧洲服务京津冀、辐射国际的综合性航空枢纽和国际航空物流中心，构建四网融合的全出行链轨道交通服务体系

资料来源：笔者整理。

(三) 京津两地城市定位协同发展的阶段

20世纪90年代，京津两地在城市定位中都先后纳入国际视野和生态宜居要素，1993年版总体规划首次明确北京是"世界著名古都和现代国际都市"，2005年版总体规划提出建设"世界城市"和"宜居城市"的目标，2006年版天津总体规划则提出建设"国际港口城市"和"生态城市"的目标。这时期北京"国家首都、国际城市、文化名城、宜居城市"的建设目标和天津"国际港口城市、北方经济中心和生态城市"的城市定位实现了良性互动，京津两地也在知识经济和信息时代的背景下实现了城市空间和交通方式的互动，由此京津进入城市定位协同发展的阶段。

进入21世纪后，京津协同发展成为主流共识，尤其在京津冀协同发展上升为国家战略之后，京津冀城市群将共同建设成为以首都为核心的世界级城市群，为此北京舍弃了单独打造"世界城市"的发展目标，明确"全国政治中心、文化中心、国际交往中心和科技创新中心"这"四个中心"的城市定位，并着力进行高消耗产业、物流专业市场以及部分行政性、事业性机构和企业总部等非首都功能的疏解。而河北雄安新区则作为北京的非首都功能疏解集中承载地，着力打造国际一流的创新城市。在《京津冀协同发展规划纲要》明确天津为"一基地三区"的功能定位基础上，《天津市国土空间总体规划（2021—2035年）》则确定天津城市发展的目标愿景为"京津冀城市群和环渤海地区发展的重要引擎，生态引领、创新竞进、和谐宜居的现代化国际大都市"（见图2—1）。

(四) 北京城市交通功能的"泛交通中心化"

北京市的城市功能应适度分化或淡化的思想目前已经获得广泛认同。自改革开放以来，北京市已经先后完成了两次有关城市性质和城市功能的重大修正，这两次对北京来说是城市转型和产业升级的过程。第一次是"去工业基地化"过程。新中国成立后的北京市提出"由消费城市变为生产城市"的建设目标，使北京一度成为工业比重仅次于沈阳的重工业城市，为此在1982年编制的北京城市总体规划中摒弃了建设"我国强大的工业基地"提法。第二次是"去经济中心化"过程，2005年版的《北京市城市总体规划》将北京市定位由"全国政治中心、经济中心和文化中心"再次调整为"全国政治中心、文化中心，世界著名古都和现代国际城市"。由此而淡化了"经济中心"的提法，天津市转而明确了建设

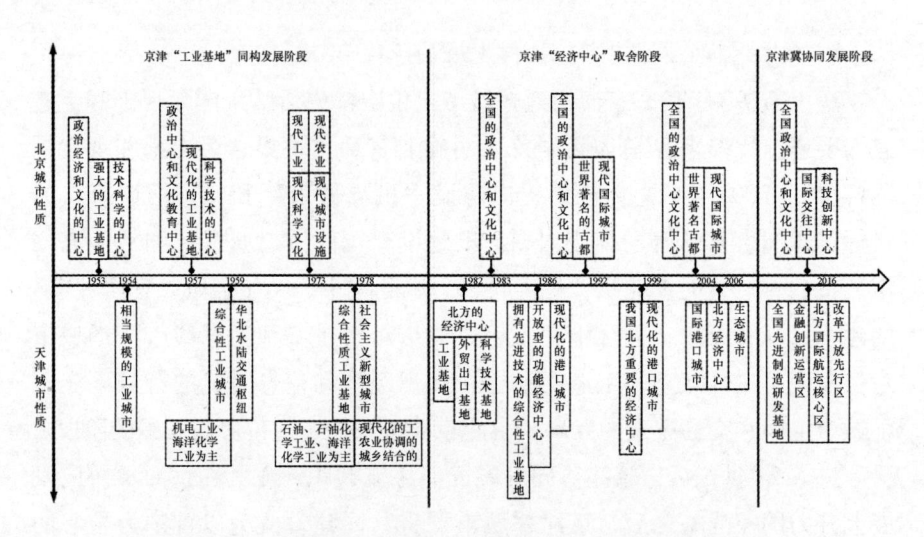

图 2—1　京津历次城市总体规划中的城市性质和发展定位

资料来源：笔者自绘。

"北方经济中心"的目标。

当前在"去工业基地化"和"去经济中心化"的基础上，作为首善之区的北京市城市性质和功能定位有必要进行第三次重大变革，即应突出"泛交通中心化"。其含义是建立以京津冀核心区为服务空间范畴的区域交通体系，改变由单一的北京市所承担的全国交通中心功能，力求使北京强大的对外交通枢纽功能分化和外向疏解，使始发终到客流与过境中转客流在空间上分化。北京城区的对外交通枢纽应构筑以城际型交通为主的交通结构，而北京城区外围以及津冀地区的对外交通枢纽则共同承担京津冀地区过境和中转功能。总体而言，以北京"泛交通中心化"为核心的京津交通结构转型升级是全面有效疏解非首都功能的前提，而京津城市空间结构的协同优化则是京津冀建设世界级城市群的重中之重。

二　京津城市空间结构的发展及其互动

（一）京津两地城域空间向市域空间拓展的城市空间结构同构阶段

京津两地的城域空间向市域空间拓展是京津圈层式城市空间结构发展的前提，也是以加快工业化进程的空间基础，同时还是京津构筑环放式交通路网结构的迫切出行需求。计划经济时期，北京的城域空间由旧城扩展至中心城,并辅以棋盘式加环放式路网结构,这一交通结构是北京"摊大饼"式单中心空间结构的前提基础和发展动力,且随着城市空间圈层式的扩张而加密加大。

针对天津因近代九国租界割据而形成的海河沿岸带状拼贴式城市空间形态的现状,按照波兰规划专家萨伦巴的建议,天津城市空间结构在"一五"时期曾经有两种选择:一是顺应海河和京山铁路、京津公路的走向呈带状发展,即串珠状模式,各个封闭的"珠"由农业地区所环绕,并保证建成区与空旷地之间有便捷的联系(此后在"六五"时期也提出过天津至塘沽沿海河发展带状城市的方案);二是以中心广场为核心向四周呈圆形发展的一般模式,最后选用中心城市居中、环以近郊卫星城的城市布局体系,城市发展用地适当拉长呈椭圆形,城市用地发展方向主要向南扩张,并确定天津的城域空间也采用圈层式城市空间结构和"三环十八射"的环状放射式干道系统。

在市域层面,随着市界的持续扩张,京津两地的自身腹地不断拓展,在市域范围内的远近郊工业基地、农副产品基地及其卫星城的规划建设为京津两地的市中心与周边腹地之间自我平衡发展提供了前提,也为北京燕山石化、首钢以及天津大港石化等大型工业基地的落户提供条件,最终使非首都功能疏解和战略空间转移可在北京市域范围内进行优化调整。1949—1960年,北京市连续进行了六次市界的扩大,1954年版总体规划为此在市区边缘专门布局工业组团。1958年3月,河北省的五县一市划入北京,同年10月第五次扩大市界,最终形成北京18个区县格局。为此1958年9月拟定的《北京市总体规划说明(草稿)》提出城市空间结构采取"分散集团式"布局形式,形成"市区+卫星镇+工业区"的框架,并在工业发展上提出"控制市区,发展远郊"的设想。又如"二五"时期,结合天津沿海河带状发展和以中心广场为核心向四周呈圆形发展的优势,确定城区呈椭圆形发展的城市用地形态,并构建"中心城市+近郊卫星城镇"的城市体系。1958年河北省会迁至天津,沧州专区和天津专区划归天津市,河北省建设厅组织编制了具有区域规划性质的《天津市区域规划草案》,并明确天津构建由"市区、塘沽、近郊卫星城和远郊县镇"所构成的组合性城市。1973年,蓟县、宝坻、武清等河北5县正式划归天津市,1982年版天津总体规划提出建设由"中心市区城市群＋滨海地区城市群＋蓟宝坻区城市群"三个城市群构成的多核心城市体系。1986年版天津总体规划提出以海河为轴线，推动工业用地东移，并大力发展滨海新区，实施"一条扁担挑两头"空间结构布局的重大调整，天津城市空间结构此后逐渐由计划经济时期的单中心向改革开放后的"主副中心"乃至"双中心"空间结构演进。

（二）京津两地由市域空间拓展阶段升级为区域空间协同发展阶段

在京津市域空间相对固化的背景下，京津两地逐渐注重区域协同发展。1993年版北京总体规划提出两个战略转移，明确提出城市向东南主导方向发展，以渤海湾作为腹地，同期启动北京东南部的亦庄经济开发区的规划建设；但在市域层面上，这时期京津两地战略发展方向上并未实现相向发展和战略对接。进入21世纪后，2005年版北京总体规划确定的城市空间结构为"两轴两带多中心"，虽然城域空间仍是以中心城为核心的单中心空间结构，但提出京津城镇发展走廊是未来京津冀区域城镇协调发展最重要的地区（区域层面），是确定北京未来城市发展主导方向的重要因素（市域层面）；2006年版天津总体规划则相应确定为"一轴两带三区"空间结构，与北京空间结构有所对应。

总体而言，京津两地的历次城市总体规划的编制过程经历了从"独立运作"阶段再到"关联运作"阶段，直至2014年京津冀协同发展上升为国家战略以后的"协同运作"阶段。这时期的京津冀地区首次确定"一核、双城、三轴、四区、多节点"的区域空间结构，京津两地的城市总体规划中的城市性质和发展定位都在《京津冀协同发展规划纲要》的框架下进行了互动呼应，京津两地的城市空间结构也开始相互呼应。2016年版北京总体规划提出构建"一核一主一副、两轴多点一区"的城市空间结构，并推动雄安新区与北京城市副中心形成北京新的两翼，而2021年版《天津市国土空间总体规划》则提出"三区两带中屏障、一市双城多节点"的市域国土空间总体格局。当前北京中心城区的"北重南轻"和天津中心城区的"北轻南重"使两地在传统城域层面并未遥相呼应，而北京中心城与副中心的"主副中心"空间结构和天津中心城区与滨海新区"双中心"空间结构为京津塘带状主轴线发展奠定了基础。

（三）新时代北京市城市空间结构的优化调整

新中国成立以来，促进北京空间结构根本性演变的推动力曾经有三种可能性：一是中央行政职能的转移，20世纪50年代的"梁陈方案"是以中央行政职能沿长安街轴线西移为前提的；二是文化体育职能的推动，即奥林匹克公园沿南中轴线布局或者沿京津塘高速公路方向布局；三是金融经济职能的带动，即长安街交通轴线上的 CBD 选址和建设，沿京通路以东方向选址方案可能更有利于促进北京空间结构的分散布局和通州新城区的建设。由于各种原因，这些有可能促成北京空间结构演进的机遇并没有付诸实施。

当前北京城市空间结构优化调整的主要手段有多中心战略和轴线式战略两种，面临的机遇便是北京城市副中心和北京大兴国际机场[①]的规划建设。这主要从城市功能疏解和城市交通结构转型两方面进行：一是疏解北京市级行政职能至通州副中心，以带动部分的商业、产业、居住等功能的外迁，推动北京城市空间结构由单中心向主副中心的转化，并促成中央行政功能和市级行政功能的相对分离；二是城市交通结构的转型，即由中心环放式的集聚型交通结构向疏解非首都交通为导向的交通中心泛化模式转型，促成北京城市空间结构由圈层式逐渐转向轴线式和圈层式结合的发展模式。

从轴线式战略来看，当前对北京城市空间形态有着明显作用的城市主轴线有两条：第一条是传统的南北向历史文化中轴线，亚运村及奥林匹克公园的布局则反映了这一历史脉络的延续和现代功能的重新诠释，而被誉为"国家发展一个新的动力源"的北京大兴国际机场地区的开发建设将发扬南中轴线延长线的现代交通功能；第二条是东西向的城市交通轴线，轴线构成是以长安街及其延长线以及地铁1号线为主，沿线主要是国家行政办公及商业文化设施的展示地，该轴线可谓是政治性和交通性功能的结合，通州副中心的建设将延续东长安街交通轴。多中心战略和轴线式战略将有效地促成北京城市空间结构由"两带两轴多中心"向"一核一主一副、两轴多点一区"的空间发展战略转型。

三 京津城市交通结构的演进及其互动

（一）北京逐步构建全国交通中心的发展历程

新中国成立以来，北京交通结构的演进始终是一种强化市中心的交

---

① 本书中北京大兴国际机场有时简写北京大兴机场或大兴机场。

通发展战略，它主动顺应了城市空间由城域空间向市域空间拓展的需求。在城市交通方面，北京历次总体规划均规划为"棋盘式加放射线及环路"的城市道路骨干网，而纵横线加环线的地铁网规划建设也强化这一环放式交通结构。另外，由国家交通行业主管部门所主导的首都北京对外交通结构规划建设同样采用"环线加放射线"或"中枢辐射式"的基本形式，其核心思想是打造以首都为中心的公路、铁路及民航等国家交通网络体系。这导致北京虽然未在城市性质中提出打造全国交通中心的诉求，但无论从交通设施规模还是交通运营数据来看都有所体现。如"71118网"国家高速公路网工程是以7条首都放射线领衔的；北京铁路枢纽由1957年版总体规划的7条对外干线铁路逐步扩容到当前衔接9个方向、10条铁路干线的全国最大铁路枢纽，铁路客运站布局也由1982年"两主两辅"升级为2004年"四主两辅"，直至当前"八大客运站"布局方案，此外还建立了庞大的铁路货运系统。在民航方面，首都机场自1958年建成以来，一度成为年旅客吞吐量排名全球第二的超大机场，在2019年北京大兴国际机场投入使用之后，北京两大枢纽机场设计年旅客吞吐量已达2亿人次以上。总体而言，北京已形成以2个国际航空枢纽和8个大型铁路客运枢纽为主体的全国客运交通中心，这一以超大规模取胜的全国交通中心地位势必制约以运输质量衡量的国际交通中心建设目标。

（二）天津构建北方航运中心的发展历程

为取得相对于北京城市定位的比较优势，天津历次总体规划中的城市性质和发展定位始终强调水运交通优势，1957年的《天津市城市初步规划方案》首次提出其城市性质是"综合性工业城市，南北水陆要冲，华北水陆交通枢纽"，而后1986年版总体规划强调特色鲜明的"港口城市"，此后港口始终列为天津城市性质中不可或缺的组成部分，2006年版总体规划更是提升为"国际港口城市"。这一定位带来的负面影响是过于突出港口海运功能而忽视了天津海陆空交通方式齐全的优势，使天津沦为以港口为中心、相对单一的对外交通结构，尤其淡化了国际航空交通功能在城市国际化建设过程中的主导作用，这直接后果是长期对天津机场发展重视不足和对航空运输功能的作用认识不足，以致2008年《天津市空间发展战略规划》中所提出的"双城双港，相向拓展"空间发展战略中的"双港"并非指海港和空港，仅为天津港的"北港区"和"南港区"。而实际上近期航空运输业的快速发展有力地推动了天津社会经济的"高端高质高新"发展，例如，航空航天产业已成为天津市新兴的支柱产业，金融改革创新则是以航空租赁业为先导的，而天津机场东侧的空港经济区已成为滨海新区的主要功能板块。显然，天津机场作为中国北方航空物流中心和区域性枢纽，需要作为要素资源纳入天津国际航运核心功能之中。对于铁路而言，相对北京铁路枢纽的大规模建设，天津在"三北"地区的传统铁路枢纽地位和作用相对下滑，如早在20世纪70年代便计划将天津铁路枢纽由丁字形枢纽提升为环形枢纽的方案至今尚未实现，铁路通道长期局限于京津、京沪、津秦三大干线，始终未形成西部腹地与天津港的直达铁路通道，直至2015年的津保铁路开通，天津铁路枢纽才由丁字形升级为十字形铁路枢纽。

(三) 京津两地交通结构的优化升级

从区域交通结构来看，京津两地的对外交通结构已相对失衡。自新中国成立以来，北京是一种强市中心的枢纽化交通发展战略，至今已形成依托庞大的环放式交通网络体系的单中心空间结构，北京以公路、铁路及民航为主体的对外综合交通体系已提升成为全国交通中心，但这与北京"四个中心"的城市定位和疏解非首都功能的要求并不匹配，为顺应"国际交往中心"的目标，北京构建"以航空交通为主体的国际交通中心"需求更为迫切。因对外交通结构长期缺乏全方位的通道拓展，天津至今仅是以铁路、公路、航空为主的区域性客运交通中心和以港口为核心的国际航运中心。显然，天津应是海陆空协调发展的全国性综合交通枢纽，也是辐射"三北"地区的公路主枢纽，还是环渤海地区的铁路枢纽，同时天津北方国际航运核心区也应是涵盖国际航海和国际航空要素资源的聚集区。总之，北京由全国性交通中心向国际性交通中心转型、天津由区域性客运交通中心向全国性客运交通中心的升级势在必行！

第五节 新时代京津冀核心区空间结构与交通结构的互动

以京津两市为双核的京津冀核心区在区域空间方面具有特异性，从"城域、市域和区域"这三重空间范畴来看，京津两地实施城市空间发展战略，面临着发展不平衡、不协调的矛盾。

一　京津冀核心区实施区域空间发展战略所面临的矛盾

（一）京津冀区域城镇体系等级结构不匹配

从区域城镇体系构成来看，京津冀地区的城镇等级结构不合理。现由2个超大城市（北京、天津）、1个特大城市（石家庄）、2个Ⅰ型大城市、3个Ⅱ型大城市、7个中等城市以及上百个小城市所组成的城市群，构成超大城市和小城市的数量和人口比重较大，而特大城市、大城市及中等城市的数量和人口比重较少的"哑铃"形城镇体系。在京津冀地区加快区域一体化进程中，京津冀区域城镇体系等级结构亟待优化和升级。

当前京津冀地区沿京滨方向、渤海湾沿海方向正呈现逐渐发展成为城市连绵带的趋势，这是区域性网络城市发展的高级形态。尤其大京滨走廊正在形成以高速铁路、城际铁路和高速公路为主体的多方式、多通道的复合型综合交通发展轴，对沿线区域经济的发展和城市化水平的提高产生了显著的扩散效应和集聚效应；京津塘高速公路沿线地区现已基本形成了城镇和产业园区密集分布的城市连绵带，而京津城际铁路站点在城市连绵带的发育形成过程中起到了突出的枢纽节点作用和社会经济联系作用，其沿线地区已发展成为以站点为核心的分散组团式的空间布局模式。

（二）京津两地市域空间的主导发展方向与城域空间的发展重心不对应

随着市域空间的拓展及卫星城和边缘集团的发展，京津两地城市空间结构已经形成分散集团式结构，城市化进程也由城域空间过渡到整个市域空间，但两地在城域空间和市域空间的发展方向上没有相互契合。当前北京中心城区的空间形态发展特点是"北重南轻"，在城域空间范围内是以故宫为中心逐层同心扩张，其城市边缘线侧重于向北偏心延展，其市域发展方向定位为以北京城市副中心为核心的正东方向和以城南地区为导向的正南方向，而其地理位置和区位条件决定北京现代空间结构在区域空间范围内应是面向东南、东部和南部偏心发展。天津中心城区的空间形态发展特点是"南重北轻"，且市域空间层面实施战略东进的发展态势明显。由此在京津两地城区的发展重心呈现相对背离的趋向，尽管在区域空间层面有协同发展的意愿，但京津两地在市域空间层面仍缺乏相向发展的重大举措。若京津两地不进行市域空间和区域空间的重大战略优化和协同发展，则很难扭转京津两地中心城重心彼此反向发展的态势，无法促成京津冀核心区——通武廊地区由京津走廊的"成本洼地"跃升"经济高地"。

从区域空间来看，展望京津两市城际交通发展历程，京津之间的交通线顺应着两地城市互动的发展趋势，京杭大运河—京津大道—京山铁路线—京津塘高速公路—京津城际铁路等交通线的先后建设分别延续着京津城市互动发展的时间序列，体现顺应交通引导的区域城市空间发展模式的演变。在京津两地进入社会经济和交通结构转型时期，两地的城市空间战略规划与交通战略规划要能实现良性互动才是规划成功的关键。

二 京津冀城市空间结构与交通结构互动所面临的问题

（一）多中心分散式空间结构规划目标与环形加放射形现状交通结构不相吻合

英国交通专家汤姆逊（J. Michael Thomson）从解决城市交通问题的角度出发，将城市布局分为五种模式，京津两市的中心城区交通结构都属于"强有力中心的模式"，该模式所采用环形加放射形交通网络结构通常是与同心圆圈层式空间布局相匹配的。当前北京和天津两地的城域空间正顺应着机动化和现代化的进程而快速拓展，两地在市域范围内已经各自形成同心圆加放射状的交通结构。北京对外交通结构在市域范围内已经形成完整的六条环线加放射线骨干道路网结构和全国最大的对外交通中心，其道路布局与城市空间形态的圈层式发展环环相扣。天津中心城区则在"内中外三环+快速环线"的基础上，又在城区外围建成了高速公路环线及其过境公路环线，继续在中心城区强化环放式路网交通结构。从区域空间范围来看，京津两地将因城市交通结构同构化而形成一种相互排斥的区域交通布局结构，而从市域空间和区域空间层面来看，京津塘带状交通走廊也始终未与北京、天津中心城区城域空间层面的空间形态契合，显然京津两地的城市空间结构和交通结构目前尚存在"同型同构、双心各构"的现象。目前京津两市应延续多中心、分散组团式这一内在的空间发展动力趋势，使城域空间和市域空间在区域空间背景下协同发展。

在整个天津市域空间范围内，其空间形态发展走向一直沿海河以及京津塘高速公路自发地发展，呈东南—西北方向的带状分布。根据京津城际交通方式的不同，先后顺应海河—京塘公路—京山铁路—京津塘高速公路沿线地区发展，天津地铁1号线的走向与海河基本平行，京津高速公路和京津城际铁路、京滨城际铁路在继续强化京津塘之间的这一带状交通走廊发展趋势。而天津城市空间从设卫建城，到近代在城域范围内设立租界和新市区，再到市域范围内"双心一轴式"的现代城市发展，始终遵循带状发展这一趋势。从市域、城域角度来看，天津市域空间发展方向与城域空间发展方向不一致，区域及市域方向侧重于东西向的京津塘高速方向，而天津中心城区（城域）则是"南重北轻"，以北辰、红桥为主体的北部空间发展缺乏动力，市中心基本在以天津站与和平路为中心的同心圆范围内，城市发展重心与市域发展方向脱节。

（二）区域交通结构和城市空间结构之间未形成良性互动

以北京为核心的京津冀交通网络规模大但结构不尽合理，未能高效地服务于全球城市和世界级城市群的需求。京津冀地区的区域交通结构和城市空间结构之间未形成良性互动。在区域层面，尽管京津之间的运输通道发达，但目前在各自的城市中心位置和主要功能区之间缺乏直达的对外交通通道，如北京中关村地区与天津滨海新区之间缺乏直通的通道，而北京首都机场、北京大兴机场和天津港国际客运中心分别对于天津、北京两地旅客来说也都缺乏便捷的直达通道。京津、京张、京唐以及京石等城际铁路站场布局未充分与同走向的高铁线路在线路、站场布局方面进行错位。

就城市空间结构与交通结构之间而言，北京现有的圈层式城市空间结构并未得到根本性调整，现代化进程中的交通模式也未对城市空间结构转型起到引领作用，仅仅只是顺应城市化的进程和城市空间发展的总体趋势。自滨海新区开发开放上升为国家战略以来，天津的城市空间结构和交通结构均强化了"双中心"的发展模式，但中心城区和滨海新区各自的城市空间结构仍延续圈层式发展模式，天津市特色性的带状城市空间结构仍有待完善。

(三) 对外大型综合交通枢纽与城市功能融合程度不高

京津冀地区对外交通枢纽与周边地区彼此之间缺乏有机融合，周边土地开发利用和枢纽功能不对应。北京南站、天津西站、天津南站等铁路车站和机场等大型对外交通枢纽用地属于划拨用地，缺乏准许从事商业开发的倾斜政策，交通枢纽的规划建设未与周边地区的城市功能有机融合，枢纽仅具有交通集散功能，缺乏相应的城市功能配套，也未实现交通枢纽与周边地区城市空间的集约化利用和土地综合开发。如首都机场 T3 航站楼前的国门商务区未得到有效开发利用；北京南站周边地区分布大量商品住宅，缺乏与交通枢纽相适应的商业和商务功能设施，交通枢纽地区无法形成城市高端功能区。另外，从交通管理体制来看，中央直属的交通管理部门与地方政府交通部门之间的交通诉求有所不同。北京地区的铁路与民航设施（尤其对外交通枢纽）均由中央交通行业主管部门重点建设，重在体现大国首都形象的超大规模对外交通枢纽建设与北京疏解非首都交通功能的现实需求之间存在供需差异。

京津两地的主要铁路车站及机场与其所服务的城市主要功能区之间的空间布局互动方面也存在脱节现象，如北京的对外交通枢纽布局为"北疏南密"，而交通出行强度则是"北强南弱"，即其主要的公路枢纽和铁路枢纽分布在南部，而中心城区对外交通出行的主体则分布在北部。服务于"科技创新中心"城市定位的北京"三城一区"主平台也缺乏对外交通枢纽的直接支撑，尤其高出行率的中关村科技园区、CBD、金融街等地区使用对外交通枢纽不便捷，影响其国际影响力和国内辐射力，又如天津铁路枢纽站场主要分布在中心城区的中部、西部和北部，机场布局在东部，而铁路出行客流则集中在西南部、南部的南开区和河西区。

三 新时代京津冀区域城镇体系结构和交通结构的转型升级

河北雄安新区的设立对京津冀空间结构演进产生深远影响，雄安新区坚持世界眼光、国际标准、中国特色、高点定位，打造疏解北京非首都功能的集中承载地。雄安新区的崛起促使京津冀核心城市群由京津双中心向网络化、多中心的区域空间结构转型。从交通地位来看，雄安新区—保定将共同构建陆路型的全国性综合交通枢纽，这将促成京津冀区域交通结构也相应转型，由双中心环放式转型为网络化、多枢纽的交通结构。

在新一轮的城市总体规划修编过程中，京津两市城市空间发展战略进行了调整。其中2016年版《北京市城市总体规划》将北京由"单中心＋同心圆＋卫星城"的空间结构转型为"中心城区＋通州副中心＋新城"的多中心空间结构，通州确定为涵盖"行政办公、商务服务和文化旅游"三大功能定位的北京城市副中心，通过对外交通职能的外移以及市级行政职能的东移，推动新一轮的城市空间定向扩张和非首都功能的疏解，以促成北京单中心环放式交通结构的优化调整。但目前北京主要城市功能区与对外综合交通枢纽相对脱节，城市功能与对外交通未能有机融合，通州城市副中心车站仅具有京津冀区域性综合交通枢纽功能，尚未形成与中心城区相对独立的对外交通体系。而2021年版的《天津市国土空间总体规划》则延续"两心一轴"结构，并逐渐由中心城区与滨海新区所构成的"主副中心"向由津城与滨城构筑的"双中心"结构转换。随着新兴功能区和外围组团的建设以及地铁、轻轨等轨道交通的延伸，天津正逐步进入构筑多中心城市发展模式，这将推动天津城市空间形态沿主要交通轴线向外扩张，尤其是随着海河经济和海洋经济的发展，天津主体空间结构将形成倒"T"字形空间形态。为避免海河中游地区的过度开发，在津城与滨城之间构建区域面积736平方千米的绿色生态屏障。

在京津冀区域空间结构中，区域分界线、城市行政区划线（市域分界线）、城域轮廓线是分别描述区域空间、市域空间和城域空间三重空间范畴的主要分界线，它们可从不同角度反映区域和城市空间结构及空间形态演进的不同进程和范畴，而城市道路环线或公路环线在某种程度上则是三重空间演进的不同投影线。以京津为核心的京津冀核心区各城市多经历过由近代城域空间孤立发展，再到计划经济时期城域空间和市域空间构成二元结构式发展阶段，当前京津冀核心区已经进入区域空间整体互动发展阶段，协同"城域、市域和区域"三重空间范畴的可持续发展已是京津冀地区空间结构优化所面临的主要使命。京津两地正处于城市空间结构和交通模式及产业结构的转型时期，京津两地城市空间主导方向上的轴化交通网络将打破其各自的单中心圈层式格局，两者的城域空间发展将突破行政区划所界定的市域范畴而直接关联，进而促成区域空间一体化（见图2—2）。

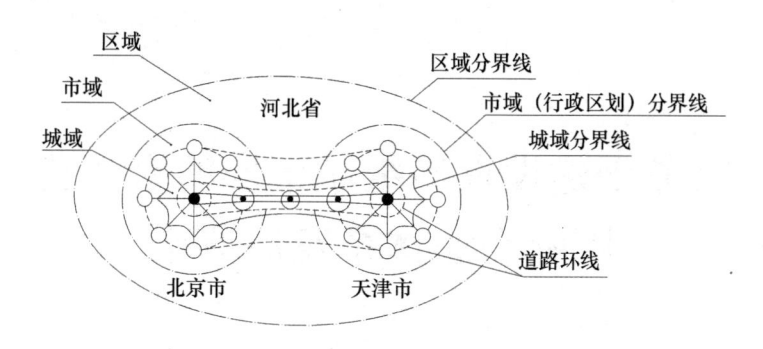

图2—2　京津冀核心区的三重空间结构模型

资料来源：笔者自绘。

总的来看，当前京津冀核心区已经进入高速铁路、航空运输并重的高质量发展阶段，以机场群和高铁网络为主体的京津冀综合交通体系全面提升将带动区域空间体系的优化。在京津冀核心区进入社会经济结构转型时期，京津冀地区主要城市的城市空间发展战略与交通发展战略之间的良性互动与规划衔接成为协同发展的关键所在。随着北京转型为主城区与通州构成主副双中心结构，天津中心城区与滨海新区构成"津城"和"滨城"并重的双中心结构，环渤海地区也逐渐形成唐山市区—曹妃甸区、沧州—渤海新区的双中心结构，京津冀地区的主要城市由此进入多中心的城市发展模式。展望未来，京津雄三地的城市定位将相对错位，京津冀一体化进程将显著加快，随着北京市和天津市的城市空间结构各自由单中心向多中心转型，京津冀核心城市群将由传统的京津"双中心"结构向"多中心、集群化"的区域空间结构转型，京津冀区域"中心—腹地"城市体系也向网络化城市体系方向发展。顺应雄安新区将构成以雄安站为核心的陆路型全国性综合交通枢纽的趋势，区域交通结构也将由以京津各自为中心的"环放式"交通结构向"多中心、多枢纽、网络化"的综合交通结构转型。

第三章

服务于建设世界级城市群的京津冀国际交通体系发展战略

第一节 京津冀地区综合交通体系的发展特性及其面临的问题

一 京津冀地区综合交通体系的发展现状及其交通特性

（一）区域综合交通枢纽地位高

京津冀地区地处中国东北、华北、西北三大区域的交会点，具有独特的地缘区位优势，也是北方地区的交通要冲，各类国家级交通专项规划均将京津冀地区纳入核心交通枢纽。根据《中长期铁路网规划（2016—2030年）》，"八纵八横"高速铁路主通道中涵盖以北京为核心的京沪、京港（台）、京哈—京港澳、京昆、京兰五条主通道，并构建北京、天津等19个综合铁路枢纽。依据《京津冀城际铁路网规划修编方案（2015—2030年）》，京津冀将以"京津塘、京保石、京唐秦"三大通道为主轴，新建24条城际铁路，总规模达3400多千米。远期到2030年基本形成以"四纵四横一环"为骨架的城际铁路网络。根据《国家公路网规划（2013—2030年）》中的国道公路网规划，我国将逐步构建由12条首都放射线（含北京环线）、47条北南纵线和60条东西横线所组成的普通国道网和由7条首都放射线、11条北南纵线和18条东西横线所组成的高速公路网，其中首都放射线是具有全国性政治、经济、军事意义的重要干线公路和公路主通道，北京则是首都放射线始发的核心枢纽。

依据2006年发布的《全国沿海港口布局规划》，环渤海港口群体是全国沿海港口的5个港口群体之一，它由辽宁、津冀和山东沿海港口群组成。当前津冀沿海港口群正在建设以天津港、唐山港为核心，以秦皇岛港和黄骅港为两翼，布局合理、分工明确、功能互补、安全绿色、畅通高效的能源、原材料、集装箱运输的世界级港口群。在2017年发布的《全国民用运输机场布局规划》中，京津冀机场群是2025年规划形成的三大世界级机场群之一，而北京首都机场位列全国十大国际枢纽之首，天津、石家庄两大机场则是29个区域枢纽的组成部分。

(二) 区域综合交通路网密度大

京津冀地区交通网络密集、交通枢纽数量众多，是我国综合交通网络密度最高的地区之一。该地区已经基本形成了以北京为核心，以高速铁路、城际铁路、高速公路为骨干，以普速铁路、干线公路为基础，以枢纽机场为平台所共同组成的区域综合交通网络格局，其陆路交通呈现"环线加放射状结构"，航空交通呈现"中枢辐射式航线网络结构"。京津之间正实现分别由高速公路及高速铁路所组合而成互联互通的"四通道"，京石、京秦、津保等地之间也实现主辅三通道的衔接。

京津冀地区的铁路网发达，2017年路网密度达4.4千米/百平方千米，是全国平均水平的3.3倍。截至2019年年底，京津冀地区铁路营业里程10262千米，约占全国7.3%，其中高铁2104千米，约占全国5.9%。2020年天津和北京的高铁通车里程分别为317千米和359千米，高铁密度分别为280.5千米/万平方千米和213.7千米/万平方千米，分列全国第一位和第三位。京津冀地区也是我国高速公路网最为密集的区域之一，高速公路网密度为47.2千米/百平方千米，高速公路通车里程达10245千米。天津、北京的高速公路密度分列全国各省（自治区、直辖市）第二位和第三位。

(三) 区域交通出行频率高

京津冀地区经济总量和人口规模相对较大，2019年京津两地GDP总量在全国各大城市中分别排名第二位和第十位，而河北省GDP则在全国各省（自治区、直辖市）中居第六位，京津冀区域人口达1.13亿人，是全国平均人口密度的4倍，也是全国人口密度最高的地区之一。本地区出行强度相对较高，尤其是铁路乘坐旅客次数远高于全国平均水平，仅天津市居民人均乘坐火车的次数便是全国平均水平的 2 倍。北京全市的长途客运量平均每日 8 万人次，节假日高峰期可达 20 多万人次，全年客运量达 3000 万人次左右。北京首都机场 2019 年完成旅客吞吐量达 1 亿多人次，已连续 10 年位居世界第二位；天津机场旅客吞吐量突破 2300 万人次，国内排名前二十位。另外，京津冀地区的国际交通比重在全国占据前列。北京国际客运口岸包括航空口岸和铁路口岸，该口岸是我国航空和铁路进出境的主要通道。2019 年，其出入境人员达 2667 万人次。其中，首都国际机场口岸全年出入境人员 2654.4 万人次，北京大兴国际机场口岸开航后的出入境人员总量达 9.2 万人次。

（四）以北京为核心的环放式区域综合交通体系基本形成

京津冀地区已经初步形成以北京为全国交通中心的环放式交通体系。目前北京是全国规模最大的陆空综合交通枢纽，事实上也是全国公路中心、全国铁路中心和全国航空交通中心。当前北京地区国道系统已拥有 3 条国道主干线和 8 条国道，市道系统包括 1 条环线（即六环路）、16 条放射线和 20 条联络线；已构筑了以首都放射线（由 9 条国家高速公路和近 10 条国道所组成）为骨干、辅以环线和联络线的国家级干线公路网络体系，形成了以北京为中心的"三环十二放射"高速公路网络。在公路客运方面，北京市公路主枢纽客运系统由服务于东北、华东、华中、西南和西北五大客流方向的六里桥、天通苑北、大兴国际机场和首都国际机场等十大长途客运枢纽所组成。

在铁路方面，北京铁路枢纽基本形成了全国最大的路网性枢纽，拥有 7 条高速铁路、6 条城际铁路、10 条普通铁路干线以及 2 条铁路环线（市区外围的客运环线和货运环线）所组成"客内货外"的环放式铁路网络。北京铁路客运系统拥有以办理高速和城际动车组列车为主的北京站、北京南站等八大客运站；北京铁路货运系统按"五主八辅、一环八射"进行总体布局，货运站包括 1 个集装箱中心站、4 个货运中心站和 8 个辅助货运站。

在航空方面，2019 年北京地区机场集中了我国 7.85% 的航空旅客吞吐量和 11.52% 的航空货邮吞吐量。现在国内大部分城市都需经停北京首都国际机场或北京大兴国际机场进出境。当前，国航、海航以首都机场为主基地，南航、东航以大兴机场为主基地，正依托各自的航空公司联盟，着手构建服务全国、辐射全球的中枢航线网络体系。

二　京津冀地区综合交通结构面临的关键性制约问题

在区域空间重大调整和区域经济快速发展的背景下，京津冀地区的区域交通体系在交通网络结构、对外交通枢纽和运输通道布局以及交通运输组织等诸多方面尚存在不足。京津冀核心区还存在城市交通出行时间高于城际交通出行时间、通道化的城际交通与放射形的城市交通网络衔接不当等问题。另外，以首都为核心的京津冀区域交通结构在首都交通功能和非首都交通功能分化、国际交通中心和国家交通中心的战略定位等方面面临结构性问题。京津冀地区尚有待于从交通发展战略角度优化升级区域交通结构。

（一）以首都北京为中心的国家交通中心有待泛化

当前以首都为核心的京津冀区域交通结构关键性制约问题在于北京以服务于全国为目标导向的国家交通中心功能在持续强化，北京已经成为名副其实的超大路网规模、超大交通流量的国家交通中心，承载了大量中转过境交通的非首都交通功能。相对而言，首都北京以航空枢纽为核心的国际交通中心建设步伐相对滞后，并未在全球占据关键性的国际交通中心地位和承担核心的国际交通枢纽职能，对我国国际发展战略的支撑平台作用尚未有效显现。与强大的国家交通中心功能相比，首都北京国际交通中心功能严重偏弱，尤其是北京双枢纽国际机场体系建设世界级航空枢纽的步伐滞后。

首都北京的国家交通中心功能远远强于国际交通中心功能，使全国性的巨量始发终到交通流和中转交通流在北京城区形成交叉混流，进而模糊了城市交通和对外交通的分界，加重了北京城市交通的负担。以2019年春运期间为例，进出北京的客流总量首次突破4334万人次，其中铁路旅客约3038万人次，北京西站最高峰单日发送旅客达619万人次，成为全局发送旅客最多车站；首都机场运送旅客1151.35万人次，日高峰客流达31.5万人次。在这些旅客中有相当比重的旅客仅仅是在北京各大铁路枢纽及航空枢纽站场之间进行中转，过境中转旅客对城市交通的干扰大。

北京铁路枢纽客运系统是全国最大的路网性客运中心，其客运作业由八大客运站来完成，这些客运站多是按照客流方向进行分工的终端站，这使中转换乘旅客不得不在北京铁路枢纽各站场频繁辗转。而北京高速铁路网以其强大的辐射网络和密集的列车车次，进一步吸引了京津冀地区以及区域外地区的换乘旅客，甚至包括相当部分乘坐城际铁路过来的天津中转旅客。由于北京铁路枢纽尚未实现过境旅客和始发终到旅客的分化，以致形成"马太效应"，北京枢纽开通的始发列车越多，吸引过境换乘的旅客也就越多。据有关部门统计，2017年北京铁路枢纽承担了一大批跨区域的中转客货流，包括始发车492对和通过车42对，始发占比92%，跨区域通过货流达1.5亿吨（其中无调中转5400万吨）。由于始发列车车次多，北京铁路枢纽已成为"三北"地区换乘的首选之地，并承担了该地区70%左右的过境客货流。

（二）以首都北京为中心的环放式交通网络体系有待转化

当前京津冀地区已经形成了以北京为核心、以铁路干线网和公路主干网为主体的"环线+放射线"式高度发达的区域交通路网结构，北京也形成了强大的中心辐射式对外交通网络，并且其高速公路网、高速铁路网和城际铁路网及航空网均在继续强化这一环放式交通结构。北京市这一"强有力中心模式"是与北京"摊大饼"式城市空间形态相辅相成的。"条条大道通罗马"的中心辐射式交通网络布局对于中小型国家的首都未尝不可，但对于拥有960万平方千米腹地面积和14亿人口基数的泱泱大国的首都来说就应尤为慎重，构筑超大环放式交通结构的后果只会使北京市中心吸引大量外地中转旅客，将加剧北京城市交通的拥堵。从地理区位来看，北京并未处于中国地理位置的几何中心，也不是"三北"地区的必经之地。由西山和燕山所围合而成的"北京湾"地形地貌限制了北京在更大空间范围构筑以公路网和铁路网为主体的环放式交通结构。对于北京这一国际性综合交通枢纽城市而言，其不适合作为全国交通中心，而需要在全球城市体系中占据国际航空枢纽这一战略中枢（见表3—1）。

表 3—1　　　　　　　北京环放式综合交通网络的基本组成

分项			交通网络类型及其具体组成
公路交通	国道	国道系统	3 条国道主干线和 8 条国道
		市道系统	1 条环线（六环路）、16 条放射线和 20 条联络线
	高速公路	"71118" 国家高速公路网	以北京为中心的 7 条放射性国道主干线（京哈、京沪、京台、京港澳、京昆、京藏、京新）
		国道主干线、省级或城际高速	京开、京承（大广）国家高速；110 国道（京银）、机场南线、首都机场高速、大兴机场高速、京平、京津塘等城市或省级高速
	公路主枢纽客货运系统	客运枢纽场站	服务五大客流方向：东部（八王坟和四惠）；南部（永定门、赵公口、新发地和北京大兴国际机场）；西南部（六里桥、莲花池）；东北部和西北部（首都机场、天通苑北）
		货运枢纽场站	6 个一级枢纽和 5 个二级主枢纽
铁路交通	二重环线	铁路内环线	北京—北京南—广安门—北京西
		铁路外环线	丰台西—东南环—双桥—东北环—西北环—丰沙—丰台西
	放射线	铁路干线	京山、京九、京广、京原、丰沙、京包、京通、京承、京秦、大秦线 10 条
		高速铁路	京沈、京兰、京昆、京广、京港台、京沪、京沪辅助通道 7 条
		城际铁路	京津、京雄石、京唐、京滨、津兴及城际联络线 6 条
	客货站场系统	"七主二辅"客运站场系统	北京站、北京西站、北京南站、清河站、朝阳站、丰台站和北京城市副中心站 7 个主要客运站以及北京东站、北京北站 2 个辅助站
		"五主八辅、一环八射"货运枢纽系统	五主：北京集装箱中心站和昌平、顺义、通州、大兴等货运中心站 八辅：黄村快运办理站、石景山南零担中转站、固安危险品专办站、百子湾仓储物流中心以及清河、三家店、双桥、丰台西等货运办理站
航空交通	北京首都国际机场	大型国际航空枢纽	衔接高速路、机场快轨、城际联络线、M15 及京沈高铁的城郊型综合交通枢纽
	北京大兴国际机场	大型国际航空枢纽	衔接高速路、机场快轨、廊涿固保、京雄和津兴城际以及城际联络线的京津冀区域综合交通枢纽

续表

	分项		交通网络类型及其具体组成
航空交通	北京区域管制中心	北京大终端区	划设 10 个管制扇区，形成以北京为中心的放射形航路航线结构，共计有 24 条航路和 34 条航线
城轨交通	城市轨道交通网络	近期路网结构	"三环、四横、五纵、七放射"的线网规划（2015 年）
		远期路网结构	环形放射状加方格网式结构
城市道路交通	道路骨架网络	骨干路网结构	方格网与环形加放射线网络
		快速路系统	4 条城市环路；衔接 7 条高速的放射形快速干道及 15 条快速联络道

资料来源：笔者整理。

（三）环北京周边的综合交通枢纽地位有待强化

在网络化城市体系发展过程中，应在中心城市的市中心设置服务于始发和终到客流的对外交通枢纽，而在城市外围设置满足中转、过境客流需求的对外交通枢纽。为了避免北京市市内交通枢纽、市郊交通枢纽和对外交通枢纽过度集中布局在中心城区，北京市加强了地处市中心的铁路枢纽和长途汽车站的对外交通功能疏解。目前北京站、北京北站及北京西站等铁路客运车站的部分功能已经分别向城市副中心站、清河站以及新丰台站外移疏解；北京铁路货运枢纽功能也已全部外移，广安门、东郊、丰台、永定门等站均已停办货运业务，区域性的铁路货运集散功能亟待转移至河北和天津。在长途汽车客运站方面，北京市拟在六环沿线的东（土桥）、南（天宫院）、西（阎村东）、北（天通苑北）四个方向建设 4 座新站，中心城区仅保留新建的六里桥站和四惠站作为辅助站，木樨园、丽泽桥、赵公口等其余汽车客运枢纽都将逐步外移疏解。总体而言，北京中心城区主要长途客运站均外迁至六环附近的疏解效果将显而易见，但北京铁路主枢纽部分功能外迁的作用有限，毕竟这些铁路枢纽仅是由二环内外向四环、五环内外迁移，其交通功能疏解仅局限在北京市内而非在区域范围内。另外，由于在建设时序的错位和综合城市功能融合带动方面的欠缺，大部分北京交通枢纽场站的外迁和对外交通的疏解并未起到对城市功能疏解和城市空间疏导的引领作用。

北京强大的全国交通中心枢纽地位过度吸引了过境交通和中转交通，也相对削弱了天津、石家庄等周边城市的全国性交通枢纽城市地位和作用。天津市交通结构过于依赖于港口运输，航空运输比重相当低，其内城型机场所具备的航空运输优势没有充分发挥出来，航线数量少，通航城市少，高速铁路枢纽的发送作用尚未有效发挥。当前京津两大枢纽的分工和协作不均衡，以致天津枢纽范围内的不少客货流需要通过北京枢纽再辗转至外地。以首都为核心的京津冀交通结构为非首都功能的集聚和首都对周边地区的持续虹吸作用奠定了先决性的交通基础，也为北京有效疏解非首都功能、过多的城市人口以及治理城市交通拥堵增添了前所未有的难度。

（四）重要交通运输走廊的规划布局和功能定位有待优化

当前在铁路、公路对外交通体系规划布局中，京津冀地区仍是以京津中心城市为核心来构筑向心环状放射线的交通网络体系，缺乏快速直达的过境通道和以换乘中转功能为主的外围综合交通枢纽，以致东北—西北、东北—华南、东北—华东、西北—华东之间的客货交流必须通过北京市区枢纽或天津市区枢纽，这样给两市带来了大量的过境运输流。引入市区的铁路交通流更是造成了中心城市的城市内部交通和对外交通相互干扰，尤其北京铁路枢纽七大铁路客运站是华中、华南、华东与东北之间众多旅客列车的始发终到站，所有的过境列车必须经停或通过这些枢纽，且需要长距离地限速运行，很有必要在北京铁路枢纽外围设置快速过境铁路通道。

目前北京市的公路环线建设基本上实现了过境交通和城市交通的分流，但过境交通流普遍采取沿"放射线—环线—放射线"的绕行路径进出北京，这给北京环线局部路段构成较大交通压力。另外在过境通道方面，环北京地区的多重过境线过于曲折，或者线路等级偏低，缺乏区域性的城郊型综合交通枢纽和快速过境通道，不能实现过境交通和始发终到交通有效分流。尤其缺乏西北与东南方向的下海直达客货通道以及东北与西南方向之间的快速过境公路、铁路通道，天津港与西部联系的公路通道和铁路通道始终存在"通而不畅"和"线路迂回"的问题，这使得天津港成为环渤海地区唯一没有直达铁路通道的大型港口。

第二节 京津冀地区综合交通体系的基本构成及其目标定位

一 京津冀地区综合交通体系的基本构成及其特性

（一）京津冀综合交通体系的基本构成

以首都为核心的京津冀地区是我国的战略中枢，也是"一带一路"倡议和京津冀协同发展战略的叠加地区。从服务对象和功能层次来看，京津冀地区综合交通体系可分为四个层次：国际交通体系（主要服务于国际政治、经贸和文化等领域的国际交往功能）、国家交通体系（主要服务于国家首都功能）、区域交通结构（主要服务于京津冀城市群功能）、城市交通结构（主要服务于京津石雄等中心城市的城市功能）。从综合交通角度来看，为保障京津冀建设"以首都为核心的世界级城市群"目标的实现，需要建设"以首都为核心的世界级区域综合交通体系"，尤其要重点建设"以北京两大枢纽为核心的世界级机场群"和"以津冀港口群为核心的世界级港口群"。

（二）我国国际交通体系的总体架构

在当今经济全球化和国际政治大背景下，我国要形成国内国际双循环相互促进的新发展格局，就必须强化国际与国内的交通枢纽功能，尤其要强化国际交通体系，该体系是连接国内外两个市场的海陆空对外交流联系的基础，主要由国际运输通道和国际枢纽城市所组成。打造面向全球、全方位开放的海陆空新型国际交通体系格局，形成陆权战略、海权战略和空权战略并重的"三驾马车"局面，即以陆权为基础、贯穿亚欧大陆的国际陆路交通圈，以海权为基础、通达五大洋的国际航运交通圈，以空权为基础、通达全球的国际航空交通圈。当前我国正由陆权大国和海权大国向陆权强国和海权强国建设目标迈进，相比现阶段所处的陆权大国和海权大国地位，我国尚不是空权大国，和平时期的空权大国是指一国开发利用和管理控制国内空域的效率与能力以及对境外国际民用空域的影响力，中国空权战略在和平时期应立足国内、面向全球，在国内空域使用方面民航业应占据主导地位，而对重要的国际航路通道应具有影响力，最终推动我国由空权大国迈向空权强国。

（三）京津冀国际交通体系的地位和作用

构筑以北京为核心的京津冀地区国际交通体系既要顺应我国与世界各国之间政治、文化交流加强的趋势，满足国内外旅客在全球范围内大规模的出行需求，也要适度满足全国各地航空旅客进出首都地区的需求。作为服务于"一带一路"倡议的交通主平台，京津冀国际交通体系的建立和健全是推动中国乃至全球社会经济发展的主要驱动力之一。

二 京津冀地区综合交通枢纽城市的功能定位

根据综合交通枢纽的层级分类，我国主要城市分为国际性综合交通枢纽、全国性综合交通枢纽、区域性综合交通枢纽三类，分别以服务全球交通、全国交通和区域交通出行需求为目标。根据2017年国务院印发的《"十三五"现代综合交通运输体系发展规划》，北京—天津为全国四个国际性综合交通枢纽之一，石家庄、唐山—秦皇岛、邯郸为全国性综合交通枢纽。根据2021年2月中共中央、国务院印发的《国家综合立体交通网规划纲要》，我国要建设综合交通枢纽集群、枢纽城市及枢纽港站"三位一体"的国家综合交通枢纽系统。建设面向世界的京津冀、长三角、粤港澳大湾区、成渝地区双城经济圈4大国际性综合交通枢纽集群。其中京津冀国际性综合交通枢纽集群是以北京、天津为中心联动石家庄、雄安新区等城市所形成的。

依据上述两大发展规划的功能定位，京津冀地区应以打造北京、天津为中心的国际性综合交通枢纽集群为总体目标，建立以国际航线网、国际航运网为依托，以高速铁路网、高速公路网为骨架，以机场、港口、铁路车站和长途汽车站为点状交通枢纽的区域综合交通运输体系。京津冀地区的各大城市应根据各自综合交通枢纽的发展定位实施分层级、分功能的规划建设。其中北京是以国际航空、国际铁路为主的国际性综合交通枢纽，从服务于北京"四个中心"的城市定位来看，北京两大国际枢纽机场的首要任务是强化其国际交通中心功能，部分疏解国家交通中心功能，确保其成为北京建设"国际交往中心"的主要交通载体和服务于"一带一路"倡议的国际交通承载平台。天津是以国际航运为主、国际航空为辅的国际性综合交通枢纽，要充分发挥以天津港为核心的津冀港口群地处"丝绸之路经济带""21世纪海上丝绸之路""冰上丝绸之路"结合部的区位优势。河北石家庄是以铁路交通、公路交通为主，航空交通为辅的全国性综合交通枢纽；秦皇岛—唐山是以航运交通、公路交通为主，铁路交通为辅的全国性综合交通枢纽；河北雄安新区—保定是以公路交通、铁路交通为主的全国性综合交通枢纽。

从交通功能分工合作角度来看，京津冀地区需要大力强化北京的国际交通功能，分流北京所承担的非首都交通功能和京津冀区域交通功能；显著提升天津的国际性综合交通枢纽辅助功能和石家庄的全国性综合交通枢纽功能；充分发挥河北雄安新区、保定作为环北京地区的国家铁路枢纽和国家公路枢纽所起的非首都交通疏解作用。

三 京津冀地区综合交通体系的总体发展目标

京津冀地区建设世界级城市群必然依赖于区域综合交通网络，尤其依托世界级的国际交通体系和国家交通体系。京津冀区域综合交通体系的性质应是国际性、全国性和区域性综合交通功能兼备，国际航空枢纽、国际枢纽港、国家铁路枢纽和国家公路主枢纽等各类客货交通运输枢纽齐全，国际和国内实现互联互通，并体现"大流量、零换乘、集约化和综合化"等特点。

京津冀地区综合交通结构体系的总体发展目标：打造服务于"一带一路"倡议的主要交通承载平台，发挥其作为国际交通中心的核心动力源作用和国际枢纽节点作用，共同构筑全球性的国际交通体系；以服务于建设"以首都为核心的京津冀世界级城市群"和北京建设"四个中心"为战略目标，协力打造世界级的国家交通体系。重点打造以国际枢纽机场群、国际铁路车站群和国际港口群为核心的京津冀国际性综合交通枢纽集群，将其建成"服务首都、通达全球、衔接高效、功能完善"的世界级综合交通中枢。

第三节 北京首都交通功能的强化和非首都交通功能的疏解

一 首都交通功能与非首都交通功能的内涵及其构成

（一）北京首都功能的基本内涵

京津冀协同发展战略的总体目标是打造"以首都为核心的世界级城市群"，该目标可分解为两个层面：一是京津冀城市群在区域经济、区域产业、区域交通以及区域生态等诸多方面整体上要达到世界级水平；二是京津冀城市群以服务于首都功能为主要目标，为此京津冀协同发展战略的核心目标是有序疏解北京的非首都功能。从国际和国内划分的角度来看，首都功能具有对外交往和对内治理两大基本功能，其中首都核心功能主要指在国家政治经济、社会文化及对外关系发展格局中起至关重要作用的国家层次功能，即北京作为首都所承担的"全国政治中心、文化中心、国际交往中心、科技创新中心"的城市定位，其他的信息服务、咨询服务、工业生产、物流仓储等城市基本功能均为非首都功能。

（二）北京交通结构的基本特性和交通功能的基本构成

1. 北京交通结构的基本特性

与其他国家的首都相比，北京具有与众不同的交通区位、交通需求和交通体制特性。一是北京作为超大城市，客货源市场腹地广阔、人口基数庞大且增长潜力巨大，如 2020 年年末北京市常住人口为 2189.31 万人，其中常住外来人口为 841.8 万人；二是北京作为全国主要航空枢纽、铁路枢纽和公路枢纽，已经形成以高铁、航空和公路为主体的对外交通结构和强大的交通基础设施平台，这为北京基于庞大市场腹地所引发的中转换乘量、本地出行量和对外交通量无节制增长提供了条件；三是北京并未坐落在我国地理几何中心位置，且地处背山望海的自然地理环境，这一自然地理环境决定其不适宜主要打造全国交通中心。

2. 北京交通功能的基本构成

根据京津冀交通结构的四个层次划分，北京交通功能相应地也由国际交通中心、国家交通中心、区域交通中心、城市交通中心四部分所组成，其中国际交通中心主要承担国际交通网络的辐射功能，重点是面向全球、主要服务于"国际交往中心"功能，首都北京的国际交通中心地位是国内任何其他城市所无法替代的；国家交通中心则主要承担国家交通网络的骨干功能，重点是面向全国、主要服务于"全国政治中心"功能，这是北京作为首都所具有的独一无二的交通结构特征，部分特定的国家交通中心功能则可由京津冀地区其他城市分担。

除了国际交通中心和国家交通中心功能之外，首都北京还叠加有与其他中心城市无异的区域交通中心和城市交通中心功能。从城市群和城市的角度来看，北京区域交通中心主要承担区域交通的集散功能，它是京津冀地区的主要交通枢纽城市之一，是以城际铁路网和高速公路网为骨架，衔接着区域对外综合运输大通道，以北京为中心、以服务于京津冀地区为目标的区域性综合交通枢纽。北京城市交通中心主要承担城市内部交通网络的交通集散功能，拥有所有城市所必备的交通基础设施。

（三）北京首都交通功能和非首都交通功能的基本内涵

1. 北京首都交通功能的内涵

交通是城市的四大基本功能之一，工作、生活及休憩功能均以交通为纽带。对首都北京而言，在疏解城市定位"四个中心"以外的非首都功能的过程中，交通功能的作用往往具有先行性、引导性乃至决定性。首都交通功能即为《北京城市总体规划（2016年—2035年）》中的城市定位所确定的"四个中心"首都核心功能提供交通出行服务，打造"四个服务"（为中央党政军领导机关工作服务，为国家国际交往服务，为科技和教育发展服务，为改善人民群众生活服务）的承载平台，主体任务是满足中央政务、国际交往的交通需求。作为人口众多、幅员广阔的大国首都，应实现其在国际交通中心功能和国家交通中心功能的相对分离，优先发展服务于北京"四个中心"的首都交通功能。

从服务于"一带一路"倡议、京津冀协同发展以及北京"四个中心"城市战略定位的角度来看，国家交通中心和国际交通中心是北京首都交通功能的两大组成部分。其中国家交通中心是以国家高铁网络、国内航空交通网络为主体，国家干线公路网络为辅助的全国性综合交通枢纽。其主要作用是满足于首都北京作为除国际交往中心以外其他政治、文化和科技创新三个中心战略定位的交通需求，主要服务于首都与全国各个省会、经济中心城市及文化旅游城市之间的直达交通，重点满足政务、商务及休闲旅客的出行需求。其他过境交通流、中转交通流、跨级交通流等非首都交通功能则可由全国其他中心城市分担。其中跨级交通流是跨越行政级别的政务或公务交通流，现阶段我国实行的是"省—市—县—乡（镇）"四级行政体制，北京作为首都，主要与省、市级行政层级构成直接的工作关系及其交通联系。由于高铁网络和支线机场的普及，越来越多的地市级以下城市具备了直达首都的交通条件，而运作直达首都的支线航班和高铁列车车次也成为这些城市的政府部门所极力追求的，但从优化行政体制治理结构的角度来看，作为"全国政治中心"的首都不宜过多引入跨级交通流。

国际交通中心是以国际航空交通网络为主体，国际铁路通道、国际公路通道以及国际航运通道为辅助的国际性综合交通枢纽，主要辐射全球各国首都、国际经济中心城市及国际文化旅游城市，其主要功能是承担国家对外交通功能和作为国际交往的承载平台。以航空交通为主体的国际交通中心是北京建设"四个中心"的主要交通载体，其首要任务是服务于"国际交往中心"的城市定位，优先满足国际政务、国际商务及国际休闲旅客的出行需求。强化北京国际交通中心功能将有助于我国对全球战略性资源优化配置、战略性通道保障施以有效影响，充分发挥我国对全球政治、经济和文化等方面的广泛影响力。

2. 北京非首都交通功能的内涵

与首都交通功能的内涵对应，非首都交通功能则是指服务于"四个中心"和"四个服务"以外的其他交通功能。当前"大而全"的城市功能已经成为北京患"城市病"的症结所在，疏解北京非首都功能的思想已经获得广泛认同，而疏解非首都交通功能则是北京疏解非首都功能的前提条件和基础，只有先行对非首都交通功能进行外移和疏导，才能确保北京地区的行政事业机构、教育医疗、科研院所和国有企业总部等有效外迁。有鉴于此，需要北京首都交通功能转型，即北京交通枢纽由以国家交通中心为主转向国家交通中心和国际交通中心并重发展。其中国家交通中心以承担国内始发终到交通流为主，兼顾国内与国内交通之间的中转交通流；国际交通中心则承担国际始发终到交通流，以及国内与国际、国际与国际之间的中转交通流，促成北京综合交通枢纽由国内数一数二的全国性综合交通枢纽向具有全球影响力的国际性综合交通枢纽升级。

二 北京疏解非首都交通功能的基本原则和路径

（一）疏解非首都交通功能的基本原则

疏解非首都功能首先要疏解非首都交通功能，为此应改变由单一的北京市承担全国交通中心功能的做法，转而由京津冀核心区综合交通体系共同承担这一功能，并推动京津冀核心区交通体系的优化升级，实现区域内的交通线网和站场规划布局优化和交通运行调整，积极疏解非首都交通功能，推动国内中转换乘及过境旅客在北京以外枢纽进行。

北京要优先满足首都功能及其首都交通出行需求，重点发展中国"第一国门"职能。为此要强化服务于首都功能的国际性交通功能，适度发展服务于政治文化中心的全国性交通功能，重点疏解服务于城市群的区域性交通功能；强化客货交通流的始发终到功能，疏解过境中转功能；强化国际交通中心功能，弱化国家交通中心功能；强化国际客运功能，弱化货运物流功能；有序疏解北京服务于全国的对外交通功能，优化治理北京中心城区的城市交通功能。

（二）疏解非首都交通功能的基本路径

北京以弱化全国交通中心为目标、以疏解非首都交通功能为重点的"泛交通中心化"主要措施包括对外交通枢纽功能外移、外围过境交通走廊强化和交通运输组织优化三大举措。第一是以向外疏解北京城区铁路枢纽、长途客运站、区域性货运枢纽（物流园区）为抓手，进而带动相关从业人口外迁。强化北京周边、京津冀核心区内的区域交通枢纽功能，重点打造保定东站、雄安站、天津西站、宝坻南站等过境交通为主的国家级铁路枢纽。第二是强化环北京周边的天津—雄安新区—忻州、天津—承德、张家口—涿州及渤海湾沿岸等过境交通走廊，重点构建张家口—昌平—密云—平谷—蓟州、雄安新区—天津—承德的快速过境高速铁路通道，以方便在西北与华东、华中与东北地区之间过境中转的铁路旅客流，且与北京铁路枢纽始发终到旅客流相对分离。第三是在以北京为核心的京津冀综合交通基础设施网络基本成型的背景下，从运输组织角度疏解北京的非首都交通功能，积极对外疏解过境铁路交通、过境公路交通及国内过境中转航空支线。优化进京列车车次、飞机航班的运行时刻表，使北京始发终到客流与过境、中转客流在空间上错开，引导过境交通流在北京市域外分流，而北京市区现有交通枢纽主要承担国际枢纽功能，以及与主要城市之间的直达交通功能。

第四节　以疏解北京非首都交通功能为目标的京津冀国家交通体系发展战略

一　建设以高铁站和枢纽机场为主体的京津冀国家交通枢纽体系

在京津冀地区交通网络密集布局的前提下，各枢纽节点的换乘时间在整个出行时间中所占的比重越来越大，通过综合交通枢纽的建设，实现真正意义上的"无缝中转"和"零换乘"则是缩短旅客出行时间的关键所在。为推动京津冀地区实现区域一体化，必须以枢纽机场、高铁车站、海运港口及长途汽车站等综合交通枢纽为枢纽节点，实现航线网络、高速铁路网、城际铁路网和高速公路网以及航运网络的全面优化整合，建立以客货多式联运为主体的国家级高质量综合交通运输网络体系，共同打造京津冀国家交通中心和国际交通中心，促使京津冀地区的陆运交通、航空交通和航运交通满足于服务全国、辐射全球的通达目标。

当前京津冀区域交通结构是以北京为核心的环放式交通结构，要促成这一对外交通结构的转型升级，优化协调京津冀地区的国际、国家和区域交通功能，需要强化北京的国际交通枢纽功能，疏解北京国家交通枢纽和区域交通枢纽中的非首都交通功能。充分发挥环北京地区的天津国际性综合交通枢纽、雄安新区—保定和唐山—秦皇岛全国性综合交通枢纽以及张家口和承德等区域性综合交通枢纽的功能和作用。从疏解非首都交通功能的角度来看，京津冀地区应共同构建以首都为核心的国际交通中心和国家交通中心，加强以疏解非首都交通功能为目标的交通基础设施建设和运输组织优化，合力承担北京地区全国交通中心的辐射作用以及环北京周边地区的过境通道作用，最终打造以京津雄为核心的京津冀对外辐射运输通道，建立健全立足京津冀、服务全国的京津冀国家交通枢纽功能。

二 优化调整以北京为核心的京津冀环放式运输通道结构

（一）构筑以北京为核心的京津冀"内部疏解、外部过境"通道结构

北京是国际性综合交通枢纽城市和全国重要的交通节点城市，已形成了以中心城区为核心的西北、东北、正东、东南、正南、西南六大方向的对外辐射通道。由于太行山和燕山所形成的"北京湾"的地形地貌的限制，北京地区正北、正西通道基本上无法形成对外快速主通道，而正东方向辐射仅局限于冀东地区，其对外辐射通道主要包括东北、西北、西南、华中/华南、华东五大方向。北京对外综合性陆路运输通道是以公路和铁路为主体、由多种交通运输方式和多条运输线路所组成的大容量运输通道，承担着客货运的快速组织集散功能。其中公路通道由国家高速公路、省级高速公路以及普通国道、省道所组成，铁路通道则由高速铁路、城际铁路和普通铁路所组成。

京津冀地区应依托现有运输通道格局，以快速疏解北京非首都交通功能为目标，以北京、天津、石家庄和唐山—秦皇岛、雄安新区—保定为综合交通枢纽节点，相对分离北京地区的过境运输通道和始发终到运输通道，以实现通过性交通（Through Traffic）和进出性交通（Access Traffic）的相对分离，可有效减少客货的换乘中转次数和距离，并提供可替代性的交通方式和交通线网。在自然灾害、疫情、事故甚至战争等各种公共安全事件或非正常情况下，还提供更多可供选择的备用路径以便应急疏解，提高客货运输的可换乘性和可达性。为此宜推动京津冀核心区以北京为核心的"单中心环放式"对外交通结构转型为网络化的"纵横交叉式"通道结构，以期实现内部疏解非首都交通、外围快速中转过境，从而推动京津冀区域空间结构优化和带动北京地区的非首都功能疏解及其人口的疏解。

当前北京境内的过境高速公路功能疏解已经率先实施，主要承担过境客货运业务的首都地区环线高速公路规划全部绕出北京，其东段组成部分——涿密高速公路段外移至津冀，分别由唐廊高速、塘承高速、京秦高速及长深高速各段所组成，沿线依次串接涿州、雄安新区、廊坊、武清、宝坻、蓟州、承德等地区。

(二) 优化环北京的铁路客运快速过境通道及其运输组织

对于铁路运输而言，北京铁路枢纽已经形成了 7 条辐射全国的高铁通道，在其外围设置直达过境铁路客运线势在必行，以满足五大客货流方向在京津冀地区的快速过境需求。根据 2019 年编制完成的《京津冀核心区铁路枢纽总图规划》，北京铁路枢纽规划为"环线 + 放射状"客货分离的路网结构，在北京远郊规划的客运外环线、城际铁路环线和货运外环线可以有效疏解过境铁路客货交通流，但北京城际铁路环线承担过境客运通道功能的主要弊端是绕行距离远、运行速度慢、运行车次少，这样旅客乘坐过境列车与在北京市区乘坐"直达列车 + 中转列车"相比缺乏比较优势。

本着客货分流、中转和始发终到旅客分开的原则，可在北京铁路枢纽的外围地区设置高速铁路的直通过境线。为此，建议《京津冀核心区铁路枢纽总图规划》中的环北京城际铁路环线主要过境段提升为"切线状"的快速过境通道，并在沿线设立铁路客运到发站，以便在北京铁路枢纽外围地区大量开行快速通过列车，便于京津冀地区铁路中转旅客在北京市中心以外集中进行换乘。北京市区现有铁路车站主要开行通达全国主要城市的直达高速列车（始发和终到作业）、市郊列车以及大量中短距离的城际列车，这样可有效解决过境列车在北京铁路枢纽线路限速迂回、对城市交通干扰大、城区各高速站点之间换乘不便等诸多问题。

京津冀地区的过境运输通道主要承担着我国西北、东北、华中/华南、西南与华东地区之间联系交流的过境交通流，需要重点满足西北—华东、东北—华中/华南、东北—西南和东北—华东四大快速过境通道的需求，其中西北—华东通道还是京津冀西部至渤海湾沿海的下海主通道，东北—华中过境通道也是冀东与冀中南地区内部交流的主通道。京津冀铁路客运过境快速通道主要由北京铁路枢纽外围的高速铁路和城际铁路及其联络线所构成，其总体布局为"对角线 + 两纵两横"结构，具体线路组成及其功能定位见表 3—2。

表3—2　　京津冀综合运输主通道的总体布局及其功能定位

	主通道名称	高速/城际铁路通道	过境交流联系地区
对角线	西北—华东通道	张呼/大张—京张—（昌平—怀柔—平谷—蓟州联络线）（建议）—津承—京滨—京沪/京沪二	晋北、蒙西及西北地区与华东地区之间的过境通道；冀西北与京津及渤海湾港口城市之间内部交流的主通道
对角线	东北—华中/华南通道	京沈—京沈至天津联络线—津承—京滨—津雄—京港台/京广	东北地区与华中/华南地区之间的过境通道；冀东、京津与冀中南之间内部交流的主通道
东纵	东北—华东通道	京沈至天津联络线/津承城际—京滨—京沪；津秦—滨曹城际—京沪二线	东北地区与华东地区之间的沿海过境通道；渤海湾港口城市群内部交流的主通道
西纵	西北—华中/华南通道	京张—怀涿城际—京港台	蒙西及西北地区与华中地区之间的过境通道；冀西北与冀中南之间内部交流的主通道
北横	西北—东北通道	京张—昌怀城际—京沈	晋北、蒙西及西北地区与东北地区之间的过境通道；冀西北、北京与冀东之间内部交流的主通道
南横	西南—东北通道	雄忻—津雄城际—津秦	晋中南及西南地区与东北地区之间的过境通道；冀西、京津与冀东之间内部交流的主通道

资料来源：笔者整理。

（三）构筑北京东南方向外围地区的三重过境铁路线

北京东南方向外围地区是东北地区与西南地区、华中/华南地区交流联系的必经之地，为此在区域规划建设三条衔接冀东北和冀西南地区之间的快速过境铁路线路。第一，北京首都国际机场至北京大兴国际机场的城际铁路联络线。该线路主要服务于首都、大兴两大枢纽机场及城市副中心车站，并与北京城市轨道网全面对接，旅客均可在北京中心城区及沿线新城的各车站进行换乘，两大机场之间还可开行供航空旅客换乘中转的机场列车，该线路可实现城际铁路、高速铁路、机场轨道专线、

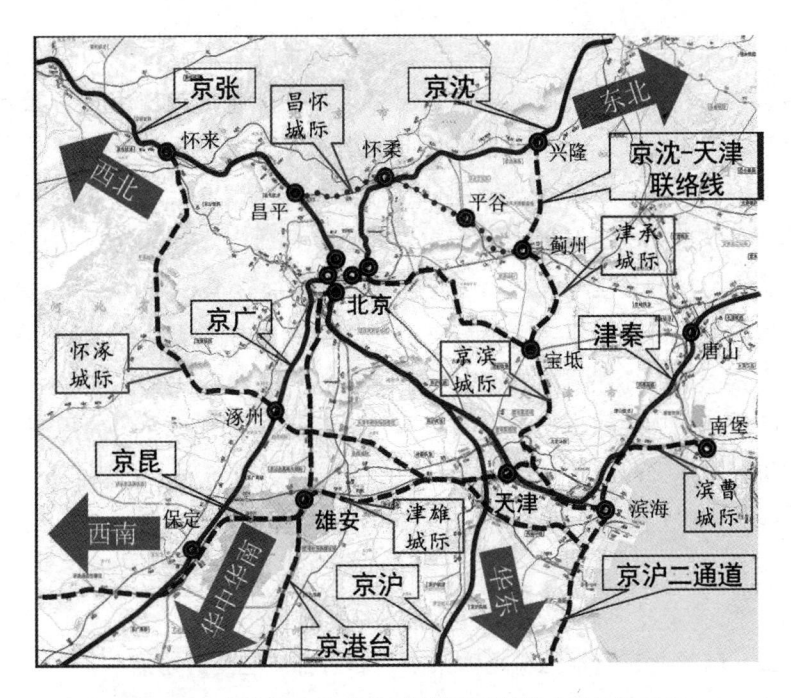

第三章 服务于建设世界级城市群的京津冀国际交通体系发展战略 / 73

图 3—1 京津冀地区对外高铁通道的总体布局结构示意

资料来源：笔者自绘。

城市轨道交通以及航空运输等多种交通方式之间的换乘。第二，津承/京沈至天津联络线—京滨—津雄城际铁路的高速客运过境通道。该通道北衔京沈高铁承德站或兴隆站，南接雄安站/保定东站，直接串接京沈、京广、京沪和京昆等高铁线路以及京唐、京津、京滨、京雄和津兴等城际铁路，该快速通道可为关内外地区的铁路直达客货流提供不直接经过北京铁路枢纽的直通通道，将显著缩短关内外过境列车的运行时间，可充分满足东北与华中、华南方向旅客的快速过境需求。第三，津秦—津雄城际—雄忻的高速客运过境通道。该通道由西向东依次衔接雄安站、天津西站、天津站、滨海西站、唐山站等，是西南/华中/华南地区与东北地区交流的重要快速过境通道。

（四）加强北京铁路枢纽外围地区枢纽站场的疏解功能

北京要实现"泛交通中心化"，其首要任务是在京津冀核心区、北京远郊及周边地区规划建设大兴国际机场城郊型综合交通枢纽和雄安站、宝坻站等路网性高铁站，以实现区域内的交通线网和站场规划布局的优化调整。加强京津冀核心区铁路枢纽系统的统筹规划及主要铁路车站的战略布局，强化环北京周边地区铁路客运枢纽的快速过境中转功能，将保定东站、雄安站、天津西站以及宝坻南站等主要客运站分别打造为北京西南部、南部、东南部、东部的分流疏解车站，重点保障增加这些车站的列车发送车次和过境中转车次。充分发挥雄安站、天津西站这两个特大型枢纽站的分流疏解作用，其中雄安站是衔接京雄城际、津雄城际、雄石城际、雄忻高铁以及京港高铁的大型铁路枢纽，天津西站则是衔接津秦高铁、京沪高铁、京沪铁路、津保铁路、京津城际和京滨城际及津兴城际等的大型铁路枢纽。应以京滨、津雄城际及京沪二线的规划建设为契机，扩建天津南站（2台6线）、滨海站（3台8线）、宝坻南站（4台10线）等铁路车站的站场规模，提升这些车站的列车通过能力和到发能力。

三 疏解北京双枢纽机场体系中的非首都航空交通功能

为了更好地服务于国家发展战略、北京"四个中心"城市定位以及自身建设世界级机场群的需求，以北京首都机场和北京大兴机场两大国际枢纽为核心的京津冀机场群亟待由以扩容增量的总量增长模式向总量增长与结构优化并重的高质量增长模式转型升级，顺势优化调整京津冀机场群的功能定位及其骨干航线网络结构的战略布局，从而为中国民航迈向高质量发展之路树立示范样本和发挥引领作用。

（一）疏解北京双枢纽中非首都航空交通功能性质的国内航线

以北京双枢纽为核心的京津冀机场群在新时代的使命是打造"内引外联、辐射全球"的国际航空交通中心，而非"条条支线通北京"的国家航空交通中心，这是京津冀建设世界级机场群的核心所在。鉴于此，需要推动首都航空交通功能由以承担国内始发终到交通流、国内与国内之间中转交通流为主的国家航空交通中心，转型升级为国家航空交通中心和国际航空交通中心并重发展，其中国际航空交通中心重点承担国际始发终到交通流以及国内与国际、国际与国际之间的中转交通流。京津冀机场群亟待强化服务于"一带一路"倡议的国际航空交通功能，疏解北京双枢纽中非首都航空交通功能性质的国内航空交通功能，具体包括"北京双枢纽—支线机场"等特定的跨级直达航线以及"支线机场—北京双枢纽—支线机场"等经北京中转的国内航空支线。

（二）将京津冀"三地四场"机场群打造为疏解非首都交通的主平台

京津冀"三地四场"机场地区的地面交通组织呈现多线路路由、多交通方式的特点，逐渐形成以地处城郊的枢纽机场为中心的区域性综合交通枢纽。这些航空综合交通枢纽普遍衔接高速公路、地铁、机场快速轨道线、城际铁路以及高速铁路，并集长途客运站、公交场站、地铁车站、铁路车站于一体。其中北京首都机场、北京大兴机场主要承担首都航空交通功能，其机场集疏运交通体系主要吸引北方地区国际航空客货源和国内重点城市客货源；天津滨海机场和石家庄正定机场[①]等则承担疏解北京的非首都航空交通功能，分别通过京滨城际、京广高铁等空铁联运方式分流中小型城市进出北京的始发终到或中转旅客。

四　优化以疏解非首都交通为目标的京津冀核心区运输组织模式

除了通过铁路枢纽功能外移和设置快速过境通道等交通基础设施建设进行疏解之外，在运输组织上也可有效疏解非首都铁路交通功能。目前京津两地铁路枢纽运量差距显著，北京铁路枢纽的年铁路旅客发送量超过1亿人次，而天津铁路枢纽仅为0.3亿人次，北京铁路承担了相对规模的跨区域中转客货流。建议加快北京中心城区对外过境中转交通的疏解，城区的铁路主客运站主要接发通达主要城市的直达列车、京津冀地区的城际列车，以及北京中心城区与周边新城之间的市郊列车。部分始发终到的普速列车则外迁北京的远郊车站或者津冀地区的车站，北京铁路枢纽内的部分既有闲置线路和站场可逐步改造为服务于城市交通的市郊铁路。另外在北京外围地区的机场和高铁车站及长途客运站等地可以组织空铁联运、陆空联运等各种多式联运方式进行非首都交通功能疏解。总的来看，京津冀核心区有条件也有必要构建以疏解北京非首都交通为目标的国家多式联运示范区和引领区。

---

① 本书中石家庄正定国际机场有时简写石家庄正定机场、石家庄机场或正定机场。

第五节 以服务于"一带一路"倡议为重点的京津冀国际交通体系建设

一 打造服务于"一带一路"倡议和世界级城市群建设的京津冀国际交通体系

世界主要交通节点是衡量全球城市的必要条件之一，其评判的具体量化指标是国际旅客吞吐量，它反映机场所在城市的国际交往职能和国际门户职能，依赖该城市国际交通体系的发展成熟程度。在城市空间由"地理空间"向"流动空间"转变、城市经济由"存量经济"向"流量经济"转型的过程中，京津冀世界级城市群的建设越发依赖国际交通体系以及通信网络体系的建立健全。

对于国际铁路枢纽和国际公路枢纽而言，以我国沿边境线地区的陆路交通主枢纽城市为主体；对于国际航运中心而言，以我国东部沿海地区的港口城市为主体；而对于国际航空枢纽而言，便是以京沪穗三大国家中心城市为核心。以首都北京为核心的京津冀城市群要建设成为世界级城市群，其必要条件是建设成为全球化、立体化的国际交通中心。为此需要大力建设京津冀国际交通体系，促进京津冀地区国际航空网络、国际铁路网络以及国际航运网络的快速发展，以推动北京成为国际交通枢纽门户和国际交往中心。京津冀国际交通体系主要由国际航空交通枢纽、国际航运交通枢纽及国际铁路交通枢纽所组成，其中航空交通是国际客运交通体系的主体。北京国际航空枢纽业已形成由首都国际机场和大兴国际机场所组成的"一市两场"双枢纽体系，将重点依托"三地四场"枢纽机场体系打造京津冀国际航空交通中心和国际交往中心的主要承载平台。航运交通是国际货运交通体系的主体，京津冀国际航运中心由津冀两地共建，共同打造服务于"一带一路"倡议的国际航运交通中心。京津冀国际铁路枢纽将重点开通面向周边国家和地区的国际始发列车，打造面向欧亚大陆、主要服务于"丝绸之路经济带"的国际铁路中心。

二 构建以北京双枢纽为主体的京津冀国际航空交通枢纽体系

在经济全球化的背景下,建设以北京为核心的京津冀世界级城市群需要依托国际交通体系,需要世界级机场群提供国际航空交通作为基础支撑,用以承担城市群的国际、国内对外航空交通需求。京津冀机场群是衔接国内和国际两大航空交通网络的基础平台,京津冀建设世界级机场群的重中之重是构建以首都为中心的"服务全国、辐射全球"的国际航空交通体系。京津冀国际航空交通体系将为北京全面建成"四个中心"奠定坚实的交通基础。同样,北京建设亚太航空枢纽也需要京津冀地区机场群的支撑,否则便无法建立健全全球城市所应拥有的国家航空交通职能体系。从服务于"一带一路"倡议来看,北京应打造以双国际枢纽机场为平台,以国际航线网络体系为纽带的国际航空中心城市。

(一)构建服务于国家战略的京津冀国际航空交通体系

构建以航空交通为主体的国际交通体系是京津冀建设以首都北京为核心的世界级城市群的前提条件和交通基础保障,也是京津冀机场群建设世界级机场群的核心所在。为此需要打造以北京首都机场和北京大兴机场两大国际枢纽为核心,以天津滨海机场、石家庄正定机场两大区域枢纽为骨干,以秦皇岛机场、张家口机场等支线机场为补充的京津冀世界级机场群。构建辐射全球五大洲的国际骨干航线网络体系,充分发挥其在国际运输、远程运输和快速运输等方面的技术经济优势,为国家政治、经济和文化发展战略的实施提供基础性、先导性、战略性的交通保障服务,并重点服务于京津冀协同发展战略。

《京津冀协同发展规划纲要》提出了建设"以首都为核心的世界级城市群"的总体目标,民航局也相应提出了京津冀机场群建设世界级机场群的总体目标。该目标要为京津冀建设以首都北京为核心的世界级城市群提供战略支撑平台,同时北京两大枢纽机场也要为北京建设"四个中心"的城市定位和履行"四个服务"基本职责提供有力的交通基础。

(二)构筑以北京首都机场和大兴机场为主体的北京国际航空客运交通中心

从服务于北京"四个中心"的城市定位和加快提升首都交通功能来看,北京航空枢纽是由北京首都机场和北京大兴机场所组成的"一市两场"双枢纽体系，其航空枢纽的首要任务是强化首都的国际航空交通中心功能，共同打造中国联接世界的"第一国门"。天津滨海机场、石家庄正定机场则部分承接国家航空交通中心的疏解功能。为此，一方面应加快北京首都国际机场和北京大兴国际机场的战略转型升级，满足北京城市定位以及国际民航竞争的需要，并在此基础上逐步调整航线网络结构，应把国内转国际、国际转国际的中转作为北京双枢纽航空市场的开发重点，使支线转支线的部分国内枢纽功能分化到国内其他航空枢纽。强化首都北京与世界主要城市之间航线的可达性以及与国内一二线城市航线的通达性需求，尽可能使三四线城市进出首都的可达性主要通过高铁，或者通过津冀周边地区的中转换乘予以实现。另一方面，应大力促进天津滨海机场和石家庄正定机场的空铁联运模式，逐步疏解北京地区的国内航空支线中转旅客，使北京终端区日益紧缺的起降时刻（SLOT）腾出来用于国际航班和远程航班及干线航班。

总之，京津冀机场群既需要延续年旅客运输总量快速增长的势头，也要大力提升北京国际航空交通的运营总量，同时将提高国际旅客比重、国际旅客中转率及增加国际通航点数量列为发展的重点。京津冀地区在实行"144 小时免签"现行政策的基础上，还应针对不同国家实现15 天至6 个月不等的入境免签、落地签证制度，积极争取客货第五、第六和第七航权的开放，以吸引国内外航空客货源的经停中转。

（三）打造以首都北京为核心，服务全国、辐射全球的京津冀航空运输主通道

京津冀民航运输主通道由国家干线航路网、国家骨干航线网络以及全国性或区域性航空枢纽所构成。在空中航路方面，以北京终端区为核心，采用大容量通道、平行航路、单向循环等先进运行方式，大力增加京沪、京昆、京广、中韩等繁忙干线的航路容量，构建结构清晰、分层衔接、通道顺畅、容量冗余的京津冀国际国内干线航路体系。在国际航空运输通道方面，以北京双枢纽为核心打造辐射五大洲的国际骨干航线体系，实现与世界主要国家首都及其经济中心城市、著名旅游城市之间的航线网络服务全覆盖。在国内航空运输通道方面，重点实施《国家综合立体交通网规划纲要》中6 条主轴、7 条走廊和8 条通道的重要航路和航段，强化首都北京与全国各城市群的中心城市之间的空中快线建设，

构筑高频率、大容量的航空交通走廊。

三 构建以首都北京为核心的京津冀国际铁路交通枢纽体系

从北京全国政治中心、文化中心的城市定位来看，作为全国铁路主枢纽的北京铁路枢纽充分满足了国家交通枢纽的功能需求；但从北京国际交往中心的城市定位和国际性综合交通枢纽的交通定位来看，与欧洲高铁车站相比，北京地区高铁车站的国际交通功能相对欠缺，仅依托北京站和北京西站开通了中俄、中蒙、中朝和中越之间的国际旅客联运快车以及中国香港地区的国际高速列车。

在我国"八纵八横"高速铁路骨干网络全面建成后，北京铁路枢纽逐步构建了"五方向八放射"的高铁通道，基本形成以北京为中心的8小时全国铁路快速客运交通圈。依据我国与周边国家之间的国际高速铁路通道的规划建设，北京与周边国家的首都或主要城市之间还可构筑形成6—12小时的国际铁路交通圈。为此应以服务"一带一路"倡议为契机，加快京津冀国际铁路枢纽和国际客货铁路通道的规划建设，大力提升北京西站、北京站两大铁路车站的列到车发能力。增开发往中国香港、中国澳门的始发联运专列，加快构建以中蒙俄、中朝韩为主的东北亚地区的国际铁路通道，加大北京铁路枢纽到发莫斯科、平壤、河内、乌兰巴托等国际旅客联运快车的能力，远景规划东北亚国际铁路线向东通过朝鲜连接韩国；加快中国—西亚、中国—中亚、中国—南亚的铁路通道建设，中亚方向可开行通往中亚、欧洲各国的欧亚国际列车，东南亚方向则借助中越铁路、中老泰铁路及中缅铁路开通北京至老挝、泰国以及缅甸的泛亚国际列车，南亚方向则可开行北京通往巴基斯坦、尼泊尔及印度的国际列车。最终构建以服务陆上"丝绸之路经济带"为主要目标、以首都北京为核心的京津冀国际铁路交通枢纽体系。

四 打造以津冀港口群为核心的东北亚国际航运中心

国家发改委和交通运输部颁布的《关于加快天津北方国际航运枢纽建设的意见》（发改基础〔2020〕1171号）中明确提出，天津北方国际航运枢纽是以天津港为中心的国际性综合交通枢纽，要构建功能完善、分工合理、错位发展、高效协同的津冀世界级港口群。在服务"一带一路"倡议中，天津和河北沿海港口是衔接"丝绸之路经济带"和"21世纪海上丝绸之路"的重要枢纽节点，应分担首都交通功能中的国际货运部分，发挥"一带一路"倡议中的桥头堡作用。天津港的功能定位主要是中蒙俄经济走廊华北通道的东部起点和"海上丝绸之路"合作的支点，以及未来"冰上丝绸之路"（北极航道）的新起点，应大力发展海铁联运，依托天津港建立中蒙俄大陆桥等3条新亚欧大陆桥过境运输通道，开通中欧国际集装箱班列和海铁联运班列，打造面向欧洲、中亚及蒙俄的国际海铁联运物流网络，并加强国际过境联运货源的组织，积极探索东北亚—天津港—亚欧大陆桥—中亚、西亚和欧洲双向的多式联运模式。

加强渤海湾沿岸港口在西部腹地地区的无水港建设，打造东北亚地区的主要国际货运港口群。加快渤海湾的港口资源配置，力争将天津港打造成为"北极航路"的始发港。积极推动实施交通运输部与天津市政府、河北省政府联合印发的《加快推进津冀港口协同发展工作方案（2017—2020年）》，大力发展以东北亚航线为龙头、欧美航线为两翼、亚非拉为新兴市场的国际货运航线网络，共同建设以天津港为核心的世界级渤海湾港口群和北方国际航运中心。为了提升津冀港口的国际高端航运功能，北京可发挥其特有功能，侧重于发展离岸型的航运交易保险、航运咨询、航运金融、海事仲裁等相关航运高端服务业。东疆保税港区则打造中国航运金融创新基地，继续加强飞机、船舶融资租赁等业务，并拓展航运交易、航运信息与技术、海事法律和航运信息咨询等高端航运服务。

在国际客运方面，以天津滨海新区建设中国邮轮旅游发展实验区为契机，津冀国际邮轮港口群要积极建设以天津东疆国际邮轮母港为主、秦皇岛和唐山曹妃甸国际邮轮码头为辅的东北亚国际邮轮中心，大力发展国际邮轮经济和开发国际邮轮旅游产品，积极发展邮轮旅游营销业务。天津东疆邮轮母港要打造北方国际邮轮旅游集散地，重点拓展东南亚、东北亚地区的国际短程邮轮始发航线以及欧美、大洋洲和南太平洋岛国等地区的国际远洋邮轮航线；大力发展国际邮轮旅游岸上配送业务，打造北方国际邮轮采购基地。

五 构筑京津冀面向全球的全开放口岸体系和国际物流供应链体系

顺应"一带一路"倡议和京津冀协同发展战略，建立健全以航空口岸和航运口岸为主体，以铁路口岸、公路口岸为辅助的京津冀海陆空口岸体系。即以北京首都机场、北京大兴机场、天津滨海机场和石家庄正定机场等国际客运航空口岸为核心，以天津港、唐山港、秦皇岛港、黄骅港等国际货运口岸为基础，以北京西站、北京站等国际铁路口岸为延伸，以朝阳口岸、丰台口岸、北京平谷国际陆港为重要补充，构建布局合理、分类定位、功能齐全、配套完备的京津冀国家口岸体系，充分发挥京津冀独具特色、多港融合的客货多式联运优势，构筑辐射全球的洲际客运枢纽和东北亚国际货运枢纽。

加快构建以京津冀国际航空货运枢纽群、渤海湾国际港口群和国际铁路货运站群为主体的京津冀国际物流体系。重点以京津冀"三地四场"国际货运机场群为核心，以海外航空货运基地为补充，以满足共建"一带一路"需求为导向，依托国际航空物流集成商和大型国际货运基地航空公司，将京津冀核心机场群打造为全球供应链系统中的核心环节、全球骨干货运航线网络体系中的关键节点以及全球航空要素资源分拨配置中心。

加快客货进出海陆空口岸的通关速度。在航空口岸方面，发挥北京首都机场和大兴机场国际航空口岸的主导作用，提高口岸服务水平和通关效率，并积极推动航空类指定口岸的设施建设；在航运口岸方面，统筹渤海湾港口群的规划建设，加强港口群的集疏运能力，提升集装箱运输效率；在铁路口岸方面，以北京站、北京西站铁路口岸为国际铁路客运站，以北京丰台站、天津南仓站为国际铁路货运口岸，大力拓展面向俄蒙、欧洲及东北亚地区的国际铁路货物进出通道；在公路口岸方面，加强北京平谷和通州马驹桥国际陆港口岸功能，显著提高陆海联运的运输量。

六 推动首都北京建设成为世界级的国际交通中心

目前北京市的对外交通系统相对发达，但更多的是承担着国家交通中心的角色，并未奠定世界级国际交通中心的地位。其国际交通联系有待加强，需要承担更多的国家门户职能和国际交通枢纽职能。构建世界级的国际交通体系是建设京津冀世界级城市群和北京建设"四个中心"目标的必要条件、基本保障及物质基础，它将引领北京各项国际职能的建设，也将有助于首都北京对全球战略性资源配置、战略性通道保障实施有效影响，以充分发挥我国对全球政治、经济和文化等方面的广泛影响力。

第 四 章

建设京津冀世界级机场群的发展战略

第一节 机场群的基本条件、运营模式及地面交通组织模式

一 机场群的分类和定位

（一）机场群的特性及其分类

机场群（Airport Cluster）又称多机场体系（Multi-Airport System），它具有区域运营的整体性和相对稳定性、地面交通的可达性和互通性、功能的多元性和协调性、等级规模的层级性和结构性、航线网络的弹性和相互制约性等特征。区域运营的整体性和相对稳定性指机场群依托区域交通体系服务于整个区域航空市场，其运营规模结构相对平衡，运营没有出现大起大落的状况；地面交通的可达性和互通性是指航空客货源借助于城市群内业已形成的城际交通网络，可在异地城市便捷地进出空港；功能的多元性和协调性是指机场群内部各机场彼此功能互补，使整个机场群可满足各种航空运输需求；等级规模的层级性和结构性是指机场群内的各机场在分工合作体系下具有不同的机场等级和运营规模；航线网络的弹性和相互制约性是指机场群所构筑的航线网络具有自我调整的灵活性，各机场航线网络彼此之间既有竞争，也有良好的合作。

机场群有不同的分类标准。例如，按照机场群的等级结构和服务区域划分，机场群可分为国际性机场群、全国性机场群和区域性机场群；按机场群中的主要机场数量划分，可将机场群分类为单枢纽机场群、双枢纽机场群和多枢纽机场群；按照城市群和机场群的构成关系分类，机场体系可分为"一市两场"、"一市多场"或"多市多场"等模式。亚洲

地区的核心机场群多为"一市两场"模式，其中主要机场多为客货并举的综合性航空枢纽，辅助机场多为内城型机场（Inner-City Airport），如中国上海浦东与虹桥机场、中国台北桃园与松山机场、日本东京成田与羽田机场、韩国首尔仁川与金浦机场以及泰国曼谷苏拉普那与廊曼机场等，而欧美国家的机场群多由两个以上的主要机场所组成，且客运、货运机场相对分离，如美国纽约、旧金山以及英国伦敦等地区的机场群。

（二）机场群中的机场发展定位

1. 机场定位概念及其功能类型

在全国民用机场布局基本成型以及区域经济和城市群优先发展的背景下，机场群的总体定位及其所属机场定位就显得尤为重要。既需要对服务于城市群层次的机场群予以战略定位，也需要对机场群中的单个机场进行精准定位。机场定位应是综合性的总体定位和专业性的功能定位的结合，对应于机场所在地的区域经济、城市性质以及产业结构特性，并与区域内的竞合机场相互错位。机场定位是依据区域经济社会发展的需求，基于对某一机场的现状和发展前景以及周边机场竞争态势等因素的综合分析，针对该机场未来的功能性质、发展模式、战略方向和目标提出的一种总体概括，并明确其在全国或区域机场体系中的地位和作用。机场定位是编制机场战略规划和机场总体规划的核心所在。

机场功能定位反映其在民航运输业的各类专业化功能特性，具体包括运输航空与通用航空、国内航空与国际航空、公商务航空与旅游航空、客运与货运、枢纽与干支线、普货运输与快件运输、飞行培训与飞机试飞、低成本航空以及通用航空等诸多方面，其中诸如客运与货运、国内与国际、枢纽与干支线等机场运营特性是机场功能定位的核心内容。此外，机场规模等级的定位也是其核心构成要素，具体涉及大型、中小型机场的分类以及飞行区技术等级的分类等。

2. 机场定位的原则

机场的定位体系必须是多维度、全方位的，其基本原则应体现出特色性、空间性、阶段性、层次性、前瞻性、公认性、功能性和复合性八大特性。其中特色性是指每个机场的定位应彰显其在机场群中与众不同的特性，突出机场在所在区域的识认性、唯一性和排他性；空间性是指界定机场腹地的空间范围，它体现出机场在城市群、区域、全国乃至全球等不同空间地理参照系中的航空服务范围；阶段性是指机场在不同的时期所对应的不同功能定位，其未来的发展定位有可能随着时间变化而呈现跃进或下滑的动态特征，为此机场的规划建设也应相应地采用循序渐进的策略；层次性是指将机场按照功能性质、分类分级、腹地空间范畴等方面纳入不同技术等级类别之中，并由此体现出差异化、层级化的综合特性；前瞻性是指机场定位作为目标指南，可有效地指导机场中长期发展需求，通常机场的运营现状与规划定位存在着阶段性的差距，但通过一定时期稳步而持续的发展可有效地实现定位目标；公认性是指该机场定位已为民航行业内外所广泛认可，并经民航主管部门审议批准或备案，另外机场的发展潜力和增长趋势业已为航空市场所验证或佐证；功能性则是指机场在航空市场中专业化功能的细分，体现客货运、国内国际、快递邮政、公务商务、低成本、干线支线、试飞培训等民航不同专业航空功能特性；复合性是指机场定位应精准反映各种不同航空功能组合的基本特性，并从共性功能特征中寻求出区别于其他机场的个性功能。

3. 机场定位的三重圈层模式

机场定位包括外围环境和内涵建设两个方面，外围环境的界定涉及机场在国家、区域和城市定位及其在航空市场中的地位和作用，而内涵建设主要指民航行业主管部门和民航企业（机场公司和航空公司）的定位，它一方面包括民航行业主管部门对机场公共属性的共性定位，另一方面包括由地方政府和民航企业主导的机场自有属性的个性定位。总体而言，机场定位实现综合性的总体定位和专业性的功能定位相结合，并实现机场定位原则、定位主体和功能结构的有机统一（见图4—1）。

机场定位通常需要获得机场所在省、市等各级地方政府与中国民航行业主管部门以及民航企业的共同认同，但这些部门和机构对同一机场的定位往往存在着偏差，比较典型的是地方政府与民航行业主管部门之间的机场定位偏差，省、市各级地方政府及其属地化的机场集团公司往往会提高所在地的机场定位。总体而言，机场定位应该是民航行业主管部门自上而下和地方政府自下而上的互动运作机制的结果。另外，基地航空公司的定位也对机场定位有着直接的影响。例如，国航计划形成北京综合枢纽、上海国际门户、成都区域枢纽三大枢纽，反映出该航空公

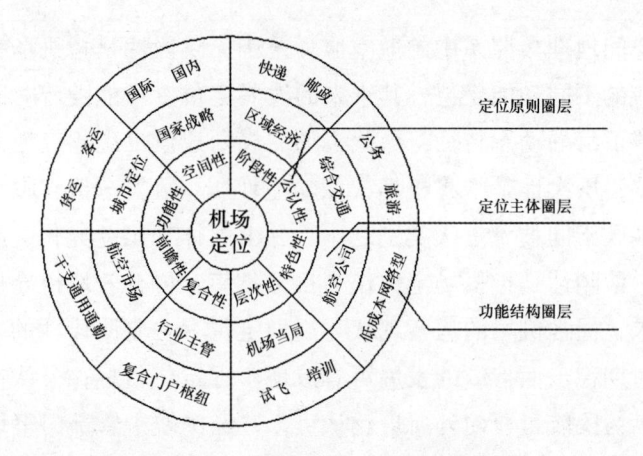

图4—1　机场定位的三重圈层模式

资料来源：笔者自绘。

司复合型、门户型和区域型三类枢纽在全国枢纽机场体系中的布局和定位。航空公司对机场的定位也有叠加效应和分化效应，如上海浦东机场吸引了中外运敦豪国际航空快递有限公司（DHL）、美国联合包裹运送服务公司（UPS）和联邦快递（FedEx）等国际物流巨头以及中货航、国货航等国内货运公司进驻，这反映出该机场国际货运枢纽的定位和世界货运吞吐量名列前茅的地位，而DHL、UPS、FedEx分别落户粤港澳大湾区香港、深圳、广州的三大机场则反映了国际货运枢纽职能各自的专业化发展定位。

二　成熟的机场群所应具备的条件

在区域经济和区域空间发展到一定规模之际，单一机场对应着单一城市的布局模式难以满足城市群中巨大且多元化的航空需求。经济全球化和区域一体化为区域机场体系的形成提供了物质条件，也由此提出了各种不同的航空出行需求。一般而言，枢纽机场依附于区域内的中心城市布局发展，而区域内主要机场的有限容量、新兴的航空市场环境和机场功能的多元化趋势促进了辅助机场的设立和发展。由此在同一地理空间和经济空间的共同作用下，促成在城市群背景下机场群的成型成熟。

机场群形成和发育的动力机制主要包括市场驱动力、行政驱动力和区位驱动力。其中市场驱动力是主要动力，在航空运输自由化的前提下，以航空公司和航空旅客两大机场客户的各种需求为导向，航空市场机制推动着机场群内部的功能整合和分工合作；行政驱动力由地方政府或民航主管部门所主导，在机场属地化的背景下，机场群多在行政辖区内的空间范围进行运作，其行政调控手段主要包括市场配额、功能划分、航程约束等；区位驱动力主要由机场本身自有的特性所决定，机场群中各机场服务范围的大小取决于所在城市性质规模、机场功能定位、地理区位、地面交通以及航空票价水平、市场划分和服务配套等诸多要素的有机组合。对于机场群来说，建立健全机场群中的区域机场功能是多机场体系成熟的关键所在，其所要达到的总体目标或者说是发展成熟的主要标准条件包括以下内容。

（一）具备完善的分工合作体制机制

机场群由区域内的机场集团或地方政府委托管理机构进行跨区域的运营管理，机场群的分工和定位基本对应着城市群内各城市的职能分工体系。成熟的机场群在多机场的竞合机制作用下，形成专业化分工合作、功能齐备的"共赢"区域机场体系，各机场具有明确的定位，并且在功能上彼此错位。在航线类型上可满足于区域内部、国内国际航空旅客的各种出行需求；在航空市场服务层次方面覆盖高、中、低端航空旅客；航程通达范围涵盖了世界范围的短程、中程和远程航线；航线性质覆盖始发终到、过境中转功能；在航空运输功能方面，除了差异化的基地航空公司在枢纽机场所形成相对成熟的中枢航线网络以外，还有货运、邮政快递、公务航空、低成本航空、通用航空和专机、包机等各种航空运输产品或功能作为补充，并形成完善的全球航空货运链、商务链及旅游链等。

（二）具有一定的规模等级和功能结构

机场群是由规模各异、等级明确且相互竞合的多个商业机场所组成的多机场体系。在区域机场体系中有主要机场和辅助机场之分，彼此分工明确，且枢纽、干线和支线机场的等级分明。主要机场承担着区域内的主要航空业务量，拥有相当数量的始发终到旅客及中转旅客，并在国际航空市场上占重要地位，辅助机场则侧重于从事专业化运营，是主要机场的重要补充。通常在机场群中的航空业务量比例超过20%被看作主要机场，而辅助机场的航空业务量则占主要机场的10%—50%。根据国际机场协会（ACI）的统计数据，在全球多机场体系所完成的业务量中，约有2/3是由主要机场完成的，次要机场完成了大约1/4，其余少部分由其他机场完成。另有数据表明，世界上8%的机场占据全球航空客运量的60%。机场群中至少有一个处于核心地位的大型枢纽机场，并具有上规模的国际航空口岸功能。通常核心城市的首位度越大，枢纽机场的首位度也越大，全球城市一般应具有与之相匹配的全球性航空枢纽。

（三）拥有庞大的航空业务总量

机场群通常位于以政治或经济中心城市为核心，且相对规模化的城市群或经济区之中。依托于城市群中众多的人口基数、巨量的就业岗位以及活跃的政务、商务及休闲活动，区域内相对成熟的机场群往往可让航空业务总量保持稳定而可持续的增长，并维系着区域内各机场之间供给能力的相对平衡。机场群的运营规模随着城市群经济总量的增长而发展壮大，机场群的管理体制或协同机制在建立健全后的吸引力和辐射力更为强大，其航空业务总量比各个机场单独运营的航空业务量之和更为庞大。当前世界上主要机场体系的年旅客吞吐总量均超过1.2亿人次，其中主要枢纽机场的年旅客吞吐量在5000万人次以上。我国三大机场群的旅客吞吐总量排名则快速占据世界机场群前列，如2019年京津冀机场群完成旅客吞吐量14665.6万人次，长三角机场群完成旅客吞吐量26557.2万人次，粤港澳大湾区机场群完成旅客吞吐量超过2亿人次（其中珠三角九市完成旅客吞吐量14202.5万人次）。

（四）依托发达的地面交通网络

机场群的服务范围广阔，既具有显著的集聚效应和扩散效应，也有空向辐射面和陆向辐射面的双重影响。不仅利用高速公路网、高速铁路网、城际铁路网以及城市轨道交通网拓展以枢纽机场为中心的陆向辐射区，吸引城市群内外的航空客货源，也利用航空中转功能吸引国内外的航空客货源。区域内的各机场之间相互联系紧密，且具有便利的地面交通联系，航空旅客可选择不同的地面交通方式和交通路径进出机场。城市群内部异地出行的航空旅客可达性强，并可与其他交通方式合作开展各种以航空运输为主的多式联运。就成熟的机场群而言，其地面交通体系应满足机场与机场所在地的城市之间、机场与异地城市之间、机场与机场之间的交通联系。

(五) 依存于成熟的城市群

机场群是伴随城市群的集聚发展而形成的，机场群是城市群两大功能之一——枢纽功能的基础。多机场体系中的各机场所在区位相对集中，普遍集聚在成熟的城市群之中，而机场群中的各主要机场多分布在区域中心城市周边的不同区位和方位，其中内城型机场地区与城市建成区趋于融合，城市功能和机场功能相互匹配，机场经济也已纳入城市经济之中。对于成熟的机场群而言，首先，应在地理区位、经济区划和行政区划方面相对统一，尤其是机场群布局应与城市群在空间范畴上基本对应，毕竟作为机场群空间依托的城市群是支撑国际经济竞争的主要空间载体和促进国家经济发展的主要驱动力；其次，与区域以外的机场相比，区域内的各机场在经营机制、管理体制、航线网络、地面交通以及功能划分等方面均应形成更为紧密的内在联系，体现出显著的集聚和辐射效应；再次，经济发达和人口稠密的成熟城市群地区已不可能开辟内部的航线网络，其区域内需要构筑以枢纽机场为核心，以机场群为枢纽节点，以城际铁路网及高速公路网为主体的地面交通圈；最后，需要指出的是与航空公司联盟化的趋势对应，机场群逐渐成为全球航空枢纽竞争的重要组织形式之一，单一的航空枢纽在强化其自身国际竞争力的同时，其发展也依托于周边地区的机场群，以航空枢纽为核心的区域机场群在世界或区域范围内普遍具有更强的竞争力和影响力。

三 机场群的运营模式及其应用

(一) 机场群的基本运营模式

根据主要经营航空业务类型、航线类别、通航地区及航空公司运营性质等的不同，全球的机场群基本运营模式可分为以下类型。

1. 按国际和国内航线划分的运营模式

机场群按照国际和国内枢纽分工的运营模式比较常见，尤其适用于由远郊型机场和内城型机场所组成的"一市两场"机场体系。通常主要机场以国际航线和部分国内干线为主，辅助机场则以国内航线为主，兼顾国际特定航线。例如，法国巴黎戴高乐机场主营国际航线，而内城型机场——奥利机场则主营国内航线、非洲航线和加勒比地区航线以及假日旅游航线。这一国际、国内功能相对分离的运营模式广泛应用于机场区位—远—近、机场建设时序—前—后相互错开的机场群组合，在亚洲地区尤为盛行。

2. 按航线分布特性划分的运营模式

该机场群运营模式可按照航程远近划分各机场的服务范围，也可按进离场航线方向或不同航空服务空间区域进行各机场的分工。以华盛顿特区为例，美国联邦政府颁布法令把进出里根国家机场的航班限制在1250英里的中短距离航程范围内，而杜勒斯国际机场则专门经营国内长途航线和国际航线。按航程划分与按飞机起降机型划分有相通之处。

3. 按航空客货功能分离划分的运营模式

该机场群运营模式一般都专门设置有纯货运功能或以货运为主、客运为辅的国际货运航空枢纽。这在欧美国家居多，如美国田纳西州的孟菲斯机场、德国麦根堡机场、比利时列日机场、加拿大多伦多的汉密尔顿机场等，其中多伦多的汉密尔顿机场主营航空货运或航空快递业务，皮尔森国际机场则主营航空旅客运输。不过除专用的货运枢纽基地外，在现阶段"以客带货"和"货随客走"的运输模式下，区域内的客运和货运业务很难截然分开在不同的机场运营。

4. 按商业机场和专业化机场划分的运营模式

该机场群运营模式是指主要机场进行商业化运营，而其他机场进行专业化航空市场运作的模式。专业化航空服务领域包括公务航空、低成本航空、通勤航空、通用航空以及包机航班等业务，机场群中的各个专业化运营机场应在功能划分上有所错位。例如，伦敦机场群中的卢顿机场、城市机场和斯坦斯特德机场分别应侧重于旅游度假包机、公务机及国内航班业务。又如，在澳大利亚的墨尔本机场群中，图拉曼里机场是唯一的主要国际客运机场，阿瓦隆机场主要是供捷星等低成本航空公司使用的机场，也是通勤机场和通用机场，第三大机场——埃森顿机场则主要承担支线、包机以及公务航空服务。

5. 按基地航空公司及其联盟划分的运营模式

在这类机场群模式中，实力相当的基地航空公司及其航空公司联盟分别进驻不同的主要机场，其驻地机场所各自构筑的航线网络具有一定的重合性和竞争性，但机场群总体上具有规模效应和快速扩展性。例如，海湾地区的迪拜国际机场是阿联酋航空公司及低成本航空——迪拜航空公司（Flydubai）的基地机场，而阿布扎比国际机场则是阿联酋第二大航空公司——阿提哈德航空公司的基地机场，新建的阿勒马克杜姆国际机场则暂时用于货运航空。

从世界上 30 多个业已成熟的机场群运作模式来看，机场群的空间布局模式基本上已经成型，机场群运营少有采用单一的分工协作模式，多为上述基本模式的组合。在航空市场越发开放的背景下，全球城市的航空运输业需求普遍依赖于都市圈或城市群空间范围内的机场群，机场群的国际与国内、近程与远程、客运与货运、商务与休闲等诸多航空服务功能也趋于复合化（见表4—1），普遍由区域内各个分工合作的机场共同构筑涵盖各种航空业务的国际航空功能体系，并构建由中枢辐射型、城市对型和城市串型组合而成的国际航空网络结构。

表4—1　　　　　　世界主要机场群分工定位模式

应用特性		典型机场群	各机场名称	功能定位
国内和国际分工模式	国际、国内功能相对分离	巴黎	戴高乐机场	主营国际航线
			奥利机场	主营国内、非洲和加勒比地区航线及旅游航线
航线分布特性划分模式	可按航线长短、航线类型确定	华盛顿	里根国家机场	运营航程在1250英里内的国内航线
			杜勒斯机场	运营航程超过1250英里的国内外航线
			巴尔的摩机场	远程航线、部分洲际航线
客货功能分离模式	客运枢纽和货运枢纽分设	蒙特利尔	多尔瓦机场	航空客运枢纽
			米拉贝尔机场	主营航空货运和旅游包机业务
商业化和专业化划分模式	有按照服务不同地区或不同航线之分	伦敦	希斯罗机场	主营除北美和加勒比地区之外的国际航线
			盖特威克机场	主营北美和加勒比地区的国际航线
			斯坦斯特德机场	低成本航线、旅游包机的国际航线
			城市机场	公务商务航空
			卢顿机场	低成本航空

续表

应用特性	典型机场群	各机场名称	功能定位
基地航空公司划分模式	主要机场各自的运营规模相当	纽约	肯尼迪机场	主要供达美航空、美利坚航空使用；国际枢纽
		纽瓦克机场	主要供大陆航空使用；国际枢纽
		拉瓜迪亚机场	国内短程航线、往来加拿大的国际航线

资料来源：笔者整理。

（二）京津冀机场群的运营模式

当前京津冀地区业已形成以北京首都机场、北京大兴机场为双国际枢纽机场，天津滨海机场和石家庄正定机场为辅助枢纽机场的"两主两辅"机场群发展模式。京津冀机场群是以北京双枢纽为核心的多元化运营模式，北京首都机场和北京大兴机场基本遵循按基地航空公司及其联盟划分的双枢纽均衡运营模式。根据民航局相关文件的界定，北京首都机场定位为大型国际航空枢纽，主要依托国航等基地航空公司，调整优化现有航线网络结构，增强国际航空枢纽的中转能力，提升国际竞争力；北京大兴机场也定位为大型国际航空枢纽，主要依托东航、南航等主基地公司打造功能完善的国内外航线网络。北京首都机场和北京大兴机场分别由国航及其星空联盟、南航和东航及其寰宇一家联盟进驻，各自运作着"国际国内并举、客运货运并重"的全球中枢航线网络，将共同形成协调发展、适度竞争、国际一流的双枢纽机场格局，同时充分发挥天津滨海机场和石家庄正定机场的区域性航空枢纽功能和全球航线网络结构的辅助作用，共同推动京津冀机场群建设成为世界级机场群。

北京航空枢纽的航线网络体系由国内航线网络和国际航线网络所组成，它既要保障国内所有枢纽、干线及少数支线等不同层级机场的直达通航需求，也要满足通达全球五大洲主要城市的需求。北京航空枢纽的国际航线网络主要包括三类：（1）东亚城市之间的国际商务城市对型航线网络；（2）亚洲地区的国际中枢辐射型航线网络；（3）辐射五大洲的国际远程城市串型或城市对型航线网络。北京地区的国际航空网络应顺应全球城市体系网络化的发展趋势，使机场群的航线网络功能与全球城市功能相互匹配，并体现出航线网络功能复合性、国际可达性、多层级性的特征。从国际航线网络来看，目前首都的双枢纽机场基本上没有体现出国际与国际中转的世界级航空枢纽功能，也未反映出服务于全球城市所应具备的枢纽功能（见图4—2）。

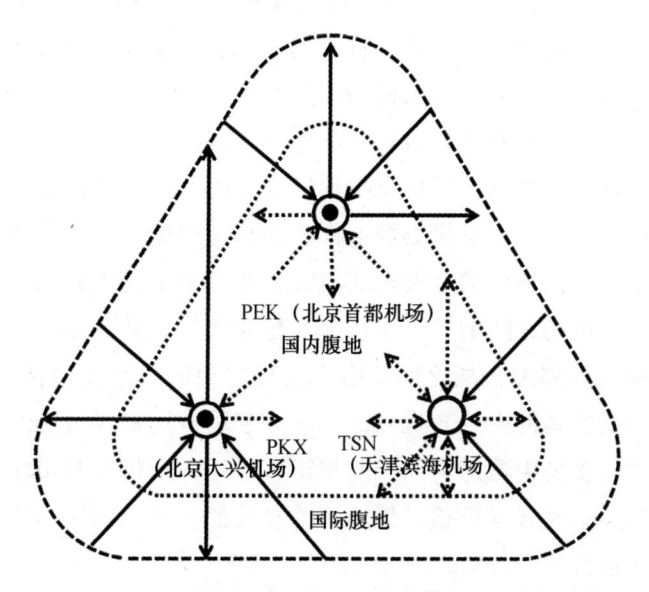

图4—2 京津冀地区核心机场群布局模式及其航线结构

四 机场群地面交通体系的类型及其组织模式

（一）机场群地面交通体系的基本类型

对于枢纽机场及其所在的机场群而言，其航空服务主要由空中交通网络和地面交通网络两大体系所构成。这两大网络体系各自构筑的辐射空间范围主要包括空向腹地和陆向腹地两大领域。空向腹地涵盖所在地区以外的区域、国家乃至全球空间范围，具体辐射范围取决于枢纽机场及其所在机场群的空中航线网络结构，世界级机场群的空向腹地覆盖至全球五大洲，同时也与陆向腹地的地面交通网络密切相关。枢纽机场及其所在机场群的集疏运交通系统覆盖面越大、通达性越强，则机场的陆向腹地范围也越大，世界级机场群集疏运交通系统的通达范围普遍拓展至城市群以外的地区。对于城市群中的机场群来说，机场群的发展成熟与否依赖于以高速公路和轨道交通为主体的地面交通体系完善程度。机场之间的地面交通组织也是成熟机场群运营所不可缺少的组成部分，建设"轨道上的机场群"已成为成熟且发达机场群的标志性前提条件。通常随着机场群分工合作的深入和运营规模的扩大，机场群内部的集疏运交通系统越发受到重视。

通常航空运输的影响力通过机场的地面交通网络而得以显现和拓展。在发达城市群的成熟机场群中，各机场分工合作细化，有必要建立机场之间密切的地面交通联系。从机场群运营的角度来看，多机场体系中的便利地面交通联系有助于各机场容量达到平衡，避免运量不足或容量过于饱和的两种极端状态。机场群中的机场之间地面交通需求主要来自航空客货源的转运，其次是机场群内部一体化运营的需要。机场之间的地面交通需求量与机场群的运营模式有关，通常多个机场在同一机场管理公司背景下，机场之间的员工出行交通量较大，尤其是新旧机场之间或内城型机场与远郊型机场之间。由于机场之间的航空交通转运量较少，当前世界主要机场群中的各机场之间少有建设专用机场轨道线直接衔接的，机场之间多采用轨道交通线间接衔接，即各个机场与市中心之间均有直达的轨道交通方式衔接，机场彼此之间的轨道交通转运需要在市中心交通枢纽进行集中换乘。

1. "一市两场"机场系统的地面交通体系

对于新建和现有、内城型和远郊型、国际和国内等不同性质的机场来说，彼此之间更有必要通过地面交通建立分工合作的多机场体系运作模式，两个机场通过地面交通网络连接后可共同形成一个航空枢纽，旅客可以方便地在机场之间进行中转。在"一市两场"的多机场体系中，机场之间建立轨道交通联络线比较普遍，可分为直接衔接和间接衔接两种类型。直接衔接无须换乘，但沿线可经停多个站点；而间接连接主要服务于城市交通，兼顾机场交通，航空旅客需要在轨道交通网中进行换乘中转。直接衔接的典型应用实例为上海虹桥国际机场和浦东国际机场之间的交通联系，这两个机场分布在上海东西两端，早期两机场之间的地面交通组织主要为外环线（A20）。该道路上大量过境的客货交通混合流严重干扰了机场间快速地面交通组织，为此先后开通了中环线和机场北通道，构成虹桥机场和浦东机场之间的快速客运道路通道，并建成衔接两大机场的城市轨道交通线——地铁2号线。两场之间交通快捷便利程度仍有限，为此再次启动了连接两大机场的机场轨道联络线工程，预期该项目于2024年建成投运后，虹桥和浦东两大枢纽间的中转运行时间将控制在40分钟之内。

2. 两个机场以上的机场群地面交通体系

对于机场数量两个以上的机场群来说，各个机场之间利用轨道交通方式衔接的难度较大，投资也很大。欧美国家主要机场群内部轨道交通的互联互通大部分是间接衔接的。例如，美国纽约—新泽西州港务局于2001年开通纽瓦克机场与纽约曼哈顿市区相连接的"AirTrain"旅客捷运轨道系统，2003年又开通肯尼迪机场和曼哈顿市区地铁以及长岛铁路相连接的"AirTrain"系统，并即将开工建设拉瓜迪亚机场衔接纽约地铁和长岛铁路的"AirTrain"线路，这样将纽约大都市区的杰夫·肯尼迪、纽瓦克和拉瓜迪亚三大机场采用轨道交通线全面间接地衔接起来。直接衔接两个以上机场的机场群普遍还在规划建设之中，包括中国京津冀机场群、西班牙巴塞罗那机场群和泰国曼谷机场群等（见表4—2）。

表4—2　　　　　典型机场群内部的轨道交通联络线

	所在城市/地区	轨道衔接的机场	机场分工	轨道技术制式	线路长度/运行时间
"一市两场"体系	中国上海	浦东机场—虹桥机场	国际枢纽/国内枢纽	地铁2号线、机场快速铁路（CRH）（在建）	58.1千米（90分钟）；68.6千米（40分钟）
	日本东京	成田机场—羽田机场	国际枢纽/国内枢纽	京成机场特快（Access Express）	80千米（95分钟）
	韩国首尔	仁川机场—金浦机场—首尔车站	国际枢纽/国内枢纽	空港铁道（A'REX）	37.6千米（28—33分钟）
多机场体系	中国京津冀地区	石家庄正定机场—雄安站—大兴机场—副中心站（—天津机场）—首都机场	国际枢纽/区域枢纽	城际联络线/京滨城际/京石城际（CRH）	北京两大机场间城际联络线72千米（50分钟）

续表

	所在城市/地区	轨道衔接的机场	机场分工	轨道技术制式	线路长度/运行时间
多机场体系	泰国曼谷（规划）	廊曼—素万纳普—乌塔保三大机场	国际枢纽/国内/国际枢纽	高铁集成技术	220千米（60分钟）
	西班牙巴塞罗那（规划）	赫罗纳—巴塞罗那—雷厄斯三个机场	国际枢纽/低成本机场	高铁（AVE）	—

资料来源：笔者整理。

在国家层面利用高速铁路网或普通铁路网全面实现空铁联运的欧洲国家有德国、法国和瑞士等。德国境内主要机场和ICE高速铁路之间实现网络化的联系，科隆/波恩机场—法兰克福机场—杜塞尔多夫机场之间普遍可以通过高速铁路网进行空铁联运。1983年开通全长388千米的巴黎—里昂TGV东南客运专线，该线路衔接戴高乐机场和里昂机场。瑞士航空公司利用铁路运输，在苏黎世、日内瓦两个枢纽机场之间以及两大机场与伯尔尼市之间进行空铁联运，并计划通过高速铁路将苏黎世机场、日内瓦机场和巴塞尔机场连接起来。在这些城市铁路网之中，机场轨道线除了具有机场转运功能外，绝大部分还兼有城市交通或城际交通功能。

（二）机场群地面交通组织的基本模式

机场群的地面交通组织模式与机场发展战略匹配，也与城市交通发展战略对应，它是在战略层面上规划机场进场交通的设施建设和运营管理以及其他方面的总和。根据机场群的空间分布、运营规模以及社会经济水平等因素，机场群的地面交通组织模式通常可分为以道路交通为主、以城市轨道交通为主和以多元化、复合化交通方式为主的三种机场群地面交通组织模式。

1. 以道路交通为主的机场群地面交通组织模式

在机场群发展初期阶段，区域内的机场彼此竞争大于合作，机场之间存在少量的交通需求，其地面交通联系不太紧密，无必然的地面交通线路和站点的衔接。早期的机场群内部地面交通联系采用以道路交通为主的地面交通组织模式，以小汽车和常规公交的出行方式为主，最常见的机场间转运方式是以机场巴士转运旅客。例如，伦敦地区希斯罗、斯坦斯特德以及盖特威克三个主要机场之间采用机场巴士衔接，而各机场与市中心的联系则主要采用轨道交通方式联系（见图4—3）。

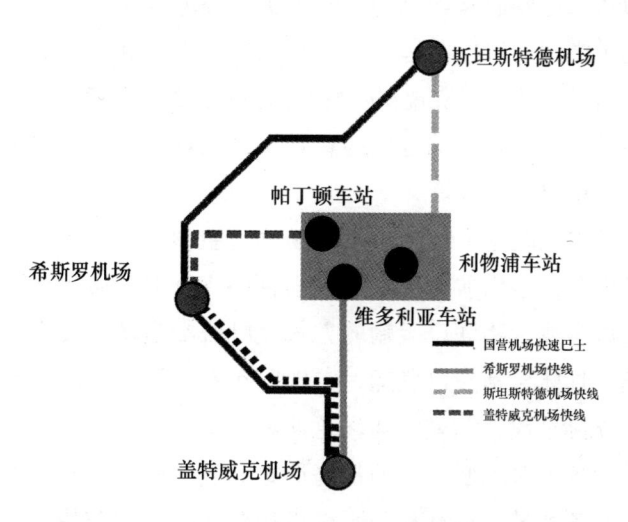

图4—3　伦敦地区机场群内部的地面交通组织模式

资料来源：笔者自绘。

2. 以城市轨道交通为主的机场群地面交通组织模式

随着城市群的发展成熟，城市群的经济规模及其枢纽功能进一步拓展，其对机场群的功能要求更加多元化和规模化。这时期区域内的机场与机场之间的竞合关系将更为密切，机场之间具有功能互补、错位合作的必要性，这时期的机场间地面交通联系也将被列为更重要的考虑因素。结合城市交通、城际交通的组织，可采用以城市轨道交通接驳换乘或城际铁路直接衔接为主的机场群地面交通组织模式。

3. 以多元化、复合化交通方式为主的机场群地面交通组织模式

机场群内部各机场分工合作机制形成后，机场之间的航空中转量也相应增加，构筑机场群内互联互通的机场地面交通体系发展趋势更为明显。这时期的机场之间有必要形成多元化、复合型的综合交通体系，仅机场与机场之间轨道交通线就有高速铁路、城际铁路、市郊铁路以及城市轨道交通等各种轨道技术制式。尤其是沿海地区的大型枢纽机场群应

构筑海陆空全方位的机场群综合交通体系，并在此基础上组织空铁联运、空海联运以及空巴联运等各种形式的多式联运。以粤港澳大湾区的机场群为例，既在广州白云、深圳宝安及珠海金湾以及佛山新机场（规划）等主要机场之间有以湾区高铁网和城际铁路网以及机场巴士网为主体的陆空联运模式，也发展深圳机场福永码头、香港机场海天码头以及澳门机场氹仔码头之间的海空联运模式，并规划建设深圳机场与香港机场之间的机场铁路线项目，以实现20分钟互达的空铁联运模式。在城市群内部交通体系趋于多元化和综合化的背景下，机场群内部实施多式联运的运输组织则显得更经济有效。

机场群的多式联运模式是指以机场群为主体平台，运用联程联运一体化的服务模式，组织航空运输方式与铁路、公路、海运等其他交通运输方式进行旅客或货物联合运输的方式。以航空运输方式为中心的客货多式联运模式具体包括空巴联运、空铁联运和空海联运等类型，其中高速铁路（或城际铁路）与航空运输这两种高速型交通方式之间的空铁联运模式应成为各类多式联运中的最高形式和发展重点，它将大幅度拓展机场辐射的服务范畴，也有利于区域机场体系的分工与协作。实施空铁联运、构筑以机场为中心的综合交通枢纽将成为缩短旅客出行时间和中转距离、实现无缝中转的关键所在。空铁联运的优势主要体现在远程与中短程、国际与国内之间的联合运输方面。从国际和国内间的空铁联运模式来看，高速铁路网和城际铁路网主要服务于中远程、短程的国内旅客运输，而航空运输则侧重于中远程的国际和国内运输，短程的航空支线可由高速铁路或城际铁路所取代。这样可有效地发挥"双高"的速度优势，拓展航空运输和铁路运输各自的辐射圈，实现国内铁路旅行和国际航空旅行的无缝隙中转，取得铁路和航空交通方式的双赢效果。

（三）机场群轨道交通衔接方式的技术分析

大型枢纽机场的轨道交通系统普遍由不同的线路走向、不同技术制式、不同速度层次的线网所组成。在轨道技术制式方面有高速铁路/快速铁路、城际铁路、市域（郊）铁路、城市轨道及旅客捷运系统（APM）之分，在速度层面则有高速/快速、中速和普速及低速等目标值。在高速/快速层次方面，大型枢纽机场主要衔接高速铁路、城际铁路两类轨道交通方式，推荐采用160—350千米/小时的速度目标值，市中心进出机场的时间普遍在20分钟以内；在中速层次方面，机场专用轨道线通常是运行速度在80—160千米/小时、时间目标值控制在30分钟以内的中速列车，这一直达市中心的大容量专用运输模式主要服务于中心城市主城区与大型枢纽机场之间航空旅客的出行需求；在普速层次方面，以市郊铁路、地铁和轻轨线为主的城市轨道交通线的主要目标是服务于大城市中心与市郊之间的市域旅客运输，并解决沿线城镇居民的出行问题，同时兼顾航空旅客的出行需求，这一机场轨道交通模式具有站间距小、经停站点多、运行时间长及航空旅客舒适度差等交通特征，其高峰时段的单向运输能力通常为2万—5万人次/小时，运行速度一般在30—80千米/小时，时间目标值在40—60分钟；低速层次的轨道交通方式一般为在机场空侧或陆侧运行的自动旅客捷运系统所沿用，其运行速度普遍在60千米/小时以下。

从城市群角度来看，机场轨道交通结构应具有层次性，其在服务空间层次划分上应包括以下层级：（1）机场与所服务主要城市及其新城之间的城市轨道交通方式一般包括地铁轻轨、市郊铁路、机场专用轨道线等；（2）机场与城市群中的其他主要城市之间的城际轨道交通方式一般由高速/快速铁路、城际铁路等所组成；（3）机场与城市群以外城市之间的地面交通联系，一般由高速铁路衔接。打造"轨道上的机场群"主要依托于城市群中的城际铁路网，其主要服务对象是城际间公务商务、通勤通学等生产性出行和旅游购物、探亲访友、娱乐休闲等生活性出行的旅客。城际铁路与机场轨道线的交通特性、功能定位及运行要求最为接近，在旅客出行需求、服务特性等诸多方面也较为匹配，为此城际铁路应优先考虑直接引入机场航站区，使其成为异地航空旅客进出机场群的主要轨道交通方式，并采取高密度、小编组、公交化的运输组织模式，这样可实现航空客货源在机场群内部"空—铁—空"的多式联运。

第二节 城市群与机场群的互动

一 城市群与机场群的关联分析

布局完善、功能强大的区域交通运输网络是成熟的城市群所必备的条件之一，城市群发展成型的必要条件之一是有众多的海港、空港等对外交通枢纽和国际口岸，以及由公路网、铁路网和航空网及水运网等各类交通网络所组成的区域综合交通体系。这些交通网络是以满足城市交通和城际交通需求为主，在直接服务于城市群的同时，也为城市群中的机场群提供集疏运交通体系，再兼顾考虑机场集疏运交通的需求。各个机场的集疏运交通体系是区域交通体系中的组成部分，主要是满足区域层次的航空客货运输需求，以所在地的城市群为服务对象；而航空运输方式则主要服务于城市群以外的地区，包括区域层次、国家层次和国际层次等不同空间范畴，是城市群对外交流的主要空中门户和通道。为此，机场群中主要机场的集疏运交通系统应依托于区域交通体系，其航空网络则应辐射至国内外。

（一）发达的航空运输业是城市群发展成型成熟的必要条件之一

城市群为城市区域化和区域城市化演化进程中的高级形式，与其对应，机场群也是区域内多个机场发展到一定程度所集聚形成的高级组合形式。机场群是区域交通结构体系中的主要枢纽节点，对区域对外交通结构及现代城市交通结构布局有着关键性的影响。机场群与其他交通设施一同架构了城市群中的交通结构骨架，并以城市群作为其主要的服务对象。在全球化与信息化时代，与中心城市及其所在城市群之间的竞争对应，当今世界的航空业竞争也不再是单个枢纽机场之间的竞争，而是以枢纽机场为中心、依托城市群的机场群之间的竞争。在经济全球化和航空公司联盟化的背景下，世界级城市群内部的机场群形成具有集聚效应和扩散效应的多机场体系，区域内的主要枢纽机场彼此相互紧密联系，在全球范围内形成世界级的机场群，并构筑世界主干航空网络，掌控着世界上主要的航空运量和运力。

航空运输业是城市群发展成型成熟的必要条件之一，它也是全球性城市群对外交通联系的主要途径。通常越是发达的城市群越依赖航空运输方式，该交通方式在城市群中的综合交通体系中所占的比重也在逐渐加大。随着其规模总量的扩张以及功能的多元化，城市群对航空运输业有着各种各样的差异化需求，只有构筑有序竞争、分工合作的机场群，才能充分有效地满足城市群对航空市场的需求。在机场群管理体制方面，既存在着诸如粤港澳大湾区5A模式之类的松散式横向协调机制，也有统一经营管理辖区内多个机场的实体化机场集团。

(二) 航空运输功能是城市群枢纽功能的具体体现之一

城市群内外联系网络和各种要素流的汇集促进了其地域的扩张，提高其在全国乃至全球经济活动中的地位。在全球城市系统中，成熟的城市群主导着国家社会、经济、文化、金融、通信、贸易等活动和对外联系的发展及政策的制定，并发挥着国际性的枢纽功能，这以其构筑的发达国际海运网络、国际铁路网络和国际航空网络为表象。根据欧洲"多中心网络"项目（POLYNET）的实证研究，他们利用工作日航空和铁路时刻表作为商务旅行的替代来分析8个巨型城市地区（Mega-City Region）之间的信息交换，其研究结果是伦敦地区以压倒性优势被高度连接着，巴黎地区和莱茵/美茵地区次之。显然航空运输业是城市群发挥枢纽功能中不可或缺的对外交通方式。

城市群宏观经济层面的枢纽功能及机场群交通层面的枢纽功能是相通的，机场群的枢纽功能是城市群枢纽功能的具体表现形式，航空运输业则是保障城市群中这一枢纽功能实现的主要途径，它在城市群中直接发挥着集聚功能和扩散功能。实际上，枢纽机场及其周边临空经济区应是城市群发挥枢纽功能和"孵化器"功能的主要场所之一。不少新建的大型枢纽机场成为促成所在城市和区域、甚至国家向某一特定产业空间和城市空间发展的风向标，以及获得城市、区域或国家竞争优势的砝码。

(三) 城市群为机场群提供了经济基础和客货来源

在信息社会和知识经济时代，国际枢纽机场已经成为经济全球化进程中新经济发展壮大不可或缺的基础性平台，它也无法脱离所在地的城市群而自我发展。以国际枢纽机场为核心的世界级机场群与全球城市区域或全球城市体系相对应。城市群中的各种城市职能（尤其是中心城市的综合职能）为机场群的形成及各机场功能错位的良性发展提供前提。城市群产生资金、技术、信息等各种集聚效应，也开展政治交往、文化交流、商务贸易等各种活动，同时具备设计研发、生产制造、销售服务等各项产业链和产业集群功能，由此产生的人流、物流是机场群赖以生存的市场基础及发展壮大的条件。例如，纽约、伦敦和东京等大都市区均有综合性的政治、经济和文化城市职能，这些高端的、跨区域的城市职能在作用过程中产生了各种航空客货运输需求。这些城市群所具有的强大集聚效应和扩散效应也将使区域内的机场群辐射范围得以扩展、吸引力得以加强。

当前发达地区的城市群正逐步形成以现代服务业、高新技术产业及现代制造业为主的新型产业结构，一方面现代服务业的发展需要全球性或区域性的国际航空客流予以支撑；另一方面为实现庞大的供应链式分工生产体系高效地运转，高新技术产业和现代制造业中的各类企业资源与经营要素将进行跨地区或跨国流动。这样，城市群内的产业结构升级将显著地增加航空客货运量，也将使机场群在城市群中的作用更加凸显出来。

（四）城市群与机场群之间具有结构性的对应关系

机场群与城市群在空间结构、职能结构和等级结构等方面存在着相互的对应关系。从某种意义上来说，机场群的规模和性质是判定城市群是否成熟的重要标志之一，功能完善而规模庞大的机场群往往昭示着机场群所依托的城市群在全球城市体系中的显著地位。城市群的区域空间结构直接决定了区域内机场群的空间布局模式，而机场群的形成发展也依赖于城市群的相对成型成熟。马蒂斯·居勒（Mathis Güller）和迈克尔·居勒（Michael Güller）认为，大都市区的空间扩张实际上可能更需要一个机场群，而不是需要一个再三扩建的单一机场。在航空功能方面，随着城市群由单中心结构向多中心结构转型，区域内单一的机场也向多机场体系转化，单一的航空运输功能也向多元化、复合型的航空运输功能转化。城市群不再局限于单一机场所提供的服务，而依托于区域内机场群所提供的各类航空服务，这意味着通达范围更广、通达班次更为频繁，且服务功能更为齐全。

城市群由一个或多个中心城市与周边城市的组合而成，而机场群则是一个或多个枢纽机场与干线机场及支线机场的组合。城市群和机场群在等级结构上存在着对应关系，区域城市结构体系呈现都市连绵区—城市群—中心城市—大中城市—小城市的层级结构；同样区域机场体系也存在着机场带—机场群—枢纽机场—干线机场—支线机场的等级结构分布特征。成熟的城市群中普遍拥有大型枢纽机场，但城市群中的中心城市并不逐一对应着大型枢纽机场。大城市或国际性城市也有可能对应着中小型机场，如欧洲的布鲁塞尔以及美国的费城、底特律等城市，这与其区域内发达的陆路交通以及周边城市已具有大型枢纽机场等因素有关。世界性或国家级的航空枢纽都需要依托全球性或区域性的国际城市，如欧洲四大枢纽机场均对应着欧洲的经济中心城市。

二　世界级城市群与世界级机场群的协同发展

（一）世界级城市群主导对外交通方式的演进特性

在经济全球化和区域一体化的背景下，世界上主要的城市群和大都市区已成为引领全球经济发展的核心及动力源泉，其中发展条件最好的、竞争力最强的城市群普遍集中在沿海湾区或者首都圈地区。世界级大湾区作为一种特殊的高端城市群，这些区域无论是经济体量、产业结构，还是人口结构、城市综合功能及国际交通体系等诸多方面都具有其他城市群不可比拟的优越性。东京产业湾区、纽约金融湾区和旧金山科技湾区之所以被称作世界三大湾区，其优势表现在区域经济在全国乃至全球的地位显著，科技、金融、教育类的高端创新型人才聚集密度高，具有全球竞争力的科技创新型支柱产业等方面。

纵观世界三大湾区的发展历程，湾区交通方式的演进是一个重要的驱动因素。湾区发展初期的交通方式以海运为主，区域内仅有零星的公路和铁路，产业则依托天然的港口资源发展临港工业。随着工业化的加快，贸易需求催生区域内部交通网络的建设完善，特别是环海湾地区轨道交通网络和跨海大桥的建设，极大地增强了湾区内部城市间的联系，促进了湾区交通一体化和产业协同化的发展。湾区内国际机场群和国际港口群的发展，一方面为湾区汇聚了大量的高素质人才和新技术，推动湾区经济由"大出大进"的港口经济向"高精尖"的创新经济转型；另一方面国际航空业和国际邮轮业的发展为湾区带来了世界各地的游客，促进了国际空港和邮轮码头、游艇港口的建设以及滨海旅游业的发展，使湾区海岸线由单一的生产性岸线逐步向生产性岸线和生活性岸线并重发展转化。

（二）世界级机场群对世界级城市群的推动作用

城市群的发展离不开机场群的支撑，其经济规模的快速增长、产业结构的转型升级、区域交通结构的完善提升也得益于机场群的带动。世界级机场群是构建服务于世界级大湾区的国际交通体系的主平台,它具备以下特性:第一,机场群是由依海湾而建的国际枢纽和国内枢纽及其他辅助机场组合形成的,拥有辐射全球的国际航线网络,可引导各种要素资源加快向湾区集聚,促使大湾区形成以中心城市为核心、以周边腹地为支撑的开放型国际经济体系。如在一体化的区域轨道交通及全球型航空交通的驱动下,旧金山湾区的核心城市之一——圣何塞市聚集了大量的高素质移民、资本投资以及新技术,并逐渐成为湾区的国际科技创新中心。第二,机场群拥有一体化的地面交通和以航空为主体的多式联运体系(特别是空海联运),如旧金山湾区拥有以各大机场和主要客运码头为站点的高密度区域轨道交通系统,是湾区交通一体化发展的典范。第三,大湾区依托其独特的地理条件普遍建设有滨海机场或海上机场,这可为城市的发展节约土地空间,也避免航空噪声污染和机场运行宵禁。如纽约湾区的拉瓜迪亚机场和肯尼迪机场都是依海湾而建的滨海机场,日本大阪湾的关西机场、伊势湾的中部机场则是离岸型的海上机场。第四,从交通与土地利用的角度来看,机场一般位于湾区主要交通走廊的重要节点区位,湾区内机场及其周边地区往往是综合交通发达、城市化程度高并且优先发展的区域,如旧金山湾区的旧金山、奥克兰及圣何塞三大机场位于城市化水平高的沿海湾地带,机场及周边地区更是湾区规划中优先发展的重点区域。第五,世界级湾区普遍拥有功能齐全的多机场体系,其突出重点是国家门户功能、国际客运中转枢纽功能。如伦敦境内共有 5 个民用机场,其中希斯罗机场是世界上最大的洲际枢纽机场,盖特威克机场主要服务于北美国际航线以及旅游包机航线,斯坦斯特德机场主要供低成本、旅游包机以及货运航空公司使用,伦敦城市机场是服务于伦敦金融区的小型商务机场,卢顿机场则主要为休闲度假的国际旅客服务。另外,位于伦敦西南的范堡罗空军基地则是每年举办英国国际航空航天展览会的航展机场。相比之下,以首都机场为核心的京津冀地区机场群在运营数量、规模总量以及功能结构等诸多方面有待完善(见表 4—3)。

表4—3　　　　　2017年世界主要城市群和机场群的比较

	纽约湾区	伦敦都市圈	东京都市圈	巴黎都市圈	旧金山湾区	京津冀地区
城市群人口（万人）	2340	892	3631	1217	884	1184
占地面积（万平方千米）	2.148	0.1579	1.3557	1.2012	2.6395	2.2348
主要机场数量（个）	4	5	2	2	3	4
机场群年旅客吞吐总量（亿人次）	1.33	1.71	1.25	1.05	0.71（2015）	1.31
机场群主要管理模式	纽约和新泽西港务局	BAA/地方政府/私营企业	日本运输省/新东京国际机场公团	巴黎机场集团公司	机场属地化分管	首都机场集团公司

资料来源：笔者整理。

三　都市连绵区与机场带的互动

多个城市群在发展到一定程度后，将集聚形成法国地理学家戈德曼所说的"都市连绵区"（Metropolitan Interlocking Region）。进入全球化和信息化时代以来，城市密集地区的发展进入功能完善和更新阶段，英国城市规划学者彼得·霍尔（Peter Hall）早就指出，大都市区（Mega-City Region）是20世纪末的新兴城市形式，并将在21世纪得到普及（Hall，2002）。当前世界著名的都市连绵区包括美国波士顿—纽约—费城—巴尔的摩—华盛顿的东北部地区（简称"Boswash"）、美国芝加哥—底特律—克利夫兰—匹兹堡的五大湖地区、德国莱茵—鲁尔地区、日本东京—大阪—神户的太平洋沿岸地区、英国伦敦—伯明翰—曼彻斯特—利物浦的英格兰中部至东南部地区等。在城市群向都市连绵区演进的过程中，这些区域内通常形成了由高速铁路、高速公路及空中航线所串接的带状综合交通走廊，并将强化与作为综合交通走廊中的主要交通节点的机场之间的功能联系，分布在各中心城市周围及其沿线城市群的多个机场群也相应地有向机场带演化的趋势，即有可能进一步发展成为由多个相邻的机场群所组合的机场带。如日本京阪神地区所构筑的东海道都市连绵区中，分布有东京机场群、大阪神户机场群以及名古屋机场群等。基于节约用地、保护环境以及机场24小时运行的考虑，这三大机场群均以海上枢纽机场为主体，并在太平洋沿岸串接形成机场带。

总体而言，机场带是在国家层面或大区域层面顺应航空运输客货源主流方向进行的空间布局，与都市连绵区的结构组织类似。它由若干个不同规模、性质且又分工合作的机场群所组成，区域内的各机场群之间利用地面交通网络和航空网络相互联系，在串接多个机场群的机场带形成后，可使各城市群内的国际通达性和可达性大大增强。与机场群内部不通航不同，对于分布在都市连绵区中的机场带来说，各机场群之间可能存在密集的城市对航线，航空旅客也可以在机场群之间利用各种交通方式进行换乘中转。例如美国沿太平洋西岸的东北部走廊由5个大城市以及40多个10万人以上的中小城市构成，航空运输方式是该走廊地区主要的国内外联络方式之一。沿线的纽约、费城、巴尔的摩及华盛顿城市群中拥有机场近30个，分布着波士顿机场群、纽约机场群、华盛顿机场群以及费城单机场系统等，每个机场群中均有一个或多个居于核心地位的枢纽机场。这些都市连绵区内对开了纽约—华盛顿、纽约—波士顿等诸多繁忙航线，其中纽约机场群和华盛顿机场群之间的航空联系最为紧密。另外，美国国家铁路客运公司也在美国东北部走廊沿线开通"Acela Service"新型列车，不仅服务于沿线的城市，也直接或间接地连接沿线马里兰州的巴尔的摩—华盛顿机场、新泽西州的纽瓦克机场等，并与华盛顿里根机场、费城机场、纽约肯尼迪机场、波士顿洛根机场有衔接服务。

第三节　中国机场群的规划布局和建设发展

一　中国机场群与中国城市群的互动

经济板块、城市群及都市圈布局、区域城镇体系以及区域交通体系规划等诸多区域性因素都是机场群规划建设和功能定位的基本依据。区域经济一体化对机场群的发展提出了航空市场需求，城市群的发育成熟则使机场群的服务范围得以拓展和重叠，而以高速公路和城际铁路为骨干的区域交通体系则是机场群内部地面交通组织的空间依托。

我国现已形成四大经济板块（东部地区、中部地区、西部地区、东北地区）—若干个城市群（长三角、粤港澳大湾区、京津冀等）、都市圈（北京都市圈、上海都市圈、南京都市圈等）—若干个新区和试验区（浦东新区、滨海新区、两江新区等）所构成的多层级、全开放的经济版图，并由原先以点状或线状开发为特色的非均衡模式向网格化、动态均衡的全方位开发开放模式转变。机场作为带动区域经济快速增长的重要引擎和促进区域经济融入全球经济的最佳平台，应该顺应国家区域协调发展这一趋势。全国机场群规划也应基于城市群进行统筹布局，尤其应优先推动重点经济区域内机场规划建设的实施。

在经济板块层次，为了与东部地区率先发展、西部大开发、中部崛起和振兴东北老工业基地等国家政策呼应，应强化东部地区北上广三地机场在建设世界级城市群中的国际交通枢纽地位，加强成都双流、重庆江北、乌鲁木齐地窝堡、昆明长水和西安咸阳等机场在西部大开发中的开放窗口和枢纽门户作用，突出武汉天河、长沙黄花以及郑州新郑等机场在中部地区所处的综合交通枢纽地位，同时强化哈尔滨太平、大连周水子和沈阳桃仙等机场在东北地区产业转型过程中的推动作用。

在区域层次，当前我国的区域经济发展成为全国经济发展的重心。2014年中共中央、国务院印发的《国家新型城镇化规划（2014—2020年）》提出构建以陆桥通道、沿长江通道为两条横轴，以沿海、京哈京广、包昆通道为三条纵轴，以轴线上城市群和节点城市为依托、其他城镇化地区为重要组成部分，大中小城市和小城镇协调发展的"两横三纵"城镇化战略格局。《中华人民共和国国民经济和社会发展第十四个五年规划和2035年远景目标纲要》明确提出要优化提升京津冀、长三角、珠三角、成渝、长江中游等城市群，发展壮大山东半岛、粤闽浙沿海、中原、关中平原、北部湾等城市群，培育发展哈长、辽中南、山西中部、黔中、滇中、呼包鄂榆、兰州—西宁、宁夏沿黄、天山北坡等城市群。从机场群顺应城市群发展需求角度来看，全国的机场群规划布局需要纳入城市群的背景下进行，并与国家或区域城镇群规划布局相适应，同时将机场纳入区域交通体系之中。

在城市层次，2010年，由住房和城乡建设部编制的《全国城镇体系规划（2010—2020年）》提出国家中心城市和区域中心城市的分类建设目标。其中五大国家中心城市是指东部地区的上海，北方地区和环渤海地区的北京、天津，南方地区的广州以及西部地区的重庆；而六大区域中心城市则包括东北地区的沈阳、华东地区的南京、华中地区的武汉、西北地区的西安、西南地区的成都以及华南地区的深圳。2016—2018年，国家发改委和住建部又先后发函支持成都、武汉、郑州、西安建设国家中心城市。结合这些机场所在地的城市定位和航空市场的需求，我国的国际枢纽机场或区域枢纽机场定位应与国家中心城市和区域中心城市的城市定位基本匹配。

二 中国机场群的总体布局原则

（一）《全国民用机场布局规划》中的六大区域机场群

顺应我国民用机场发展所呈现的区域化和一体化趋势，国家发改委和民航局联合发布的《全国民用运输机场布局规划》（2017版）提出：到2025年，我国将形成京津冀、长三角、粤港澳大湾区三大世界级机场群，北京、上海、广州、成都、昆明、深圳、重庆、西安、乌鲁木齐、哈尔滨共10个国际枢纽，以及天津、石家庄、太原等29个区域枢纽。该规划将全国机场划分为以北京为主的华北机场群，以哈尔滨为主的东北机场群，以上海为主的华东机场群，以广州、深圳为主的中南机场群，以成都、重庆和昆明为主的西南机场群，以西安、乌鲁木齐为主的西北机场群六大区域机场群。这些机场群在时间维度上呈现出不同的发展阶段和显著的梯度层次差异，在空间维度上基本是按照各民航地区管理局所管辖的行政区划范围划定各机场群，仅民航新疆地区管理局和民航西北地区管理局辖区的机场合并为西北机场群。这一机场群分类模式适宜民航行业主管政府部门进行机场的规划建设和运营管理，但该区域机场体系所界定的大区级空间尺度与我国国家规划层面所普遍遵循的经济板块或城市群并未形成对应关系，大区级空间范畴内的机场之间也没有比区域外的机场形成更为紧密的地面交通、航线网络以及运营管理等方面的功能联系，这六大机场群仅是在空间范畴中泛指的大区级机场群。从区域经济和区域空间发展的角度来看，应重点考虑与城市群对应的机场群这一亚层次。

（二）基于城市群空间范畴下的机场群布局原则

在机场属地化改革的推动下，我国先后涌现出规模不等的跨省域或省域区域性机场管理集团，这为区域机场体系的形成提供了运营管理基础。另外这些机场群多通过城市群内发达的高速公路网、城际铁路网及城市轨道交通网等所组成的集疏运交通系统进行相互衔接，由此形成以枢纽机场为中心、衔接区域内各个机场的多机场体系，这些机场在分工合作、协力共进的基础上还构筑以航空运输为主体的空铁联运、空公联运以及空海联运等各种多式联运方式。

从长远来看，在城市群基本成型的背景下，我国各城市群中以枢纽机场为核心的区域机场体系将逐渐完善健全，处于不同发展阶段、不同地域分布的城市群将相应地形成不同层次、不同类型的机场群。我国现有的19个城市群尚处于不同的发展阶段，其中粤港澳大湾区、长三角地区和京津冀地区为发展较为成熟的城市群，其区域机场体系也相对成熟。其他地区为尚未成熟的城市群，在这些地区的机场群中将不断地有新兴机场加入，并依托高速公路网、城际铁路网以及高速铁路网等区域交通网络体系形成各机场的集疏运交通体系。区域机场规划布局模式与区域经济环境相辅相成，也与区域交通网络密切相关，经济全球化和交通一体化为区域机场体系规划布局提供了物质条件。机场群的形成和发展在时间维度上具有不同的阶段性特征，在空间维度上则构成差异化的基本布局模式。这些不同模式的机场群与所在的城市群形成互动，并对城市群中枢纽功能和"孵化器"功能的形成起着催化剂的作用。

三 中国国际客运枢纽机场群发展的战略构想

（一）基本内涵及其特征

国际客运枢纽机场群是以服务"一带一路"倡议为导向，以建设世界级城市群和国家中心城市需求为目标，以满足国内外人员交往和国际商贸往来需求为前提，以承接国际航空目的地以及国内与国际、国际与国际中转地为主要功能，以在全球机场体系中占据重要节点位置的国际航空枢纽为核心，依托我国主要城市群所构建的具有国际竞争力的核心机场群。

国际客运枢纽机场群在功能定位、规模结构、航线网络、服务效率等诸多方面都具有鲜明的民航特征。如机场群设施水平和运营规模均处于世界前列；具有等级结构合理、分工合作协同的多机场体系；机场群的功能定位明确，国际专业化航空功能齐全（涵盖国际政务航空、国际商务航空、国际低成本航空、国际货运航空等）；机场群拥有覆盖全球主要城市的国际航线网络结构，既是主要的国际航空始发地和目的地，也是重要的国际航空中转地；机场群集疏运交通系统的可达性强，各主要机场之间互联互通、中转便利。

（二）总体目标

我国国际客运枢纽机场群建设发展的总体目标是顺应全球政治、经济和文化变革的需求，服务于国家政治和经济发展的需要，以航空交通运输方式为主导，建设以京津冀机场群为核心的中国国际枢纽机场体系，重点打造服务于"一带一路"倡议的"新时代的空中丝绸之路"，提升中国的全球航空交通体系治理能力，构建服务全国、辐射全球的全球骨干航线网络结构。

构建具有鲜明民航运输特性的"新时代的空中丝绸之路"的具体任务：一是打造服务于"一带一路"倡议的国际航空交通支撑平台，为以陆运、航运为主体的共建"一带一路"合作国家提供国际航线服务，其中包括中亚、东南亚、西亚、南亚、独联体以及中东欧的65个合作国家（含中国），总人口约44亿人；二是充分发挥航空交通方式机动性能强、运程远等特定优势，拓展中国与南太平洋岛国、非洲、拉丁美洲等地的新兴经济体之间航空交通联系的新航路和新航线。

（三）布局思路

构建服务全国、辐射全球全国民用运输机场体系的核心是构筑服务于建设世界级城市群的国际枢纽机场群。世界级的国际枢纽机场群是与全球型的骨干航线网络结构密不可分的，为此应积极与我国周边国家和地区协商开通国际航路新通道，优化提升全国干线航路网络骨架。以我国京津冀地区、粤港澳大湾区、长三角城市群以及成渝双城经济圈所在的四大国际枢纽机场群为核心，以其他国际枢纽机场和区域枢纽机场为补充，打造全向位的国际航空运输通道，共同构建辐射全球各大区域的近程、远程两大国际航空交通圈，即以辐射亚洲为核心的近程国际航线圈和以通达五大洲为目标的远程国际航空圈。除了近远程的国际城市对航线以外，近程航空交通圈还为中国与亚洲周边国家和地区之间提供国际与国际的中转航线，远程航空交通圈则还提供洲际中转航线，如北美—中国—东南亚（南亚）、欧洲—中国—东南亚（大洋洲）等国际远程航线。四大国际枢纽机场群分工错位，互为国际航班国内段，彼此根据交通区位而有所侧重（见图4—4）。

以国际客运枢纽机场群为主体构建的全球骨干航线网将重点覆盖全

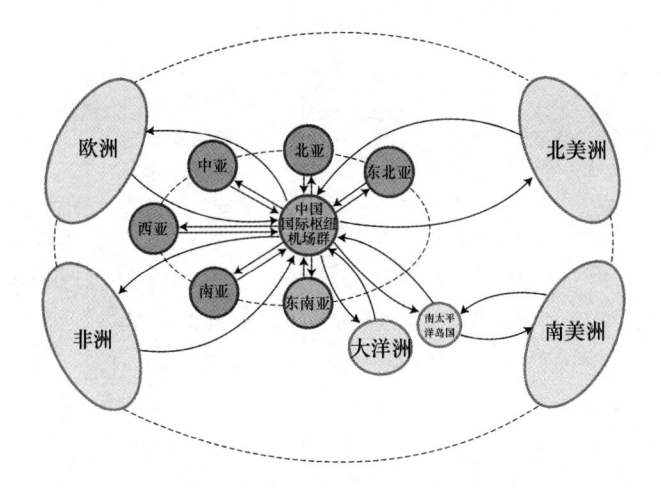

图4—4　全球航空交通治理结构下中国国际客运枢纽机场群总体布局思路

球各大区域主要国家的政治、经济中心城市及国际旅游目的地。国际枢纽机场群主打国际与国际（I-I）、国际与国内（I-D、D-I）的中转模式，并兼顾干线与干线之间的国内中转（D-D）模式，而以国内枢纽为核心的区域枢纽机场群则主导国内转国内（D-D）模式。其他国际枢纽机场和区域枢纽机场则发展点对点的国际骨干航线以及国际与国内的经停中转航线（见表4—4）。

表4—4　中国国际客运枢纽机场群的总体布局设想

功能定位	国际枢纽机场群的构成	其他辅助国际枢纽和区域枢纽机场	重点服务区域
京津冀机场群 全球核心的国际航空枢纽群	国际枢纽（北京首都、北京大兴）；区域枢纽（天津滨海、石家庄正定）	哈尔滨太平；大连金州（在建）；沈阳桃仙；长春龙嘉；太原武宿；呼和浩特盛乐（在建）	远程航线（覆盖全球各大区域主要国家的首都及经济中心城市）；近程航线（东北亚、北亚）。服务于以首都为核心的国际航空政务、商务和旅游市场

续表

	功能定位	国际枢纽机场群的构成	其他辅助国际枢纽和区域枢纽机场	重点服务区域
长江三角洲机场群	全球核心的国际航空枢纽群	国际枢纽（上海浦东、上海虹桥）；区域枢纽（杭州萧山、南京禄口、合肥新桥、宁波栎社）	厦门翔安（在建）；青岛胶东；福州长乐；济南遥墙；南昌昌北；温州永强	远程航线（北美、加勒比、南太平洋岛国及欧洲）；近程航线（东北亚及东南亚）。服务于国际航空金融、商务、旅游和物流市场
粤港澳大湾区机场群	面向太平洋和印度洋的重要国际门户枢纽群	国际枢纽（香港、广州白云、深圳宝安、澳门）；区域枢纽［珠海金湾、佛山新机场（筹建）］	海口美兰；三亚（新建）；南宁吴圩；郑州新郑；武汉天河；长沙黄花；桂林两江	远程航线（非洲、大洋洲、南太平洋岛国、南美洲及欧美）；近程航线（南亚、东北亚及东南亚）。服务于国际航空金融、商务、旅游和物流市场
成渝双城经济圈机场群	面向欧洲、印度洋的重要国际门户枢纽群	国际枢纽［成都双流、成都天府、重庆江北、重庆新机场（筹建）］	西安咸阳；昆明长水；乌鲁木齐地窝堡；银川河东；兰州中川；西宁曹家堡；贵阳龙洞堡；拉萨贡嘎	远程航线（欧洲、中东、非洲、大洋洲）；近程航线（南亚、西亚、中亚及东南亚）。服务于国际航空商务、旅游和物流市场

资料来源：笔者整理。

四 中国国际货运枢纽机场群发展的战略构想

（一）指导思想

以服务"一带一路"倡议的交通先行为目标，以促进国家经济结构转型升级为宗旨，以建设民航强国为导向，全面整合优化全国货运航空网络结构和货运枢纽机场布局，推动货运航线网络结构、货运枢纽机场体系及航空货物运输组织方式转型升级。一是推动货运骨干航线网络结构由"以国内航线网络为主、点对点"向"国际和国内并重、中枢辐射与点对点结合"转型；二是促进国内货运枢纽机场由"各自运营、竞相竞争"向服务全国、辐射全球的国际货运枢纽机场群转型；三是推进货物集散运输组织方式由"卡车航班"为主升级为以"卡车航班"与"高铁快运"结合为主。

（二）总体目标

以服务"一带一路"倡议和国家经济结构转型升级需求为导向，在全国范围内打造以综合性及专业性货运枢纽机场为核心的国际货运机场群，并健全以地面卡车航班和高铁快运网络为主的货运枢纽机场群集疏运交通体系，实现区域内0.5—2小时的互联互通。在全球范围内建立全货机运输为主、散航运输为辅的国际货运航线网络，构建2—4小时通达全国和国际近程地区、24—48小时可达全球主要远程地区的航空快递时空通达圈，充分发挥民航在"一带一路"倡议中的先行者和支撑平台作用，打造服务于"买全球、卖全球"目标的"新时代的空中丝绸之路"。

（三）布局思路

依据我国现有航空货运市场的分布特征和货运机场的规划建设现状，以粤港澳大湾区机场群、长三角地区机场群、环渤海地区机场群、西部地区机场群以及中部地区机场群五大国际货运机场群为核心，以海外航空货运基地为补充，充分满足四种航空货运中转的需求，全面构建功能齐全、分工协作、国内通达、全球可达的中国货运枢纽机场体系（见表4—5）。

表4—5　　我国五大国际货运枢纽机场群的总体布局设想

	发展定位/服务范围	国际性货运枢纽机场	区域性货运枢纽机场	专业性货运枢纽机场
粤港澳大湾区机场群	服务全国、辐射国际近远程；重点拓展东南亚、大洋洲、非洲及南美洲市场	广州白云；深圳宝安；香港	珠海金湾；澳门；三亚新机场（筹建）；佛山新机场（筹建）	—
长三角地区机场群	服务全国、辐射国际近远程；重点拓展东北亚、北美洲、南美洲、中美洲市场	上海浦东；杭州萧山；南京禄口；合肥新桥	无锡硕放；宁波栎社；义乌	嘉兴（圆通筹建）；芜湖（京东筹建）
环渤海地区机场群	服务全国、辐射国际近远程；重点拓展东北亚市场；国际外交政务航空、国际经贸文化交往功能	北京首都；北京大兴；天津滨海	石家庄正定；沈阳桃仙；大连金州（在建）；青岛胶东	渤海湾海上机场（远景：天津—唐山共建）
西部地区机场群	服务全国、辐射国际近远程；重点拓展中东、中亚、南亚、东南亚、欧洲、非洲市场	成都天府；西安咸阳；重庆江北；昆明长水；乌鲁木齐地窝堡	贵阳龙洞堡；兰州中川；重庆新机场（筹建）	成都金堂（预留）
中部地区机场群	服务全国、辐射国际近远程；重点拓展中国周边国家市场和打造辐射全球的全货运航线	郑州新郑	武汉天河；长沙黄花；南昌昌北	湖北鄂州花湖

国际货运机场群均由国际性货运机场、区域性货运机场和专业性货

运机场三类货运枢纽机场所构成，整体打造服务全国、辐射全球的空中货运航线网络。各货运机场群内部的机场采用卡车航班及高铁快运网络进行集疏运，并相互衔接转运；货运机场群之间则采用高铁快运网络及空中航线网络进行互联互通，其中国际货运机场枢纽之间普遍采用专用货机进行直航或集散运输（见图4—5）。

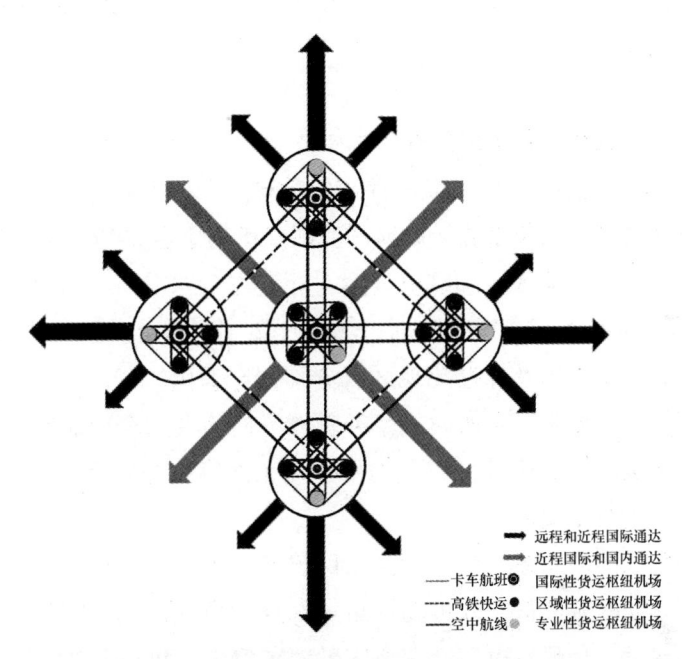

图4—5 货运枢纽机场群的结构构成及辐射方向

综合型的国际性货运枢纽机场是多个国际航空物流集成商在全球范围内跨区域布局的关键节点，多采用"国际客货航空枢纽＋多个国际货运航空公司基地"的运营模式，共同运营客货运业务，并以客运带动货运发展，主要承担国内/国内、国内/国际以及国际/国际的货物转运。区域性货运枢纽机场是国内货运航空公司的主要运营基地，多采用"区域性客货航空枢纽＋多个国内货运航空公司基地"的运营模式，多以客运为主或客货兼备，其功能定位为区域转运分拨中心，服务于区域范围内的国内货物集散分拨。专业性货运枢纽机场采用"国际/国内航空货运枢纽＋龙头航空物流企业基地"的运营模式，由单一的大型国际航空物流集成商主导构建以中枢货运航线网络为主体的超级转运中心,以航空货运为主要运营业务,且货运以全货机运为主、散航运输为辅。其中门户型的专业货运枢纽机场多采用"国际综合转运基地+客货航空公司经停中转地"的运营模式,这类机场适合在我国西部、东北、南部的边陲地区设立。它不依赖于机场所在城市的本地航空货源,主要依托交通区位优势,服务于国际货物中转分拨,也可为洲际航班提供必要的燃油补给和技术支持。

五 中国机场带的发展战略构想

从世界航空市场的分布来看,全球航空市场主要分为亚太、北美及欧洲三大区域,均位居北半球地区。国际机场协会 2017 年的货运量统计数据显示,亚太地区机场航空货运吞吐量占全球市场份额为 37.0%,中东地区机场占比 13.7%,欧洲机场占比 24.2%,北美机场占比 20.5%,而非洲、拉丁美洲及加勒比地区仅分别占比 1.9%、2.7%,这一南北向航空市场泾渭分明、东西向航空客货源流向为主的全球航空市场分布格局对中国国际枢纽机场群布局提出了"东西双向开放为主、面向全球全面开放"的特定要求。

当前我国"八纵八横"的高铁网已经基本成型,高铁主骨架已串接了全国主要的城市群,并推动都市连绵区的发展成熟。顺应主要城市群的规划建设,我国沿边、沿海地区各城市群中的机场群依托高铁走廊相互衔接和互联互通,基本上以包头至海口的高铁通道(其走向基本上与我国山地和丘陵平原的分界线一致)为界,共同构成由若干机场群所组成的东部机场带和西部机场带,这两大机场带可西接"丝绸之路经济带",东连"21 世纪海上丝绸之路"。

在京哈高铁、京沪高铁以及筹建中的环渤海城际和京沪二通道及沿海高铁的推动下,东部地区由北至南将依次形成由哈长机场群、辽东半岛机场群、京津冀机场群、山东半岛机场群、长三角机场群、海峡西岸机场群直至粤港澳大湾区机场群组成的东部机场带,而地处中部地区的山西中部机场群、中原机场群、江淮地区机场群、长江中游机场群起着南北贯通、东西互济的承接作用,从民航地区管理局所归属管理角度考虑,这些机场群一并纳入东部机场带。东部机场带主要面向北美、中美洲、南美洲、大洋洲的远程航空市场，并重点对接东北亚、东南亚的近程国际航空市场。结合西部陆海新通道的布局走向，打造西部机场带势在必行，该机场带在内陆腹地区域协调发展和全面对外开放格局中具有重要地位。结合西部内陆城市群的布局，由北至南将依次形成由天山北坡机场群、呼包鄂榆机场群、兰西机场群、宁夏沿黄机场群、关中机场群、成渝机场群、滇中机场群、黔中机场群以及北部湾机场群所组成的西部机场带，该机场带主要面向欧洲、中东、非洲的远程国际市场，以及东南亚、南亚、中亚和西亚及北亚的近程国际航空市场。东部机场带和西部机场带通过进一步的资源整合和协同发展，将全面提升为服务全国、通达全球的国际客货运枢纽机场集群。

总的来看，东部机场带和西部机场带的规划建设将是我国中长期对外全面开放、国内国际"双循环"相互促进的主要国际交通平台，将有利于我国统筹国内国际两大市场两种资源，将引领东部沿海地区、西部内陆地区及全国沿江、沿河、沿边地区的高质量发展和全方位开放。

第四节 基于生命周期理论的京津冀机场群发展历程分析

一 机场群的生命周期理论

由单一机场系统过渡到机场群系统是区域航空运输系统扩展的重要演进过程。依据美国专家菲利普·A. 博纳富瓦（Philippe A. Bonnefoy）和 R. 约翰·汉斯曼（R. John Hansman）提出的机场生命周期理论，按照年旅客吞吐量的变化，每个机场发展演进的生命周期依次构成机场建设期、初始期、商业化服务初始期、形成期、成长稳定期、成熟期和受限期七个阶段。单个机场生命周期的先后演进是机场群保持活力和发展潜力的重要条件。同样，每个机场群的形成发展也具有时序性，拥有成型、发展、成熟和衰退等不同阶段的全生命周期，成熟的机场群应是分工合作、规模巨大、等级分明和地面交通便利的多机场体系（见表4—6）。

表4—6　　　　　多机场体系航空业务量演进的基本模式

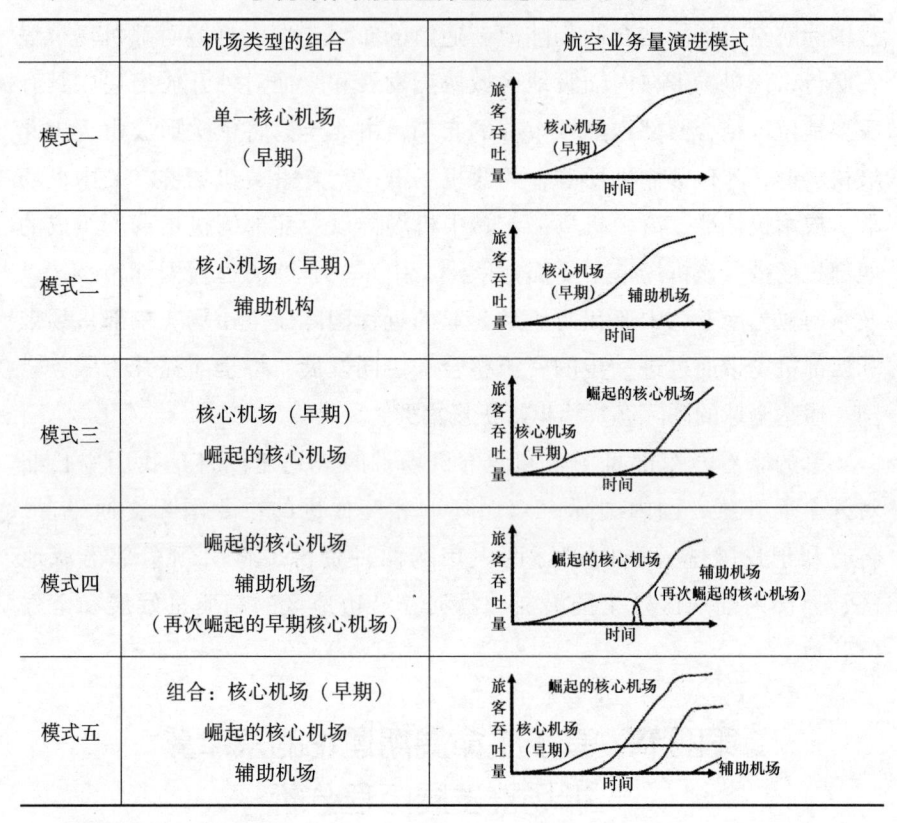

	机场类型的组合	航空业务量演进模式
模式一	单一核心机场（早期）	核心机场（早期）
模式二	核心机场（早期）辅助机构	核心机场（早期）／辅助机场
模式三	核心机场（早期）崛起的核心机场	崛起的核心机场／核心机场（早期）
模式四	崛起的核心机场辅助机场（再次崛起的早期核心机场）	崛起的核心机场／辅助机场（再次崛起的核心机场）
模式五	组合：核心机场（早期）崛起的核心机场辅助机场	崛起的核心机场／核心机场（早期）／辅助机场

资料来源：Philippe A. Bonnefoy, R. John Hansman, "MIT International Center for Air Transportation", Report No. ICAT-2008-02.

二　京津冀地区机场群生命周期的阶段划分

按照机场生命周期理论，机场群中的各个机场在其生命周期发展过程中具有不同的演变模式和发展路径，由此呈现出各自不同空间形态、不同发展阶段的生命周期特征。京津冀机场群同样具备形成、发展、成熟、稳定及衰亡等全过程的生命周期，回溯京津冀地区机场群的演进历程，其航空业务量发展具有自身的特有规律和增长曲线。根据京津冀机场群的演进规律和总体特征，其发展历程及其展望可分为以下不同的阶段。

（一）军民用机场混用阶段（1910—1949年）

京津冀地区近代航空业发端于清末民初时期的北京南苑机场，为中国民用航空业之先声。北京近代航空业发展历史悠久,自1910年清朝军谘府在北京南苑东部建成中国第一座机场——南苑机场开始,近代时期的北京地区先后建设了不同性质、不同规模的6个机场,南苑、西郊、张家湾等多个机场分布在北京城外围的不同方位。近代天津地区则先后建设有东局子、张贵庄、八里台等十多个机场,沿用至今的仅有天津张贵庄民用机场和武清杨村军用机场。从机场建设历程来看,京津冀地区的近代机场建设史可分为清末和北洋政府时期、南京国民政府时期、抗日战争时期及解放战争时期四个阶段。

1. 清末和北洋政府时期

1920年5月7日,北洋政府交通部筹办航空事宜处开辟我国第一条民用航线——京沪段京津航线,一架英制海得利·佩季式轰炸机改装的"京汉号"自北京南苑机场历时1小时飞抵天津佟楼英商赛马场,这次飞行成为中国最早开通的一条不定期民用航空线。后期为开辟航空工厂又修建了北京清河机场。1924年9月第二次直奉大战全面爆发,奉军航空队11月在直隶省天津县境内的东局子复兴庄修成天津地区第一个军用航空站,后期的东局子机场在主要服务于军事用途的同时,也兼顾了民用航空业的发展。

2. 南京国民政府时期

北伐战争期间,日本华北驻屯军、美国海军陆战队等外国驻津部队以保护侨民为名,为强化其快速反应作战能力,均不顾中方反对和权益而强行占地进行军用机场及其驻场军营的建设,并先后增派飞机队进驻天津。美军强行建设了塘沽新河军用机场,日军则先后建设了八里台军用机场以及特别三区军用机场。

3. 抗日战争时期

1937年卢沟桥事变后,侵华日军将天津作为增兵的主要基地,并占据天津西飞机场(八里台)、天津东飞机场(东局子)和天津北飞机场(北仓)三个军用机场,同期还扩建了石家庄大郭村机场。1939年3月11日,侵华日军为巩固其在华北的统治和打造西进南下的桥头堡,强令伪天津县公署强行征地14719亩修建当时华北地区规模最大的张贵庄军用机场,1942年全部修成。1938年3月25日至1940年11月7日,伪中华民国临时政府行政委员会建设总署结合西郊新市区的规划建设分二期新建北京西郊机场，该机场为军事航空基地兼伪中华航空公司基地；1941年3月下旬，伪华北政务委员会新建通州张家湾军用机场。

4. 解放战争时期

解放战争期间，国民党军队先后将石家庄中华大街抢修改建为临时机场（1947年），在北京临时抢修了以民用为主的东单机场和以军用为主的天坛机场（1949年），在天津佟楼抢建跑马厅机场（1949年），这些机场在石家庄、北京、天津解放后被废弃。1947年1月国民政府交通部民航局成立后，国民党空军将天津张贵庄机场等全国21个军用机场移交给民航，但北京西郊、南苑及张家湾三个军用机场无一移交。

京畿地区的近代民用航空业发展历史悠久，时至今日已历经百年，它开了我国近代民航业发展的先河，也完整地折射出我国近代航空业的发展历程及其特征。京畿地区近代民用航空业的兴衰及其起伏坎坷的机场建设历程是与近代中国战乱频繁的时局密不可分的，京畿地区近代的机场建设过程持续不断，机场建设数量多、分布广，且机场建设主体多元化，但机场设施设备相对简陋。近代京津两地基本上形成"一市多场"体系，但机场性质无军用、民用之明显区分，近代民用航空业无论运营规模、重视程度及建设投资都远逊于同期的军事航空业。由于频繁的战乱，近代京畿地区的机场建设基本上以服务于军事航空需求为主。受制于严峻时局和频繁战局的影响，依附军用机场开辟的民用航线时断时续。而军用机场建设始终在持续，不仅在战争前夕加快建设，战争期间也在临时抢建。

（二）民用机场各自发展阶段（1949—1977年）

1. 京津国际与国内机场分工阶段（1949—1958年）

新中国成立后，北京地区的西郊机场、南苑机场及张家湾机场三大机场均为军用机场。在中苏航空公司进驻北京西郊机场之后，该机场转为军民合用。这时期京津地区的民航运输业务主要使用天津张贵庄民用机场，该机场是1949年11月9日震惊中外的"两航"起义的见证地和发生地。1950年8月1日，新中国民航在天津张贵庄机场首次开辟了"天津—北京—汉口—重庆""天津—北京—汉口—广州"两条民用航线，史称"八一开航"，而后成立的中国人民航空公司也落户天津机场。天津机场为此被誉为"新中国民航摇篮"，先后进行了两次大规模的改扩建。

这时期的北京西郊军民合用机场由中苏航空公司经营国际航线，天津机场由人民航空公司经营国内航线。

2. 京津"一市一场"发展阶段（1958—1977年）

1958年3月2日，我国新建的第一个大型民用机场——北京首都机场正式投入使用，此前已将西郊机场正式移交给军方，至此京津两地形成了民用机场各自使用的"一市一场"格局，民航在京津冀地区主要使用天津张贵庄机场和北京首都机场。这时期由于航空运输业务主要集中于党政军机关的公务出行，航空市场的需求较小，机场数量少且运营规模较小。京津两地民用机场各自运行，京津机场间的关系并不密切，航空旅客少有跨区域进行异地乘机的，京津之间甚至一度还开通有对开的航线航班。这时期军方主导下的民用航空交通发展与京津两地城市空间发展也无明显的互动关联。

（三）机场群不均衡发展阶段（1978—2002年）

我国自1978年开始着手实施改革开放政策，并于1980年推动了民航脱离军队和民航企业化等系列改革，京津冀地区各个机场的航空市场潜力先后得以释放。1984—1995年，石家庄市临时借用了大郭村军民合用机场开启民航事业。随着1995年石家庄正定机场的建成开航，以全国最后一个建成的省会民用机场身份加入京津冀航空市场，京津冀核心机场群至此基本成型。改革开放初期由于市场重叠、功能定位不当等原因，京津冀机场群中的各个机场之间产生了不对等的竞争，主要机场与辅助机场之间运营规模的梯度差异显著。首都机场依托北京所处的全国政治、经济、文化中心地位而衍生出巨大的航空市场腹地，并配备有较为完备的软硬件设施条件，这使首都机场能以最快的速度聚集各种航空资源要素，从而迎来了改革开放初期航空业务量的高速增长阶段，并超过广州白云机场而成为全国年旅客吞吐量最大的机场。这时期天津机场年客运量长期徘徊在百万人次以内，石家庄正定机场年客运量则绝大部分时间未超过20万人次，津石两地机场的实际吞吐量长期滞后于设计容量，两地机场增长乏力。

（四）机场群快速发展阶段（2003—2019年）

在全国机场进行属地化改革的背景下，2002年天津机场反向归属于首都机场集团公司管辖，以航空为先导的京津冀交通一体化由此成为京津冀率先协同发展的领域之一。大规模扩建机场和出台市场激励政策的双重举措，使天津机场自 2003 年进入快速发展阶段。在前期经历了快速增长阶段之后，首都机场受制于已近极限的空域保障能力，其实际运量已接近设计容量。至此，首都机场已进入航空业务量缓慢增长的受限期。自 2005 年复航后的北京南苑机场也因地处供不应求的北京地区航空市场而进入了快速增长阶段。

北京大兴机场从选址、动工至建成投产之际的过渡阶段也是石家庄正定机场、天津滨海机场以及北京南苑机场快速发展的窗口期和首都机场低速增长的受限期。2013 年，由京津冀地区上述四大机场所构成的核心机场群的年旅客吞吐总量突破了 1 亿人次，其运营规模已进入世界级机场群之列。天津滨海机场的年旅客吞吐量首次突破千万人次，迈入了大型机场之列；石家庄正定机场的年旅客吞吐量则突破 500 万人次。这时期从运营规模来看，京津石三地机场分别进入了特大型机场、大型机场和中型机场之列，自此京津冀三大机场进入差异化发展阶段。此后天津滨海机场由总量偏小的快速增长阶段进入了基数大且增长快的新阶段，年旅客吞吐量 2017 年突破 2000 万人次，基本实现"北方国际航空物流中心和区域枢纽机场"的建设目标；而石家庄正定机场当年突破 1000 万人次，基本实现"华北地区的航空大众化试点枢纽"的定位目标。2018 年 12 月 28 日，首都机场年旅客吞吐量突破 1 亿人次，由此成为继亚特兰大机场之后的全球第二个年旅客吞吐量突破亿人次的世界级国际枢纽机场。总的来看，主要机场的低速增长和辅助机场的快速增长使京津冀机场群的运营结构得以进一步优化，机场群的预测业务总量与其设计总容量较为匹配。随着京津冀协同发展战略的落实和航空市场运营规模的扩大，这时期的京津冀机场群逐渐成为分工协作、设施齐备、交通便捷的多机场体系。

（五）机场群运营结构优化阶段（2020—2025 年）

随着 2019 年 9 月 25 日超大设计规模的北京大兴机场投入使用，京津冀机场群由以单一国际枢纽为核心跨越进入了以北京双国际枢纽机场为核心的多机场体系新阶段。北京大兴机场一期工程 70 万平方米的航站楼可满足 2025 年 7200 万人次的市场需求；首都机场三个航站楼的总建筑面积达 141.72 万平方米，通过提升跑道能力和空域容量以及地面资源补充，其整体运行保障能力可满足1.06亿人次/年；天津机场现有两座航站楼的总建筑面积为36.4万平方米，可满足3000万人次以上的年需求量；石家庄正定机场两座航站楼则可满足2000万人次的年旅客需求量。至此由京津冀"三地四场"所构成的核心机场群的年旅客设计总量已经超过2亿人次，而2019年京津冀地区的实际航空旅客总量也仅为1.47亿人次。由于其设计容量远远超过实际的旅客吞吐量，这时期整个京津冀核心机场群的供远大于求，成为世界上设施规模及其设计容量最大的机场群之一。

由于年运营规模不足千万人次的南苑机场的停运与超大设计规模的北京大兴机场的启用无法实现运营规模层面的替代性交接，北京大兴机场的启用对京津冀地区其他机场的航空市场发展产生较大影响。加之新冠肺炎疫情所带来的全球航空业重创，京津冀地区机场群由此进入了总体运营规模大幅度下滑的拐点。预计在运营恢复期的后期，"轨道上的京津冀机场群"基本建成，京津冀机场群在空间范畴上极大地拓展了航空服务圈，可采取"空空中转"和"陆空中转"两种模式吸纳中转航空客货源。其中"陆空中转"模式是依托发达的高速铁路网、城际铁路网及高速公路网吸引京津冀地区以外的航空业务量；"空空中转"模式包括国内干支线中转、国际转国际以及国际转国内三种类型的中转模式，重点吸纳经日本东京成田、大阪关西以及韩国仁川机场中转而流失的国际或国内客货源，最终促使这些客货源的反向流入。加上京畿航空市场存在着2021年北京环球影城主题公园开放、2022年举办北京冬奥会等多方面的诱增性因素，京津冀航空市场总体上在"十四五"中期将超过2019年的总体运营规模。总体而言，这一阶段的首都机场因主要基地航空公司的转场分流而导致客货运量大幅度下降，其发展阶段将由受限期重新转为结构优化期；北京大兴机场的直接虹吸作用会导致石家庄正定机场客货运量显著流失而进入相对衰退期；天津机场则因自身航空市场的成熟而使增速相对减缓，由此进入平稳增长期；发展基数低的北京大兴机场则进入快速增长期。

（六）机场群协同发展成熟阶段（2026年以后）

预计京津冀地区机场群经过磨合阶段后，进入相对稳定的成熟运营阶段，这时期的京津冀地区所有机场的建设已经基本完成，京津冀机场群空间布局结构、等级层次结构和运营规模结构得以显著优化提升。京津冀地区空域结构也将进行重大改革，充分释放出巨大的航空业务量增长潜能，以建设世界级机场群为目标的京津冀机场群协同发展的条件和时机已经成熟。总体而言，这时期京津冀机场群将进入高质量发展阶段和机场间强相互作用阶段，北京首都机场与北京大兴机场形成了真正意义上的双国际枢纽体系，京津冀机场群在规划建设、管理体制、多式联运和运营模式等诸多方面发挥出全国的先导作用和样板作用，并打造成为服务全国、辐射全球的世界级机场群之一（见图4—6）。

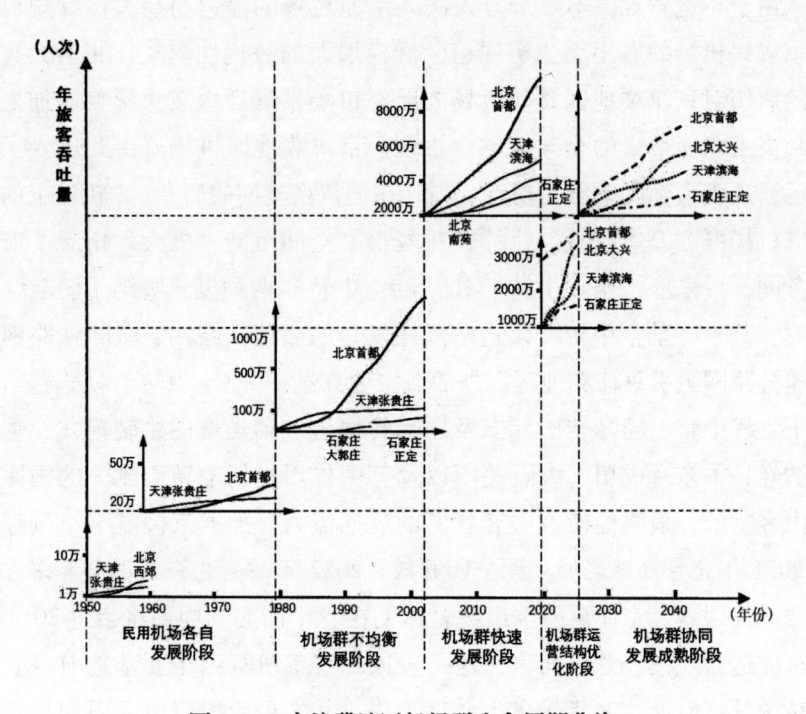

图4—6 京津冀地区机场群生命周期曲线

资料来源：笔者自绘。

京津冀机场群进入成熟阶段并建成世界级机场群的主要表征：（1）区域航空业务总量稳定增长，机场群的设施规模水平和运营规模结构位居世界机场群前列。（2）机场群中的各机场之间供需相对平衡，保障航空业务功能划分均衡，形成了布局均衡、分工合理、功能完善、等级分明、全球领先的国际客货枢纽机场体系。（3）机场群为京津冀世界级城市群承担着国际交通功能和首都交通功能，并具有国际民航竞争力和全球航空通达性。北京首都机场和北京大兴机场共同打造与北京"四个中心"城市定位相匹配的大型国际航空枢纽，国际旅客量的中转比例合计达到30%以上。(4) 以城际铁路为主体的京津冀机场群地面综合交通体系初步实现了"轨道上的京津冀机场群"目标，有效地拓展了京津冀机场群的航空服务辐射范围，可方便满足京津冀以外地区航空旅客进出京津冀机场群的集疏运交通需求。

第五节　京津冀机场群的发展现状和国家战略价值分析

一　京津冀地区运输机场布局发展现状

本书所研究的京津冀机场群是特指在京津冀行政区划内，以北京首都机场、北京大兴机场为国际枢纽，以天津滨海机场和石家庄正定机场为区域枢纽，以秦皇岛北戴河机场、邯郸马头机场、张家口宁远机场、唐山三女河机场、承德普宁机场和邢台褡裢机场等支线机场为补充的区域机场体系。京津冀核心机场群是特指以北京首都机场、北京大兴机场为国际枢纽，以天津滨海机场和石家庄正定机场为区域枢纽所构成的京津冀核心区内的"三地四场"枢纽机场群。京津冀核心机场群均已衔接区域高速铁路网、城际铁路网及城市轨道交通网。当前京津冀地区的机场群规划建设已经基本成型，现有9个民用机场或军民合用机场的等级结构可分为国际枢纽、区域枢纽和国内支线三个层次，其中北京首都机场和北京大兴机场为国际枢纽机场，天津滨海机场和石家庄正定机场为区域枢纽机场，秦皇岛北戴河机场、承德普宁机场、张家口宁远机场等其他机场为国内支线机场。

京津冀机场群的总体运营规模较大。至2019年年底，京津冀机场群完成旅客吞吐量14665.6万人次，完成货邮吞吐量226.0万吨。仅北京地区（包括首都机场和南苑机场）便占全国年航空旅客吞吐量（13.6亿人次）的1/10，其中首都机场年旅客吞吐量达1亿人次，排名位居世界第二；天津滨海机场年旅客吞吐量突破2300万人次，国内排名第19位（见表4—7）。

表4—7　　京津冀地区各机场设计容量和实际容量的比较

机场性质	飞行区等级	跑道数量及尺寸（米）	可保障最大机型	航站楼建筑面积（平方米）	2019年实际/设计旅客吞吐量（万人次）	机场用地面积（亩）
北京首都机场 民用	4E	3200×50 3800×45 3800×45	A380	140万	10001.36/11000	34500
北京大兴机场 民用	4E	3400×60 3800×60（2） 3800×45	A380	70万	313.51/4500	44100
天津滨海机场 民用	4E	3600×45 3200×45	A380	36万	2381.33/7000（终端）	16035
石家庄正定机场 民用	4E	3400×45	A380	5.5万+15.4万	1192.28/2000（远期）	4076
秦皇岛北戴河机场 民用	4C	2600×45	B757	1.06万	50.65/50	2194
唐山三女河机场 军民合用	4C	2700×50	B737	0.6187万	50.52/100	民航站坪3.2万平方米
邯郸马头机场 民用	4C	2200×45	B737、A320	2万	97.07/300	2000
张家口宁远机场 军民合用	4D	3000×45	B738、B73G	0.54万+1.4万	30.40/100	改扩建征地786亩
承德普宁机场 民用	4C	2800×45	B737、A320	0.5万	42.44/45	230.7553
邢台褡裢机场 军民合用	4C	2600×50	B737、A320	1.1万	—/45	2812.5亩（军航2445.5亩，新征367亩）

资料来源：笔者整理。

随着我国机场数量的逐渐增长，进出首都北京的国内通航城市数量及旅客吞吐量的增长潜力巨大。与公路和铁路所构筑的以北京为中心的首都放射线不同，当前国内所有具备通航条件的机场均可开通进出北京的直达航线。北京航空枢纽虚化了国内城市行政等级的划分，国内拥有机场的各级城市原则上都能够实现与首都北京之间快速而直达的通航，所涉及的城市行政等级涵盖县级、地级、副省级、省级以及直辖市等诸多层级，这也预示着北京航空枢纽在国内航空旅客吞吐量方面具备持续增长的潜力。

二 京津冀机场群高质量发展过程中面临的问题

当前京津冀机场群在机场建设、运营规模、管理体制和协同发展等诸多方面已经取得了显著成绩和长足进步，但从更好地服务于国家发展战略及建设"民航强国"等战略目标来看，迈向高质量发展路径的京津冀机场群尚有待进行补强、提质和增效。

（一）京津冀核心机场群的设计容量远高于实际流量

目前，京津冀地区各大机场正处于新一轮建设高潮之中，北京首都机场、天津滨海机场、石家庄正定机场、秦皇岛北戴河机场正在进行或已完成了规模不等的扩建工程。而从航空业务总量的预测来看，京津冀地区现有机场设施容量将能满足2035年以后区域航空市场的趋势航空业务量需求；从中长期来看，北京双枢纽的设计容量仍将继续显著提升，北京大兴机场计划2025年达到7500万人次，预计2040年超过1亿人次。2019年版的《北京首都国际机场总体规划》预测首都机场年旅客吞吐量终端设计容量将达到1.3亿—1.4亿人次，由此双枢纽的设计年旅客吞吐量将达到2.5亿人次以上，继续在全国民用机场中占据首要地位。相比而言，天津滨海机场、石家庄正定机场的设计能力利用率仅分别为35%、25%。京津冀核心机场群的设计容量过剩将使北京双枢纽机场转型升级的步伐受到限制。预计北京两大机场将大力推动航空业务总量强劲反弹增长，这一增长势头将加剧津冀地区周边城市客货源的向心流动。虽然天津滨海机场正逐步摆脱其航空客货源流向首都机场的现象，但石家庄正定机场的客货源仍将严重流失，预计石家庄地区60%以上的航空旅客将流向北京双枢纽机场。

总体而言，京津冀地区现有的机场体系设计容量已经能够满足该地区近期或中期内的航空业务量增长的需求，京津冀机场群需要加强分工合作、优势互补，着眼于在京津冀地区以外全面拓展航空客货源市场，依托京津冀地区以外的转移航空业务量和诱增航空业务量的增长进行弥补，以共同提升京津冀航空业务总量和优化升级京津冀航空运输结构。

（二）京津冀主要城市定位和机场定位存在偏离

机场的功能定位通常应与所在城市的城市定位相匹配，机场定位有利于推动城市定位的实现，而城市定位对机场定位则有着决定性的影响。对于城市群来说，区域内的机场群定位也是关系到区域城市群发展目标能否实现的关键性特征指标之一。与京津冀城市群建设世界级城市群的总体目标、京津两地的各自城市定位相比，北京首都机场、天津滨海机场的机场定位尚与城市定位不相适应，尚存在与其不对应的机场功能部分以及功能重叠部分。目前北京两大国际枢纽机场的功能定位及其发展战略在行业政府和地方政府层面有待进一步优化磨合，以更有效地服务于"一带一路"倡议、京津冀建设世界级城市群和北京建设"四个中心"目标的实现。从服务于京津冀协同发展中的天津"一基地三区"的城市定位来看，应提升天津机场的功能定位和作用，天津机场不应再局限于"中国北方国际航空货运中心"的定位，应与天津的"金融创新运营示范区""北方国际航运核心区"城市定位对应，发展成为区域性的国际航空客货运枢纽。

（三）京津冀机场群服务于"一带一路"倡议的国际枢纽节点作用不充分

从全球视野来看，京津冀机场群离世界级机场群尚有不少差距，在"一带一路"倡议中远未充分发挥其作为国际交通中心的支撑作用。尽管2018年我国已与62个共建"一带一路"合作国家和地区签署了双边航空协定，但仅与其中的43个实现了直航；2019年中方航空公司开通非洲的国际航线仅9条，这与中国和非洲国家进出口总额高达2068.32亿美元的庞大经贸需求是不相称的。而以首都北京为核心的京津冀机场群与共建"一带一路"合作国家直接通航的数量更是严重不足，如首都机场与非洲国家直航的城市仅有3个，与南太平洋岛国地区仅通航至塞班岛（美属），与拉丁美洲则没有直航城市。显然，京津冀机场群尚需加强对"一带一路"倡议的支撑力度，加快打造以北京双枢纽为核心的"新时代的空中丝绸之路",推动北京首都机场和大兴机场共同发展成为中国连接世界的"第一国门"和世界感知中国的"第一窗口",由此发挥京津冀国际航空业的交通引领作用。

(四) 京津冀核心区的区域机场功能缺失

目前在京津冀地区区域机场体系中尚存在部分机场功能缺失的现象。首先是国际转国际这一国际枢纽标志性功能的严重滞后以及国际与国内间中转功能的流失,该功能的不足导致我国的机场正一定程度上沦为韩国仁川、日本东京成田、大阪关西以及新加坡樟宜机场等周边国家航空枢纽的客货喂给港,大量的国际或国内客货源因在周边国家机场中转而流失。其次在专业化服务方面,京津冀地区缺乏低成本航空公司、旅游或商务包机航空公司基地的进驻,而北京两大国际航空枢纽不少专业化的航空运输功能也有所欠缺,如成规模的低成本航空、通用航空、旅游包机等。再次在国际航空展览业方面,京津冀地区无可供参展飞机举行飞行表演的航展机场。最后在货运方面,京畿地区的机场尚无 DHL、FedEx 等国际航空货运或快递业巨头的区域性货运基地进驻。

从建设世界级城市群的目标来看,京津冀国际航空交通系统应形成层次分明、分工合作的等级结构体系和功能结构体系,首都北京的国际航空交通功能应与北京建设"四个中心"城市定位需求相匹配。从机场分工定位和区域机场功能分析的角度来看,应以北京两大国际枢纽为核心,对京津冀机场群既有的功能部分进行整合和优化,从服务空间范畴和航线分布、商业性和专业化、客货分离、始发终到和中转等方面进行各机场的分工合作,完善京津冀机场群中的专业化功能,重点弥补区域机场体系中的机场功能缺失部分,最终形成完整的京津冀机场功能体系和等级规模体系。

(五) 北京双枢纽的国际枢纽竞争力偏弱

我国目前开辟的国际及港澳台地区定期航线或不定期包机航线的空运口岸共有 73 个,且全部都是一类口岸,数量众多、广泛分布的航空口岸格局稀释了我国北上广三大国际航空枢纽的作用,也为日本东京成田、韩国首尔仁川等国外周边地区的航空枢纽提供了大量输送型的喂给航线。由于这两大机场中转服务便利,我国国际中转旅客流失明显。如 2019 年日本东京两个机场开通中国直航点超过 30 个,韩国首尔仁川机场也开通了近20个直航点，以致每年中国—北美的旅客有30%左右通过这两大机场中转。这些通航点成为北京双枢纽在竞争东北亚地区国际航空枢纽和吸引国际中转旅客过程中的痛点，这一现象出现的主要原因可归咎于首都机场国际转国际枢纽功能的缺失和国际与国内中转功能的弱化。另外，尽管中国国际航线的年旅客吞吐量于2016年首次突破了1亿人次，但京津冀地区航空客运中的国际旅客比重偏低，尤其是被誉为"第一国门"的北京首都机场口岸2018年的外国人入境数量为715万人次，其增幅和总量远低于中国人同期进出境的增幅和总量，而全球城市每年接待国外游客量通常在1000万人次以上。

（六）北京双枢纽国际机场建设世界级航空枢纽的进程相对缓慢

国内转国际和国际转国际功能可反映其作为整个国家的国内外衔接腹地的性质，始发终到的国际旅客吞吐量规模也可直接反映其国际交往中心的地位。但当前北京双枢纽机场的国际旅客中转比例和运营规模偏低，北京地区仅是全国航空交通中心，而不是全球性的国际航空枢纽。目前首都机场的旅客中转比例不到10%，而国际公认指标要求达到30%以上。2019年，北京市累计接待入境游客376.9万人次，下降5.9%；接待外国人入境旅游人数320.7万人次，下降5.6%，占接待入境游客总数的85.1%；接待中国港澳台游客56.2万人次，下降7.3%。与世界主要航空枢纽相比，在北京地区出入境的国际旅客比重严重偏低。如伦敦希斯罗机场2019年旅客吞吐量为8090万人次，其中短程、远程国际旅客所占比例高达85%左右，在机场运营的82家航空公司开通的定期航线通达了86个国家的206个目的地。而首都机场同期运营的93家航空公司通达了65个国家和地区的294个航点，其中国际航点仅为133个，与伦敦希斯罗机场为伦敦全球城市所提供的全球化航空服务标准相比尚有明显的差距。伦敦地区的国际旅客吞吐量规模和国际航空航线的通达性是伦敦作为全球金融中心城市的直接参照，也反映出伦敦作为全球主要商业中心、文化中心和旅游中心的地位。北京国际交通中心功能建设滞后不利于服务于"一带一路"倡议和建设国际交往中心的城市定位，北京双枢纽亟待增加国际通航城市数量以及提高国际旅客量在机场旅客吞吐量中的比例。

北京首都机场2019年旅客吞吐量达1亿人次，成为仅次于美国亚特兰大机场的世界第二大机场。从旅客构成的角度来看，首都机场现行的发展模式与亚特兰大机场模式类似，其运输总量主要由国内航空旅客量支撑。北京地区仅2019年集中了我国9.69%的航空旅客吞吐量和15.2%的航空货邮吞吐量，其中国内转国内的航空业务量占据较大比例。从首都交通功能分析来看，涉及国内支线直达或中转的航空交通业务普遍属于非首都交通功能范畴，依据庞大的国内人口基数以及上规模的国内中转业务，推动北京双枢纽实现设计容量和运营规模排名世界第一的目标并不是京津冀民航高质量发展的必由路径。

（七）北京地区的航空交通过度集中，存在"灰犀牛"和"黑天鹅"风险

无论是从预期的大事件来看，还是从非常态应急交通处置以及战备交通组织来看，疏解北京非首都航空交通功能都势在必行。2019年，北上广三地的航空旅客吞吐量占我国境内航空旅客吞吐量比重的22.4%。由于航班过于集中在这些地区的机场，这些地区航空市场波动对全国航空运输市场及空域运行都有很大影响。一旦出现天气等非正常情况或紧急事态，容易引起波及全国性的航班延误，甚至可能导致全国性的大面积航空交通瘫痪。为避免因首都地区交通过度集中而隐含的大概率"灰犀牛"式风险和小概率"黑天鹅"式风险，应加强京津冀各铁路枢纽站、"三地四场"机场群的衔接匹配和协同发展，以保障区域高铁、机场之间的车次、航班的可换乘性和可替代性。

三　京津冀机场群的价值分析

（一）京津冀机场群应在"一带一路"倡议中发挥"国之重器"的作用

管理京津冀机场群的首都机场集团公司需要积极发挥其在共建"一带一路"合作国家中的枢纽作用，强化机场集团的对外输出管理能力。推动以京津冀机场群为龙头的中国机场业成为推进"一带一路"倡议的重要抓手之一，显著提升中国机场业在"一带一路"建设中的重要作用。同时也有利于构筑以北京双枢纽为核心的亚太地区国际航空中心，加快建设京津冀世界级机场群的步伐，从而为京津冀建设以首都为核心的世界级城市群提供有力支撑。

（二）京津冀机场群应成为国家经济发展的新支点

京津冀机场群不仅需要满足国内外航空市场的需求，更需要顺应我国在国际经济发展领域的新需求。在"一带一路"建设中，京津冀机场群及其主要基地航空公司可共同打造辐射全球五大洲主要国家首都和重要经济城市的"空中丝绸之路国际经济走廊"，重点拓展中国与非洲、南美洲等空向腹地之间的经济联系，从而弥补现有"一带一路"建设中我国与欧亚非之间区域经济互联互通的不足，促进共建"一带一路"合作国家经济的发展，并奠定京津冀机场群在"空中丝绸之路国际经济走廊"中的重要地位。

（三）京津冀机场群应成为交通一体化的先行者

在京津冀协同发展的大背景下，京津冀交通一体化将率先突破，京津冀机场群更有必要成为交通一体化协同发展的先行者，尤其是北京大兴机场的规划建设应成为践行京津冀交通一体化协同发展的样板工程。一方面可带动京津冀地区交通结构的优化升级，将单中心、放射状的陆路交通结构转型为过境中转交通流和始发终到交通流相对分离的多中心、网络化陆路交通结构，并将京津冀地区民用航线网打造为立足国内、面向全球的中枢辐射型航线网络结构；另一方面，以北京大兴机场的投运为契机，形成以高速铁路、城际铁路以及城市轨道交通为骨干的京津冀机场群集疏运交通体系，以有效促进机场群服务范围的向外扩展，推动京津冀机场群一体化发展的全面融合。

（四）京津冀机场群应成为民航制度创新的试点

在经济新常态的背景下，京津冀地区的航空业务总量将长时间进入平稳增长时期。为培育加快京津冀机场群发展的动力机制，需要加强推动京津冀地区民航发展的顶层设计，实现民航在管理体制和运行机制等诸多领域的制度创新。如在空域和机场规划方面，实现京津冀地区空域结构优化和军民用机场的协同布局；在机场管理体制和运行机制方面，建立由首都机场集团公司统筹管理京津冀地区所有民用机场的体制机制，并建立京津冀机场群的协同决策机制（CDM）系统，设立军民航联合管制指挥下的北京地区终端管制区的运行机制；在临空经济方面，结合中国（天津/河北/北京）自由贸易试验区的先后建立，可积极探索设立以北京首都机场、北京大兴机场、天津滨海机场及石家庄正定机场"三地四场"为核心的中国（京津冀）空港型自由贸易试验区，出台航权开放、航空金融租赁、一体化通关、服务贸易和流程简化等系列政策。

第六节 建设京津冀世界级机场群的发展战略思路

一 服务于京津冀协同发展战略下的京津冀世界级机场群建设背景

（一）京津冀民航协同发展战略

2015年4月，中央政治局会议审议正式通过了《京津冀协同发展规划纲要》；同年12月，国家发改委和交通运输部联合发布《京津冀协同发展交通一体化规划》。京津冀民航一体化发展启动得更早，2014年12月，民航局便出台了《民航局关于推进京津冀民航协同发展的意见》，同年京津冀三地民航部门签署《京津冀三地机场协同发展战略合作框架协议》；2015年5月，河北省国资委与首都机场集团公司签订协议，河北机场集团正式纳入首都机场集团公司管理，同年民航局又下发了《关于印发京津冀机场航线航班网络优化实施办法的通知》；2016年4月，民航局再次印发《关于开展京津冀区域机场综合交通枢纽发展规划编制工作的通知》。从协同发展时序来看，京津冀民航协同发展无论在机场管理体制、政策制度，还是航线航班协同运行等方面都起着交通引领的作用。

（二）京津冀机场群建设世界级机场群目标的提出

在京津冀协同发展战略提出建设以首都为核心的世界级城市群总体目标的背景下，民航局也相应提出了京津冀建设世界级机场群的目标。2016年5月，民航局颁布的《关于进一步深化民航改革工作的意见》明确提出，以北京、上海、广州等大型国际枢纽为核心整合区域机场资源，实现区域机场群一体化发展，服务国家打造京津冀、长三角和珠三角等世界级城市群，建设三大世界级机场群。这既要北京两大枢纽机场服务于北京的首都功能（即北京"全国政治中心、文化中心、国际交往中心和科技创新中心"城市定位所涵盖的功能），也要京津冀机场群满足于京津冀建设世界级城市群的需求。2017年3月，国家发改委和民航局颁布的《全国民用运输机场布局规划》又提出了我国2025年将建成3大世界级机场群以及10个国际枢纽、29个区域枢纽的总体布局目标。2020年民航局发布的《京津冀地区首都机场集团所属机场"差异化发展、一体化管理"实施意见》提出建设"双核两翼多节点"京津冀机场体系，即以北京首都机场和北京大兴机场为核心，建设具备全球辐射能力的大型国际航空枢纽；以天津滨海机场和石家庄正定机场为两翼，建设辐射京津冀特定国际市场区域、满足本地市场需求为主，补充核心机场特定航空功能的区域枢纽；以非枢纽机场和通用机场为重要节点，满足服务本地民航基础性运输需求和通航公共服务需求。由此看来，以首都为核心的京津冀机场群在全国民用机场布局体系中占据战略核心地位，尽管其运营总体规模仅位居全国第三（见表4—8）。

表4—8 京津冀机场群在全国民用机场布局和运营体系中的发展定位

序号	规划文本	枢纽机场分类	机场群
1	《关于加强国家公共航空运输体系建设的若干意见》（2008年）	3个门户复合枢纽（北京首都、上海浦东和广州白云）	—
2	《全国民用机场布局规划》（2008年）	3个国际枢纽（北京、上海浦东、广州）；2个门户枢纽（乌鲁木齐、昆明）；7个区域枢纽（天津、沈阳、成都、重庆、武汉、郑州、西安）	五大区域机场群（北方、西北、西南、中南、华东）
3	《国务院关于促进民航业发展的若干意见》（2012年）	3个大型国际航空枢纽（北京、上海、广州）；2个门户机场（昆明、乌鲁木齐）；8个区域性枢纽（沈阳、杭州、郑州、武汉、长沙、成都、重庆、西安）	三大临空产业集聚区（珠三角、长三角、京津冀）

续表

序号	规划文本	枢纽机场分类	机场群
4	《全国民用运输机场布局规划》（2017年）	3个大型国际枢纽（北京、上海、广州）	10个国际枢纽（北京、上海、广州、哈尔滨、深圳、昆明、成都、重庆、乌鲁木齐、西安）；29个区域枢纽	六大区域机场群（华北、东北、西北、西南、中南、华东）；三大世界级机场群（珠三角、长三角、京津冀）
5	《国际航权资源配置与使用管理办法》（2018年）	3个大型国际枢纽（北京、上海、广州）	7个国际枢纽（成都、昆明、深圳、重庆、西安、乌鲁木齐、哈尔滨）；28个区域枢纽	—
6	《新时代民航强国建设行动纲要》（2018年）	北京、上海、广州机场国际枢纽	成都、昆明、深圳、重庆、西安、乌鲁木齐、哈尔滨等国际航空枢纽；若干国际航空货运枢纽	京津冀、长三角、粤港澳大湾区、成渝等世界级机场群
7	《国家综合立体交通网规划纲要》（2021年）	北京、上海、广州、成都、昆明、深圳、重庆、西安、乌鲁木齐、哈尔滨等国际航空枢纽	郑州、天津、合肥、鄂州等国际航空货运枢纽	京津冀、长三角、粤港澳大湾区、成渝地区双城经济圈4大国际性综合交通枢纽集群

资料来源：笔者整理。

（三）以北京双枢纽为核心的京津冀航空交通需求分析

当前中国民航局提出了京津冀机场群建设世界级机场群的战略任务，除了服务于建设交通强国和民航强国这两大交通行业性的总体目标之外，以北京双枢纽为核心的京津冀机场群同时还需要服务于"一带一路"倡议、京津冀协同发展战略以及北京"四个中心"城市定位，即满足于国际、区域、城市三个层面的航空交通需求。

在顺应当今世界政治多元化和经济全球化趋势的大背景下，作为"国之重器"，京津冀机场群应立足于国家经济发展的需要，打造服务于"一带一路"倡议的平台，加快实现北京双枢纽与共建"一带一路"合作国家的互联互通，充分发挥其支撑作用。加快建设以北京双枢纽为核心的京津冀国际枢纽机场体系，构建服务全国、辐射全球的骨干航线网络结构，打造以首都北京为核心的"新时代的空中丝绸之路"，以提升我国在全球综合服务功能领域的重要作用。

以疏解北京非首都功能为核心任务的京津冀协同发展战略要求发挥交通疏解的引领作用和先行作用，以带动北京地区医疗、教育、物流批发等非首都功能的疏解。显然，疏解非首都交通功能是引导北京非首都功能疏解的前提条件。从航空交通角度来看，京津冀机场群要服务于京津冀建设以首都为核心的世界级城市群的需求，为其提供世界级的航空交通基础平台。为此积极疏解非首都航空交通功能将是以北京双枢纽为核心的京津冀机场群建设世界级机场群的根本任务，而北京双枢纽服务于京津冀协同发展的目标则是打造具有引领性的国家新的动力源，并成为推动京津冀地区社会经济高质量发展的示范窗口。

北京两大国际枢纽机场既要为北京"四个中心"的城市定位提供基础保障条件，也要协助北京做好首都工作：为中央党政军领导机关工作服务、为国家国际交往服务、为科技和教育发展服务以及为改善人民群众生活服务。显然，双枢纽机场体系将为北京实现"四个中心"的城市定位和履行"四个服务"基本职责奠定有力的首都交通基础，并适时疏解非首都交通功能。

二 京津冀机场群协同发展的基本原则

京津冀建设世界级机场群应遵循的基本原则：（1）服务全国、辐射全球。充分发挥京津冀机场群"国之重器"的作用，在践行国家战略和提升国际影响力及竞争力方面承担战略性的交通枢纽平台作用。（2）空地联动、互联互通。要加快实现京津冀空域一体化和地面交通一体化，推动区域内机场群内部互联互通。（3）内外兼顾、客货并举。既要突出显示国际民航运输的优势，强化国际交往功能和国家门户枢纽功能，同时航空客运业和航空货运业也要齐头并进，并在国际航空市场占据应有地位。(4) 合作共赢、协力共进。积极推动区域内各机场之间开展广泛合作，形成优势互补、精进发展的集群化合力。(5) 创新驱动、率先发展。大力提倡机场领域的制度创新、技术创新、管理创新和服务创新，力求在机场领域产生独特的国际竞争力和影响力。

三 京津冀机场群协同发展的总体目标

京津冀地区是我国构建现代化高质量国家综合立体交通网的重点区域，航空交通方式是支撑《国家综合立体交通网规划纲要》所提出的"全国123出行交通圈"和"全球123快货物流圈"发展目标的主要对外交通方式。京津冀机场群协同发展的总体目标不仅是服务于京津冀建设"以首都为核心的世界级城市群"和北京建设"四个中心"的战略目标，更应在"一带一路"倡议中充分发挥其作为国际交通中心的核心动力源作用和国际枢纽节点作用。

京津冀机场群协同发展的总体目标：以北京首都机场、北京大兴机场、天津滨海机场以及石家庄正定机场四大枢纽机场为核心，并强化北京两大国际枢纽在构建国际交通体系中的骨干支柱作用，共同形成"对外交通和对内交通并举、国内枢纽和国际枢纽两大职能兼具"的复合型功能的国际航空枢纽集群，协力构建具有"国之重器"作用的世界级机场群，共同打造形成服务全国、辐射全球、功能完善、分工协作的国际航空交通体系，支撑以首都为核心的京津冀地区构建具有全球资源配置能力的国际枢纽城市群和建设世界级城市群。

(一) 构建以"三地四场"为核心的京津冀地区运输机场体系

京津冀地区将打造以北京首都、大兴两大国际航空枢纽为核心，天津滨海、石家庄正定两大区域航空枢纽为支撑，以秦皇岛北戴河、邯郸马头、唐山三女河、张家口宁远、承德普宁、邢台褡裢以及规划中的沧州、康保、丰宁中小机场为补充的"2+2+9"运输机场体系。协力共建多层级、多功能的"两主两辅"的核心机场群，全面构建航线网络通达全球、综合服务配套齐全的世界级机场群，共同打造结构合理、布局均衡、功能完善、分工协作、绿色智慧的京津冀区域机场体系，并构建服务全国、辐射全球的国际航空交通网络，形成辐射北方地区的高效、安全、智慧、绿色的京津冀区域机场综合地面交通体系。从而为民航强国战略目标的实施提供基础保障，也为京津冀建设以首都为核心的世界级城市群提供有力支撑，同时将更好地发挥其在"一带一路"倡议中的枢纽节点作用。

（二）打造以北京双枢纽为主体的京津冀机场群国际航空交通体系

从地缘政治和国际经济以及提升国家软实力的角度来考虑，基于促成北京成为全球主要的国际交通门户和国际交通枢纽的目标，京津冀机场群及其航空网络体系应立足全国、面向全球，重点形成四大层次的航空交通圈。一是1—2小时面向东北亚地区的国际近程航空交通圈，即服务于首都北京与东北亚地区主要城市之间的航空联系；二是2—4小时的国内干线航空交通圈，即首都北京与全国主要城市群及中心城市之间的航空联系；三是4—6小时面向亚太地区的国际远程航空交通圈，即服务于首都北京与亚洲地区主要城市之间的航空联系；四是24小时面向全球五大洲的洲际航空交通圈，即首都北京与全球五大洲主要国家主要城市之间实现"全球一日达"的洲际航空交通目标。这将有利于显著提升国家软实力和影响力，也有助于北京实现"四个中心"的城市定位。

从服务于"一带一路"倡议和提升我国在全球产业链、供应链和价值链中的地位角度出发，全面构建功能齐全、分工协作、国内通达、全球可达的京津冀货运枢纽机场体系，整体打造服务全国、辐射全球的空中货运航线网络，重点打造以北京双枢纽为主平台、服务于"买全球、卖全球"目标的"新时代的空中丝绸之路"。建立全货机运输为主、散航运输为辅的国际货运航线网络，构建4小时通达全国和国际近程地区、24小时可达全球主要国际远程地区的航空快递时空通达圈。

（三）构筑以轨道交通方式为主的京津冀机场群地面综合交通体系

为了强化京津冀机场群的一体化运营服务，可依托京津冀交通一体化，打造"轨道上的京津冀"这一核心目标，顺势打造"轨道上的京津冀核心机场群"①。即通过京津冀地区密集的高速铁路、城际铁路、市郊铁路和城市轨道所构成的四层轨道交通网络，推动京津冀地区主要的民用机场至少衔接有两种技术制式以上的轨道交通线路和两条以上的高速公路或快速路，从而实现"双轨双路、互联互通"的通达目标，形成京

---

① 笔者在2016年主持"京津冀区域机场综合交通枢纽发展规划"项目时最早提出的说法。

津冀地区主要机场与主要城市之间0.5—2.0小时的地面交通圈，最终为京津冀建设世界级机场群提供地面交通保障服务。

与京津冀核心区的机场群总体目标对应，京津冀区域机场体系在地面交通发展战略布局上考虑与高速铁路、城际铁路、城市轨道线、机场轨道专线以及市郊线的衔接，以满足空铁联运的需求，构筑以北京首都机场、北京大兴机场及天津滨海机场为中心的京津冀地区三个层次的地面交通时空通达圈。第一，京津冀三地城市中心与各自所在机场之间0.5小时的地面交通圈，主要由城际铁路网、高速公路网、城市轨道交通网以及机场专用轨道线所组成，即半小时左右可通达北京、天津、雄安新区、保定、廊坊、承德及唐山等直接腹地，并实现京津冀核心机场群之间1小时的互联互通；第二，京津冀城市群内各城市与机场之间1小时的地面交通圈，主要由京津冀地区的城际铁路网、高速公路网所组成，在1小时左右可通达石家庄、沧州、张家口、秦皇岛及衡水等间接腹地；第三，京津冀以外的2小时高速铁路交通圈，借助于高速铁路网，可在2小时左右建立京津冀以外的地区与京津冀核心机场群之间的地面交通联系。另外，京津冀货运枢纽机场群应健全以地面卡车航班和高铁快运网络为主的集疏运交通体系，实现区域内2小时的互联互通。

四 京津冀机场群的战略定位

为了实现京津冀地区机场群的协同发展，需要对机场群内各机场进行合理的功能定位和实行分工合作。顺应国际产业的转移和国际高端客流的大规模流动，京津冀地区核心机场群应共同承担中国国际航空中心和世界航空枢纽的角色，打造由北京首都机场、北京大兴机场以及天津滨海机场和石家庄正定机场"三地四场"共同构成的世界级机场群，构筑对外交通和对内交通并举的多功能机场体系，共同承担国内枢纽和国际枢纽两大职能。

按照中国民航局的统一定位，北京首都机场和北京大兴机场定位是大型国际航空枢纽，将打造具有国际竞争力的"双枢纽"机场格局。其中，北京大兴机场还将打造为京津冀区域综合交通枢纽。天津滨海机场的定位是中国国际航空物流中心、区域航空枢纽和国家综合交通枢纽。石家庄正定机场定位是区域航空枢纽。与规划目标和战略定位相呼应，京津冀地区将形成以北京首都机场和北京大兴机场两大国际枢纽为核心,以天津滨海机场、石家庄正定机场两大区域枢纽为骨干,以秦皇岛机场、张家口机场等支线机场为补充的世界级机场群,并构建辐射全球五大洲的国际骨干航线网络体系,充分发挥其在国际运输、远程运输和快速运输等方面的技术经济优势,为国家政治、经济和文化发展战略的实施提供基础性、先导性、战略性的交通保障服务。京津冀世界级机场群的建设将为京津冀建设以首都为核心的世界级城市群提供战略支撑平台,京津冀机场群管理模式的一体化则为世界级机场群的建设奠定了坚实的基础。

在国际航空枢纽方面,京津冀枢纽机场群既可定位为服务于东北亚与北美洲、东北亚和欧洲之间国际中转的亚太地区航空枢纽,以及定位为服务于国际与国内之间中转的东北亚航空枢纽,同时也可满足国内与国内之间干线中转的国内枢纽。在点对点的城市对航线中,京津冀核心区的机场群既可通达世界主要城市,也与国内大中城市均有直达航线。其中京津冀核心区与五大洲之间的"全球一日达"将是我国由民航大国向民航强国迈进的重要体现,将显著提升国家软实力和国家影响力(见表4—9)。

表4—9　　　　京津冀"三地四场"机场体系的功能定位

	北京首都机场	北京大兴机场	天津滨海机场	石家庄正定机场
机场定位	大型国际航空枢纽、亚太地区复合型枢纽;中国"第一国门"	大型国际航空枢纽;国家发展的一个新的动力源;京津冀综合交通枢纽	中国国际航空物流中心、区域航空枢纽和国家综合交通枢纽	逐步培育成为区域航空枢纽;冀中南地区综合交通枢纽
机场职能	国家门户机场;国际货运枢纽;国际中转枢纽;专机和公务机运营基地	国家门户机场;国内中转枢纽;国内货运枢纽;航空货物、快件中转及集散中心	北方航空邮政快递中心;北方航空维修基地	北方航空快件集散中心;低成本航空运营基地;旅游包机运营基地

第四章 建设京津冀世界级机场群的发展战略 / 141

续表

	北京首都机场	北京大兴机场	天津滨海机场	石家庄正定机场
航空公司基地	国航、海航、大新华、中货航等航司基地；专机和公务机运营基地	南航、东航、北京航空、首都航空、邮航和东海航等航司基地	天津航空、奥凯航空基地；公务机和包机运营基地	河北航空、中国联合航空、春秋航和邮航河北分公司运营基地
民航专业机构部门和协会	民航飞行校验中心、中国民航运行管理中心和气象中心及民航情报管理中心、北京区域管制中心、中国航空维修协会	国家空管委飞行监测中心（军民合用）、航空应急救援指挥中心	空客飞机试飞中心、支持中心；中国民航大学适航审定中心	—
航空制造业和民航保障部门	北京飞机维修工程公司；中航油、中航材和中航信总部；民航计量检测中心；航空安全信息分析中心；中航工业北京科技产业基地	民航航材及备件配送中心；东航、南航飞机维修中心；国际航空社区；中国民航适航审定中心；民航安全科技创新中心	中国航油北方储运基地；民航科技产业园；华明航空工业园；空客亚洲制造中心；中航直升机总装基地和试飞机场	石家庄通航产业基地（栾城）
民航研发和教育培训	航科院航空安全实验基地；机场建设总公司机场工程基地；中航信高科技产业园；国航大学；华欧航空培训及技术中心	民航科教产业园；航科院科创基地；中国民航大学大兴校区	国家民航科技研究基地；中国民航大学；中国民航大学科技园	—
航空物流和展览业	空港物流园区；空港综合保税区；中国民航博物馆；中国国际展览中心	空港综合保税区；国家航空物流基地；国际航空类展览会	空港保税区；民航科技产业园区；天津国际直升机博览会；大通关项目及航空物流园	石家庄综合保税区；正定数字经济产业园

资料来源：笔者整理。

五 京津冀机场群的分期建设规划

(一) 近期规划 (2021—2025 年)

根据 2017 年 3 月国家发改委和民航局联合颁布的《全国民用运输机场布局规划》，至 2025 年，京津冀地区将新增邢台、沧州、康保、丰宁 4 个机场，届时除地处北京大兴机场周边的河北廊坊、保定和衡水三大地级市以外，京津冀所有地市级以上的城市均建有民用运输机场。

这时期京津冀地区的航空运输综合服务保障能力得以显著提升，京津冀机场群的运营结构由初期的大幅震荡到后期的逐步优化提升，初步建成设施一流、规模领先、运营高效、通达便利的京津冀世界级机场群，并在国际旅客吞吐量、航空业务总量等领域率先达到建设多领域民航强国的特定目标。

(二) 远期规划 (2026—2035 年)

至 2035 年，京津冀地区规划的运输机场全部建成，整个地区将至少拥有 13 个机场，机场密度为平均 0.6 个机场/万平方千米，远高于全国 0.385 个机场/万平方千米的平均值[1]，由此将全面建成结构合理、定位准确、布局均衡、重点突出的世界级京津冀区域机场体系。

这时期京津冀地区以北京双枢纽为核心构建的服务全国、辐射全球的国际航空交通体系基本成型，满足服务于"一带一路"倡议和建设以首都北京为核心的京津冀世界级城市群的航空运输需求。

(三) 远景规划 (2035 年以后)

这时期的机场建设重点是以通用机场为主，运输机场建设重点是改扩建。顺应天津滨海新区、唐山曹妃甸工业区、沧州渤海新区等渤海湾沿海地区的快速发展，远景启动渤海湾海域国际枢纽机场预留场址的规划建设。这时期的京津冀地区已建成布局完整、功能齐全、运营卓越、国际领先的世界级运输机场和通用机场体系。

这时期建设京津冀世界级机场群目标全面实现，设施条件、运营规模和服务水准等诸多方面均位居全球机场群的前列。京津冀机场群由多领域的世界级机场群向全方位的世界级机场群升级，服务全国、辐射全

---

[1] 按照《全国民用机场布局规划》(2017—2030 年) 全国规划布局 370 个机场统计。

球的国际航空交通体系发展成熟，服务于"一带一路"倡议、京津冀协同发展战略及北京"四个中心"建设。

六 京津冀机场群的重点建设任务

(一) 统筹加强京津冀地区机场体系的运营管理

基于京津冀民航协同发展的原则，积极推动京津冀区域机场体系运营管理一体化。从管理体制来看，中国民用航空局直属的首都机场集团公司下辖北京首都国际机场股份有限公司、北京大兴国际机场、天津滨海国际机场和河北机场集团公司（旗下管辖石家庄正定机场，托管张家口宁远机场、承德普宁机场和秦皇岛北戴河机场以及邢台褡裢机场）。另外河北唐山三女河机场归属于海航集团公司管辖，邯郸马头机场由邯郸市属地化管理。当前京津冀机场群中的主要机场均由首都机场集团公司进行统一的管理，并寻求差异化发展、一体化管理，这为京津冀机场群的协同发展奠定了良好的制度基础。不过河北省还应强化省域机场体系的统筹管理，优化省内中小型机场功能定位，并加强与京津机场的协同发展，完善国内航线航班网络，构筑干支结合、功能完备、优势互补、分工合理、协同发展的省域机场体系。

就京津冀核心机场群来看，可考虑采取"两主两辅"复合型运营模式，即北京首都机场和北京大兴机场均为大型国际枢纽和国际国内兼备的复合型枢纽，天津滨海机场和石家庄正定机场为国际辅助机场和国内区域枢纽。在运营机制方面，为了避免京津冀地区新建机场和既有机场相互制衡，应由政府采取自上而下"有形的手"和市场自下而上"无形的手"进行共同管治，才能促成区域机场体系在竞合环境下得以良性发展。为此，应以首都机场集团公司为经营主体，构建以北京"一市两场"为核心，以京津冀"三地四场"核心机场群为平台，促成京津冀机场群形成具有国际一流管理水平和服务水准的机场群协同运营体系，最终建设成为服务"一带一路"倡议和京津冀协同发展战略的世界级机场群。

(二) 建立健全京津冀地区的国家民航功能体系

以北京两大枢纽机场为核心的京津冀机场群是承担国家民航功能体系的主要载体。北京首都机场和北京大兴机场均定位为大型国际枢纽机场，需要自上而下地满足服务于国家首都职能、区域职能、城市职能等方面的各种交通出行需求。从机场用地来看，作为国家级航空枢纽，北京两大机场及其周边地区应统筹规划、合理布局，优先安排与航空活动密切相关的国家公共服务功能和社会民生功能项目。在两大枢纽机场地区实行统筹规划的空间配置，在机场内部及邻近区设置与航空运输直接关联的国家功能设施，以满足民航行业功能、国家公共服务功能和国际交往功能的需求为先导，主要民航功能布局在机场用地范围，非民航的国家公共服务功能则主要布置在机场外围。

1. 构建国家民航运行管控体系

中国民航提出了2030年基本建成民航强国的目标，为此需要完善民航运输、飞行维修、运营管理、安全保障、培训教育等诸多领域在国家层面上的民航功能。建立健全国家级民航功能体系是建设民航强国的基本保障和外在标志。当前地处首都机场地区的中国民航运行管理中心和气象中心及民航情报管理中心作为亚洲第一、世界第三大空中交通流量管理中心和世界航空气象区域预报中心，可为我国以及亚洲区域航空用户提供运行协调、流量管理、气象及情报服务。其中，民航运行管理中心承担全国民航主管运行监控、飞行流量管理、应急处置、搜寻救援、专业组织保障等功能，民航气象中心主要承担民用航空气象服务功能。另外，在中央空中交通管理委员会领导下的国家飞行流量监控中心可对低空、中高空的所有飞机进行统一监测和管理。其他的国家民航功能可借助于北京大兴机场的规划建设，在新机场周边地区整合现有的国家民航功能，补充薄弱或缺失的国家民航功能。

2. 建立健全专机和公务航空功能体系

公务航空基地或公务机机场是主要为公务机或小型运输飞机提供起降及其配套保障服务的专业性航空基地。作为"全国政治中心、国际交往中心"以及国家经济管理中枢，首都北京对机场群的功能需求主要是政务、公务和商务航空领域。当前国内外的专机和包机需求量都在持续增长，北京地区的驻场公务机数量已经超过100架。以首都为核心的京津冀地区专机和公务航空功能体系由运输机场公务机基地和专用公务机机场所组成，主要服务于北京"全国政治中心、国际交往中心"两大城市功能定位，同时也是构建京津冀世界级机场群的重要组成部分。在专机服务方面，北京首都机场为服务国家对外交流的国际专机保障基地。在公务航空方面，北京首都机场、北京大兴机场和天津滨海机场分别设置有公务机基地，配置有公务机楼，其中北京大兴机场侧重于承担商务、公务包机等商业航空功能，首都机场优先发展政务航空和专机保障业务。

3. 建立健全国家航空应急救援功能

鉴于我国自然灾害较多、重大生产事故时有发生等，航空应急救援应是国家应急救援和社会保障体系中不可或缺的重要组成部分，并在国家应急救援体系中发挥先行作用。其具有响应速度快、机动能力强、施救范围广、救援效果好的优点，也有时间紧、难度大、环节多等突出特点，仅环节方面就涉及预防、监测、监控、应急处置、恢复重建等全过程。另外航空应急救援行业也涉及自然灾害救援、事故灾害救援、公共卫生救援和社会安全事件救援四种不同的类型，这些因素注定建立健全高效统一的航空应急救援体系是至关重要的。有鉴于此，依托应急管理部建立健全跨部门、跨区域、跨专业的国家航空紧急救援体系是我国应急救援领域所面临的当务之急，以在国家层面对航空应急救援功能的管理体制和运行机制进行功能的一体化整合和空间的集约化布局。

目前我国的应急救援体系主要是以国家为主、社会及民间为辅的共建模式，建议北京大兴机场地区重点规划建设承担具有战略性和公益性的国家应急救援功能的国家航空应急救援保障体系，并兼顾社会化的航空应急救援体系。这一国家级的行政功能将汇聚军事、民政、安全生产、警务、海监、民航等各部门专业化的应急救援机构、队伍和装备，从而从国家战略层面上在北京大兴机场地区构建形成常态化、专业化的国家应急救援保障体系。其在空间布局上应体现"集约化"和"一体化"的特性，并遵循"平战结合、空地对接、军民一体"的原则。以航空应急救援功能为主体的国家应急救援保障体系应具备三个方面的内容。

(1) 设立专业化的应急救援培训机构

在中国国际救援队的基础上，扩充组建各类专业化的航空救援队，包括航空救助队、专业消防救护队、航空护林队、紧急医疗和心理医疗救助队以及特警、快速反应部队等，并在北京大兴机场地区建立国家应急救援培训中心，依托应急管理部直属的中国消防救援学院以及应急管理大学（华北科技学院和防灾科技学院拟合并组建）的高校研究资源，负责在全国范围内培训消防、救援、医疗、反恐、海关缉私等各专业人员的指挥、救助、操作等紧急救援技能,并向全社会宣传和普及紧急救援知识,推进国内外紧急救援领域的合作与交流。这些国家级应急救援培训机构之所以建议在北京大兴机场地区规划布局,是立足于平时训练,战时快速反应,以便在第一时间集结和快速派遣专业救援救灾队伍。建议设置在北京大兴机场地区的中国民航消防应急救援培训中心是具有模拟各种飞机和机场事故场景能力的国家级专业培训机构,该中心除了承担对全国各类专业人员进行相应的培训之外,还可委托培训其他国家的机场应急救援人员。

(2) 设置特种物资设备集散中心和专用飞机机队

北京大兴机场作为大型国际枢纽机场,除了承担日常商业航空活动以及一些定期或非定期的重大航空运输保障任务之外,同时还应承担各项紧急航空运输保障任务。依托应急管理部的应急救援储备中心,在北京大兴机场地区可形成服务全国的公安、消防、民航、医疗、救援等国家专业特种物资储备集散中心,重点储备一些技术含量高、操作难度大和费用昂贵的设施设备。一旦紧急需要,这些专用特种物资设备即就近通过北京大兴机场快速空运到全国乃至世界各地。另外,北京大兴机场配置由直升机和固定翼飞机所组成的国家级专用应急救援飞机机队,由国家应急救援指挥中心统一调遣,包括可派遣专用医疗飞机对国内外的危重伤病员进行紧急飞行医疗急救和远程空中转运服务。北京大兴机场将更多地体现出公共服务功能和公益特性,满足基于民生民计的航空活动需求。最终建立以京津冀机场群为核心,以北京大兴机场地区为主平台的专业化、一体化的国家应急救援体系和全球航空应急救援枢纽。

(3) 建立世界级的国际应急医疗救援和医疗保健功能体系

在京津冀全域大力发展"医养结合、中西结合"的世界级大健康产业基地和国际应急医疗救援基地。发挥京津地区总体医疗水平、医学研究基础好和专业医疗资源丰富等优势,以北京大兴临空国际医疗服务区、通州国际高端医疗中心为对外开展高端诊疗、健检和康养等系列服务的国际医疗基地;依托大兴生物医药产业基地、亦庄国际医药器材产业园以及首都机场综保区等大力推动高端生物医药及医疗器械类的研制生产;以雄安新区白洋淀、秦皇岛北戴河及天津团泊洼健康产业基地等为国际高端健康疗养康复基地。积极培育国际化、高端化的健康体检咨询、健康旅游养生、健康医疗保险等新兴医养服务业态，构建京津冀地区"医、教、研、养、康"五位一体的国际医疗全产业链和产业集群。

以北京双枢纽机场为主要口岸平台，构建以北京大兴机场为核心的国家空中医疗救援网络，以满足来京进行国际医疗保健、国际医疗旅游或者专程寻诊的求医者，最终形成运送、救治、疗养等系列治疗全过程；以京津冀"三地四场"机场体系为国际进口药品指定口岸以及医药冷链物流基地，大力发展京津冀地区的生物医药航空冷链物流。最终在京津冀核心区构建由国际联合委员会（JCI）和国际标准化组织（ISO）认证的国际医药中心、国际医学中心和国际医疗中心。

(三) 积极构建以京津冀国际货运枢纽机场群为核心的全球航空物流体系

以服务"一带一路"倡议为导向，依托国际航空物流集成商和大型国际货运基地航空公司，以北京双枢纽为主平台，将京津冀"三地四场"国际货运机场群打造为全球供应链系统中的核心环节、全球骨干货运航线网络体系中的关键节点以及全球航空要素资源分拨配置中心。并以中国交通建设集团公司旗下的中国民航机场建设集团为龙头，打造集科研咨询、勘察设计、施工监理、专用设备、运营维护和投融资于一体的机场全产业链，并以设计—施工—运营（DBO）综合服务商的角色承揽共建"一带一路"合作国家的典型海外货运枢纽机场项目，加快京津冀机场全产业链的整体输出。

(四) 优化完善以北京双枢纽为核心的全国航空口岸布局

针对全国航空口岸广而散的布局特点，建议国家口岸办牵头，联合交通运输部与海关总署等相关部委整体优化航空口岸布局，并参照现有口岸的分类进行分级管理。一类是国家门户航空口岸，主要是北上广等地的国际航空枢纽，采用倾斜政策鼓励这类口岸面向全球开辟国际航线；二类是国际航空口岸，主要为省会、经济中心城市及国际旅游城市服务，这些口岸开辟国际航线应有特定性或限制性；三类是地区航空口岸，这类口岸限定仅服务于港澳台地区，其国际开放功能应予以大幅缩减，避免大规模地成为日韩、东南亚等周边国家和地区国际航空枢纽的喂给港。

从服务"一带一路"倡议角度来看,应全面强化北京双国际枢纽机场在全球航空枢纽中的战略地位,显著提升北京航空枢纽的国际竞争力,保障首都北京开设国际航线的优先权和主导权。并大力支持京津冀机场群建立健全进境水果、药品、肉类、食用水生动物、冰鲜水产品等特殊商品指定进口口岸以及国际邮件快件转运口岸,推动机场群内所有指定口岸的全覆盖,并建立经联合国授权认证的"全球航空应急救援枢纽",以便为全球战略物资采购和库存整合提供航空物流服务,最终在京津冀"三地四场"机场体系中形成面向全球开放、通关各具特色的航空口岸体系。

(五)大力建设北京双枢纽的国际航空功能体系和航线网络体系

全球城市普遍拥有航空功能齐全的多机场体系,其突出重点是国家门户功能、国际中转枢纽功能,其中国家门户功能是突出国际始发地和目的地以及国际与国内的中转,而国际中转枢纽功能则是强调国际与国际的中转。以始发地和目的地为主的航空枢纽的发展水平与所在城市的政治、经济、文化等诸多方面密切相关,除了与旅游业、文化产业密切相关之外,还依赖于国际组织总部和跨国公司总部数量及国际金融功能发展水平等诸多方面。国际中转枢纽功能则与国际航空口岸的开放水平、通关政策、服务效率等有关。

建立健全国际航空功能体系是北京践行"四个中心"城市定位的基本保障条件之一,也是北京建设"四个中心"过程中完善国家行政与经济中枢管理功能、高端生产性服务业功能、文化旅游功能等的基本保障。为此北京两大航空枢纽亟待进行转型升级,大力强化面向全球的国际航空交通功能。一方面要满足国际政务、国际商务旅客的需求,以推动北京国际交往功能以及国际政务功能的提升;另一面也要迎合低成本或高端的国际休闲游客旅游观光以及国际中转过境的需求,以支撑北京建设世界旅游目的地和国际消费中心及国际商贸中心的需要。为此,北京地区需要建立健全国际航空功能体系,以满足中转、休闲、商务、公务、政务等各种国际航空交通出行需求。另外,在吸引国际航空运输协会亚太地区分会和举办全球机场总裁会议的基础上,依托首都机场外围的金盏国际合作服务区及第四使馆区,积极争取航空类国际机构和组织进驻首都机场地区。

我国国际航空交通体系以北京双枢纽机场为基石,北京大兴机场和首都机场作为中国连接世界的"第一国门"和世界感知中国的"第一窗口",应加速面向全球的国际化进程,大力推动开通直航北京的国际航线。北京两大国际枢纽机场及其网络型基地航空公司联手协作,共同强化中国民航在全球航空网络的布局。既要加强与欧洲、北美以及日韩之间密切的传统航空联系,也需要拓展开发我国与中东、非洲、东南亚、印度和拉丁美洲等新兴市场之间快速直达的航空联系,重点强化欧洲—北京—日韩的国际空中通道。总体而言,以北京双枢纽机场为核心的国际航空交通体系将为建设民航强国目标奠定坚实的基石。

(六)积极疏解北京双枢纽的非首都航空交通功能

当前北京双枢纽在客运交通方面更多的是承担着国家交通中心的角色,并未奠定世界级国际交通中心的地位。"一带一路"倡议要求大力加强首都北京与共建"一带一路"合作国家和地区的互联互通,这要求双枢纽承担更多的国家门户功能和国际交通枢纽功能;京津冀协同发展战略也要求疏解北京非首都功能。为此,双枢纽有序疏解北京非首都航空交通功能也势在必行,筹建中的首都机场"再造国门"项目应纳入以"5G、工业互联网、智慧+"为特征的新基建理念,推动首都机场由以提升运营规模和设施规模为导向转型为以全面提升中国"第一国门"的国际综合服务能力为目标;作为国家新的动力源,可充分发挥北京大兴机场在推动京津冀区域新旧动能转换中的引擎作用;大力推动京津冀机场群中的空铁联运模式,加强天津滨海机场和石家庄正定机场承接和疏解北京双枢纽国家航空交通中心中的辅助功能。

(七)全力推动北京双枢纽实现高质量发展的战略转型

从服务于北京"四个中心"的城市定位和加快提升首都交通功能来看,北京双枢纽的首要任务是强化首都的国际航空交通中心功能,建设成为北京国际交往中心的主要国际交通载体。为此应加快北京首都机场和大兴机场的转型升级,首都机场是承担主要国际政务和商务活动的中国"第一国门",大兴机场则发挥"一带一路"倡议中的国际交往平台和国家新的动力源作用,最终推动首都北京交通枢纽由以国家航空交通中心为主向国际航空交通中心和国家航空交通中心兼备转型升级。

大力优化北京双枢纽的骨干航线网络结构,将国内转国际、国际转国际的中转功能作为双枢纽航空市场的开发重点，促使支线转支线的部分国内枢纽功能分流到国内其他航空枢纽。鼓励三大国有基地航空公司及其他航空公司优先发展国际航线，强化首都北京与世界主要城市之间航线的可达性；并确保首都与国内一二线城市航线的通达性需求，引导三四线城市旅客通过高铁交通方式、经停其他枢纽机场的空空中转方式，以及通过天津滨海机场、石家庄正定机场的空铁联运方式进出首都北京，逐步疏解北京地区的国内支线航空的中转旅客。

第七节　京津冀地区机场综合交通枢纽布局及其多式联运模式

在京津冀协同发展战略的持续推动下，京津冀地区的区域一体化和经济协作的发展趋势明显，以建设"轨道上的京津冀"为目标的京津冀地区交通一体化是整个区域经济发展的前提和基础。从综合交通角度来看，北京首都机场、北京大兴机场、天津滨海机场和石家庄正定机场均是京津冀"四纵四横一环"综合运输大通道中的主要交通枢纽节点和区域性地面综合交通枢纽。秦皇岛、唐山、张家口、邯郸和承德等支线机场也是区域性对外交通辅助枢纽和京津冀"四纵四横一环"综合运输大通道中的交通节点。

一　京津冀地区机场综合交通枢纽的分类

根据枢纽不同的性质类型、功能定位和服务范围，以航空运输为主体的航空综合交通枢纽可分为国际性综合交通枢纽、全国性综合交通枢纽、区域性综合交通枢纽和地区性综合交通枢纽四类。依据京津冀地区的机场功能定位及其地面交通体系配置情况，以构建服务全国、辐射全球的国际航线网络结构为目标的北京首都机场和北京大兴机场归类于国际性综合交通枢纽；以全国航空市场为主体、衔接高铁和城际铁路的天津滨海、石家庄正定两大区域性枢纽机场则隶属于全国性综合交通枢纽；而具备空铁联运条件的唐山三女河、张家口宁远等支线机场则是区域性综合交通枢纽；仅衔接公路或城市道路的其他支线机场则纳入地区性综合交通枢纽。

按照主体的多式联运方式不同，以机场为中心的航空综合交通枢纽分类：(1)"民航+公路"联运为主的航空枢纽；(2)"民航+铁路（高速铁路或城际铁路）"联运为主的航空枢纽；(3)"民航+海运（水翼船或豪华邮轮）"联运为主的航空枢纽；(4)"民航+城市轨道交通（地铁、轻轨或市郊铁路）"联运为主的航空枢纽；(5)"民航+综合交通"联运枢纽。其中"民航+公路"联运为主的航空枢纽为干支线机场所常用；"民航+铁路"联运为主的航空枢纽适合于有条件实施空铁联运的干支线机场或者枢纽机场。以京津冀地区为例，衔接京广高铁的石家庄正定机场属于具备先天的区位交通优势条件的，唐山三女河机场衔接京唐城际铁路也是顺势而为的。"民航+海运"联运为主的航空枢纽则适用于渤海湾地区远景预留的海上机场；"民航+城市轨道交通"联运为主的航空枢纽主要适用于内城型的天津滨海机场；"民航+综合交通"联运枢纽则适合于枢纽机场，北京首都、大兴两大枢纽机场优先发展该联运模式，天津滨海、石家庄正定等区域机场也将发展成为综合型的联运枢纽。

二 京津冀地区机场综合交通枢纽面临的问题

（一）枢纽机场的功能定位与其集疏运交通发展定位不匹配

从航空旅客吞吐量与机场集疏运交通方式匹配的角度来看，通常国际航空枢纽机场需要衔接高铁和城际铁路，而区域枢纽机场适合衔接城际铁路，干支线机场则至多接入城市轨道交通即可。当前京津冀机场群地面交通体系尚待完善，年旅客吞吐量排名世界前列的首都机场仅有服务于北京市区的机场轨道快线，且仅衔接市区东北部的东直门站和北新桥站，与北京地铁网全面衔接的程度不够；换乘距离过长，无城市值机功能。内城型的天津滨海机场则缺乏直达滨城的城市轨道交通，另外机场地区南北不通、客货混行，即南北向的机场大道无法打通，东航站区和西货运区存在客运交通和货运交通相互干扰的现象。年旅客吞吐量超过千万人次的石家庄正定机场没有城市轨道交通衔接，可与相距仅3千米的京广高铁正定机场站进行空铁联运，但旅客只能通过机场大巴摆渡往返。

（二）枢纽机场的大容量公共交通方式所占比例偏低

大型国际机场的大容量公共交通（机场公共汽车和机场快轨）方式

比例应该达到50%以上，当前中国香港机场、日本东京成田机场和羽田机场的公交比例分别为71%、70%和69%，而京津冀地区机场集疏运交通方式依然以小汽车交通方式为主。以2019年首都机场的集疏运交通结构为例，其机场巴士占10.8%，轨道交通占12.9%，出租车占29.6%，私家车占46.7%。出租车和小汽车两者占比达到76.3%，而公共交通出行比例的份额仅为23.7%。显然京津冀机场的进场交通构成方面与世界各大国际枢纽机场相比存在较大差异，有待于提高公共交通出行比例，充分发挥机场综合交通枢纽应有的作用。

（三）京津冀机场群的地面交通体系亟待整体提升

在运输市场方面，京津冀机场群既要面对区域、全国以及全球各层次航空市场的全面竞争，同时还面临着高速铁路和城际铁路以及高速公路在中远程运输市场中的激烈竞争。当前京津冀机场群面临着跳跃式增长的区域设计容量远超渐进式增长的区域航空市场之间的矛盾，为此需要借助于发达的地面交通网络扩大京津冀航空辐射圈，提升对华北地区乃至北方地区航空服务的空间辐射范围和通达深度，借此促成北京大兴机场和首都机场分别做大、做强的双赢局面，避免两大机场出现"此起彼伏"的尴尬局面。

（四）航空物流业缺乏顶层设计下的高效多式联运组织

与陆空客运多式联运相比，京津冀地区的货物空铁联运模式还存在明显的差距。如货运铁路线尚未引入航空物流园区，一定程度上造成了机场地区的各种运输方式衔接不畅；缺乏承接航空运输与其他运输方式进行多式联运的物流园区，无法实现航空货物在区域范围内不同交通运输方式之间的快捷换装与转运；等等。这些问题亟待在跨行政区划背景下进行京津冀航空物流业及航空快递业的统筹规划，但当前各专项航空物流规划或快递业规划普遍是在京津冀三地各自的城市行政区域范畴内进行编制的。

三　京津冀地区机场综合交通枢纽的空间布局

当前京津冀区域综合交通结构正由以首都北京为核心的环形加放射状的交通结构向多枢纽、网络化的交通结构转变。为此京津冀地区综合交通枢纽布局要体现城区型综合交通枢纽和城郊型综合交通枢纽分离的思路，构建市区以高铁客运站、城市轨道交通换乘站等城区型综合交通枢纽为核心，市郊则以枢纽机场、高铁客运站等城郊型综合交通枢纽为核心的城市群综合交通枢纽体系。其中城区型交通枢纽主要满足城市交通内部、城市交通与对外交通之间的换乘需求，而城郊型交通枢纽则主要满足城市交通与对外交通之间以及过境交通的换乘需求。从建设世界级机场群的目标来看，应充分发挥京津冀核心机场群作为城郊型综合交通枢纽的作用，依托区域内发达的高速铁路和城际铁路网络，使北京首都机场、北京大兴机场、天津滨海机场及石家庄正定机场的辐射区覆盖整个京津冀地区，形成可供全球层面、东北亚层面、国家层面以及区域层面航空客货市场共同使用的核心机场群。

（一）指导思想

全面贯彻创新、协调、绿色、开放、共享五大发展理念，充分发挥民航在"一带一路"倡议中的枢纽作用，遵循京津冀协同发展国家战略的总体部署，以服务于建设京津冀世界级城市群以及建设京津冀世界级机场群为目标。按照分类分级、客货分离、一体化协同、港产城联动的方针，构建以航空运输为主导服务目标，以高速铁路、城际铁路、城市轨道、市域（郊）铁路和高速公路等其他交通方式为骨干支撑的机场地区集疏运交通体系，营造以京津冀枢纽机场为核心的城郊型综合交通枢纽群，构筑立足京津冀，服务全国、辐射全球的京津冀航空交通网络体系，打造具有全球航空资源配置能力和国际航空竞争力的京津冀世界级机场群。

（二）基本原则

（1）构筑面向世界、立足全国的全方位对外开放的航空口岸格局，在国内民航运输通道以网络型为主，国际民航运输通道以辐射型为主。（2）形成以航空交通圈、地面交通圈为目标导向的航空类综合交通枢纽布局。（3）航空枢纽布局应立足于京津冀城市群，明确其在世界层面、国家层面以及区域层面机场体系中的功能定位。（4）航空交通枢纽以机场群为平台，考虑航路、航线、机场以及地面交通的综合集成，并与公路、铁路等其他交通运输规划相互呼应。（5）京津冀机场群在路网结构上实行外围疏解、内部衔接，在交通方式上突出轨道优先、高速为本，在运输结构上遵从客货分离、快进快出的地面交通组织优化原则。

(6) 京津冀枢纽机场地区的交通结构遵循客货分流、外货内客、中转和始发终到旅客分开的原则。

（三）总体目标

在提高京津冀机场群的通达性方面，应全面拓展其航空交通和地面交通的辐射圈。立足京津冀地区，面向全球扩展区域机场体系的空域腹地、陆域腹地。在航空运输方面，构筑"全球一日达"洲际和远程航空交通圈，2—6小时的近中程国际航空交通圈，构筑2—4小时的国内航空干线交通圈和1—2小时的国内航空支线交通圈。在地面交通方面，构筑以北京首都机场、北京大兴机场、天津滨海机场及石家庄正定机场为核心的京津冀机场群地面交通时空通达圈：（1）市域范围内的0.5小时地面交通圈，即通过城市轨道线、市域（郊）铁路及机场专用轨道交通线，实现京津冀核心城市在市域范围内至邻近机场平均出行时间不超过0.5小时；（2）城市群内的0.5—2小时地面交通圈，即通过城际铁路网和高速公路网，实现京津冀地区各地级城市到"三地四场"机场体系的平均出行时间不超过2小时；（3）跨京津冀城市群的2小时高速铁路网络，即通过京沪、京沈和京广等高速铁路，实现京津冀核心机场群与京津冀城市群相邻的主要城市之间平均出行时间不超过2小时。

（四）重点任务

1. 积极纳入国家和区域综合交通战略发展规划

京津冀机场群地面交通体系规划不应仅局限于满足京津冀地区的航空出行需求，还需要在战略层面上从有利于促进京津冀区域经济发展、区域交通和区域空间结构优化调整的角度予以统筹考虑。该地面交通体系规划应在国家层面对接《国家综合立体交通网规划纲要》；在区域层面遵从《京津冀协同发展规划纲要》《京津冀协同发展交通一体化规划》；在城市层面应纳入机场所在城市的国土空间规划中的城市综合交通规划专题之中；在机场地区层面还要充分考虑大型机场地区"港产城"协同发展的需求，其综合交通规划应按照航空城的人口规模和用地规模进行规划配套，以提高整个航空城的可达性和通达性。

京津冀区域综合交通体系在主要服务于京津冀建设世界级城市群的同时，也应兼顾机场群的地面交通配套需求，推动核心机场群全面对接高速铁路网、城际铁路网以及市域（郊）铁路网，促成这些机场成为区域综合交通体系中的战略支撑点，强化和提升其区域综合交通枢纽功能，最终推动京津冀机场群的航空辐射圈拓展至华北地区乃至环渤海地区。

2. 重点打造"轨道上的京津冀核心机场群"

按照《京津冀协同发展交通一体化规划》打造"轨道上的京津冀"这一核心目标，京津冀核心区的"三地四场"机场体系全面衔接京津冀地区由高速铁路、城际铁路、市郊铁路和城市轨道所构成的四级轨道交通网络，积极对接京津冀地区的铁路车站、长途客运站、海港客运站及城市交通枢纽场站，顺势打造"轨道上的京津冀核心机场群"，即构建以轨道交通方式为主的京津冀机场群地面综合交通体系，推动京津冀地区枢纽机场至少衔接有两种技术制式以上的轨道交通线路和两条线路以上的高速公路或快速路，从而实现双轨双路、互联互通的通达目标，最终为京津冀建设世界级机场群提供地面交通保障服务。

3. 科学构建京津冀航空综合交通枢纽体系

以京津冀机场群为平台，分类分级构建融合不同交通方式、不同规模等级的城郊型综合交通枢纽系统。京津冀地区应重点建设"北京首都—北京大兴"双国际枢纽机场系统，在全球范围内形成通达五大洲、具有国际竞争力的大型复合型国际航空枢纽，从而形成立足首都、面向全球的全方位开放格局；积极打造由"北京首都—北京大兴—天津滨海—石家庄正定"所构成的京津冀地区"三地四场"核心机场群，共同构建服务"三北"、辐射全国的全国性航空综合交通枢纽，增强航空运输业在京津冀综合交通体系中的枢纽功能，发挥其衔接顺畅、转换高效的运输枢纽作用；积极培育秦皇岛北戴河、唐山三女河、张家口宁远等支线机场的区域性或地区性综合交通枢纽节点的支撑作用，提升支线航空运输业对京津冀地区区域交通的补充作用和对区域经济的促进作用。

4. 积极打造京津冀四大航空综合交通枢纽

京津冀地区核心机场群一方面要推动枢纽机场地面集疏运交通方式的多元化，逐渐形成以机场为中心的城郊型综合交通枢纽；另一方面要推动核心机场群中的各机场之间实现铁路交通的互联互通。在航空客运方面，强化机场在快速客运交通体系中的核心地位和枢纽功能，结合京津冀高速铁路网、城际铁路网和高速公路网及城市轨道交通网的规划布局，以京津冀"三地四场"为平台，打造汇集高速公路、城市轨道、城际铁路和高速铁路等多种交通方式的四大城郊型综合交通枢纽，并在机场航站区构建汇集长途汽车客运站、公交车站、机场巴士站以及轨道车站、铁路车站等在内的机场地面交通中心，从而形成以机场为中心的区域性客运交通换乘中心。除了满足长途汽车、公共汽车、出租车以及社会车辆等交通方式之间的换乘需求外，还可与地铁轻轨、市郊铁路、高速铁路及城际铁路等各种轨道交通方式进行相互换乘。在航空货运方面，打造航空物流园区、综合保税区、出口加工区等各种专业园区，推动陆空联运，构建以机场货运区为核心的航空物流链（见表4—10）。

表4—10　　　京津冀核心区机场综合交通枢纽的规划布局

	机场交通枢纽定位	机场综合交通枢纽构成及多式联运方式	进场轨道交通方式	最短运行时间	主要服务范围
北京首都机场	亚太地区国际航空枢纽；国际性综合交通枢纽	民航+公路；民航+（高铁+城铁+城轨+轨道专线）	京沈高铁、机场快线、顺义市郊线；城铁联络线；R4；M15	北京—机场（20分钟）	北京、天津、张家口、承德以及京沈高铁沿线城市
北京大兴机场	亚太地区国际航空枢纽；京津冀综合交通枢纽；国际性综合交通枢纽	民航+公路；民航+（高铁+城铁+城轨+轨道专线）	城铁联络线、机场快轨、廊涿固保城际、津兴城际、京雄城际、城市轨道线	天津—大兴机场（36分钟）	京津冀地区及其以外地区
天津滨海机场	区域性航空枢纽；全国性综合交通枢纽	民航+公路；民航+（海运+高铁+城铁+地铁+市域铁路）	M2；滨海Z2线；C2线；京滨城际；津静市域铁路	天津站—滨海机场（29分钟）	河北沧州、衡水；山东东营、滨州

续表

机场交通枢纽定位	机场综合交通枢纽构成及多式联运方式	进场轨道交通方式	最短运行时间	主要服务范围
石家庄正定机场	区域性航空枢纽；全国性综合交通枢纽	民航+公路；民航+（城市轨道+城铁+高铁）	京广高铁；石雄城际；石家庄M1线；有轨电车（规划）	石家庄—石家庄正定机场（15分钟）	石家庄、雄安新区、保定
唐山三女河机场	支线机场；区域性综合交通枢纽	民航+公路；民航+城铁	京唐城际；城市轨道	唐山—三女河机场（10分钟）	唐山、天津宝坻
秦皇岛北戴河机场	支线机场；地区性综合交通枢纽	民航+公路；民航+轻轨	城市轻轨	唐山—北戴河机场（20分钟）	唐山、秦皇岛及葫芦岛

资料来源：笔者整理。

5. 大力发展以空铁联运为主体的京津冀机场群多式联运模式

结合京津冀"三地四场"机场群以及高铁车站、天津东疆国际邮轮母港等区域性综合交通设施的规划建设，在京津冀核心区大力推动以航空运输方式为主的空铁联运、空海联运、空公联运等客货多式联运模式。充分依托"三地四场"国际航空口岸的平台，发挥北京铁路枢纽的国际铁路口岸优势和天津港国际邮轮的优势，积极开展航空与铁路、邮轮与航空之间的国际联运，重点在京津冀地区开发以航空运输为主体的"国际航空+国内高铁"国际空铁联运产品和"国际邮轮+国内航空"国际空海联运产品。

(1) 空铁联运模式

空铁联运模式是京津冀主要机场协同运营的重要交通支撑平台。结合京津冀城际铁路网规划建设，推动北京首都机场、北京大兴机场、天津滨海机场和石家庄正定机场"三地四场"之间城际铁路的互联互通，共同打造"轨道上的京津冀核心机场群"。并以四大机场为主要城际铁路站点，依托京津冀城际铁路网络积极开展空铁联运服务，在机场之间及机场与异地城市高铁车站之间采用小编组、高速度、高频率的列车运行模式，在满足于京津冀地区城际旅客高频率、高速度的交通出行需求的同时，也便于机场之间航空旅客的中转或进场（见图4—7）。预计2025年前，随着"轨道上的京津冀"基本成型，京津冀地区既可实现城市中心—异地机场之间的空铁联运模式，也将全面实现"三地四场"机场群中两两机场之间的"空—铁—空"多式联运模式。另外，顺应北京站和北京西站国际列车的开行，北京两大国际航空口岸与两大国际铁路口岸之间未来还能实现国际列车与国际航班、国际列车与国内航班、国内列车与国际航班之间的空铁联运，从而充分服务于北京国际交往中心以及国际性综合交通枢纽的城市定位。

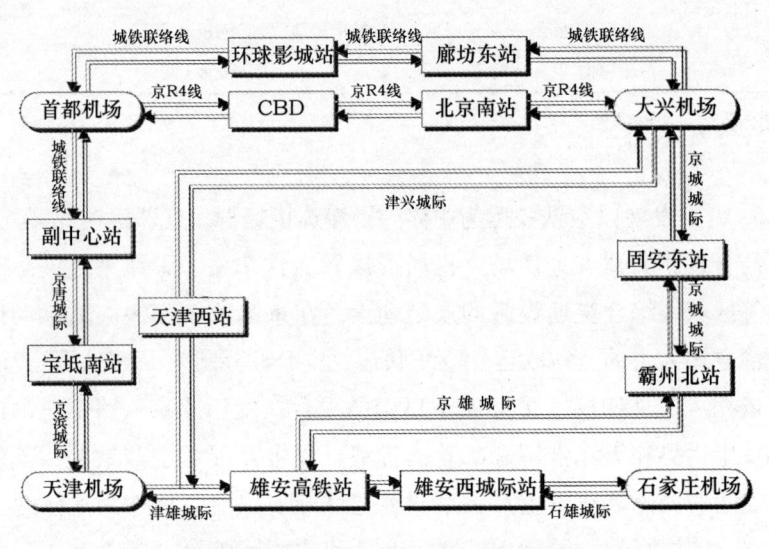

图4—7 京津冀四大核心机场之间的空铁联运模式

依托京津冀地区互联互通的城际铁路网络，基于旅客的航空交通出行需求，在京津冀四大机场之间开展便利的空铁联运模式将促进京津冀机场群的一体化运营。从航空服务角度来看，这会明显减少航空旅客的换乘次数和地面交通旅行距离，缩短旅行时间，降低旅行费用，从而显著提高航空服务质量。从机场群运营角度来看，这会逐步促使四大机场的运营容量达到相对平衡,有效推动北京地区非首都航空交通功能疏解至天津滨海机场和石家庄正定机场,也将有利于推动北京双枢纽强化国际航空交通功能(见表4—11)。

表4—11　　　京津冀城际铁路网与机场群的衔接换乘矩阵

		北京首都机场	北京大兴机场			天津滨海机场		石家庄正定机场		唐山机场
		城际铁路联络线	京雄城际	廊涿城际	津兴城际	京津城际机场支线	京滨城际	石雄城际	京广高铁	京唐城际
北京首都机场	城际铁路联络线									
北京大兴机场	京雄城际									
	廊涿城际									
	津兴城际									
天津滨海机场	京津城际机场支线									
	京滨城际									
石家庄正定机场	石雄城际									
	京广高铁									
唐山机场	京唐城际									

注:颜色的深浅表示机场之间轨道衔接的便捷程度,颜色越深表示衔接得越便捷。

(2)空巴联运模式

以机场巴士为运载主体的陆空联运方式是京津冀航空旅客多式联运的主要模式之一,它主要在京津冀"三地四场"与京津冀高速公路体系之间运作。其地面交通运行速度目标值为80千米/小时,运行时间应控制在1.5小时左右。该联运模式具有低成本、低速度、中转环节少的特性。建议在首都机场集团公司主导下,建立健全京津冀"三地四场"的共享城市候机楼体系。既有的北京西站和北京南站城市候机楼可扩展为服务于京津冀四大机场的城市候机楼,以更好地为空铁联运旅客提供相关服务。另外，先行开展保定东站（空铁联运共享型试点）、廊坊客运站（空公联运共享型试点）、天津东疆国际邮轮母港（空海联运共享型试点）等共享候机楼试点，并尝试推行京津冀三地合资成立股份制的机场长途巴士公司试点方案，共同开拓京津冀地区新兴航空市场。

(3) 空海联运模式

北京地区是我国国际游客的主要输入地和输出地，2019 年北京市接待入境游客 376.9 万人次（其中外国游客 320.7 万人次），全年经旅行社组织的出境游客人数 484.5 万人次。这其中有相当一部分国际游客是直接或间接地通过海上邮轮进出境的，而天津邮轮母港是国际游客进出京津冀地区的主要海上客运通道。对于京津冀"三地四场"机场体系而言，可借助京津冀地区密集的高速公路和城际铁路网，推动四大机场与天津港东疆国际邮轮母港之间开展空海联运，重点开辟京津冀"三地四场"与"三北"内陆腹地中小型机场之间的直达航线，再通过陆路实现"机场—机场—邮轮母港"的多式联运；并将天津邮轮母港打造成为国际邮轮综合补给基地，促进东疆码头邮轮经济发展，推动其成为北方地区"海上丝绸之路"的国际航运新起点，强化天津邮轮母港国际海上旅游的辐射能力。

6. 争取将京津冀机场群打造为客货多式联运的国家示范点

建议在中国民用航空局与中国铁路总公司签署推进空铁联运战略合作协议框架下，积极争取将京津冀核心区列为国家空铁联运示范点，并由交通运输部给予相关政策支持。加快空铁联运联合售票系统及通票制的开发和推广，实现民航订座系统与铁路订座系统一体化运行。同时大力发展京津冀地区以航空货运为主体的多式联运模式，支持枢纽机场的国际联运监管中心先行先试，开展进口拼箱、整进分出、过境中转集拼等业务，推动机场地区的空、铁、路、海等多种运输方式高效衔接。借鉴韩国、新加坡、中国香港等地的国际空海联运经验，运用自由贸易港、便利化通关等优惠政策，结合北极航道商业化运营的前景，针对天津港、唐山港、秦皇岛港及黄骅港四大港海运距离较短、附加值较高、时效较强的散货货物，探索津冀"两地四港"与京津冀"三地四场"之间的国际货物空海联运模式。

从航空多式联运的角度考虑，京津冀机场群集疏运系统的交通优化组织依赖于两方面的运作机制：一方面是综合交通管理体制的理顺，尤其是铁路部门和民航部门决策层面之间的横向协调机制；另一方面是民航、铁路和公路等交通行业之间的技术层面协作机制，强化这一为决策层提供技术支撑的横向协作尤为重要。

第五章

机场地区的 AOD 综合开发模式

在中心地型城市体系和网络型城市体系中，机场和高速铁路车站都是城市体系中的主要对外交通枢纽。其选址定点、规划布局对于城市来说是至关重要的，对城市空间的发展重心和主导方向有着引导性作用，对城市经济空间也有着显著的积极影响。无论对于中心地型城市体系，还是网络型城市体系来说，机场和高铁车站都需要在市区或郊外布局，以满足不同的交通出行需求。

第一节 不同城市体系背景下高铁车站与枢纽机场的布局

一 不同城市体系背景下的机场布局

按照机场建设历史及与城市的关系，机场可分为内城型机场和远郊型机场两类。内城型机场（Inner-City Airport）又称城市机场（Municipal Airport）或市中心机场（Downtown Airport），它通常是指毗邻城市且发展历史悠久的机场，这些机场一般距离城市中心在 15 千米以内，其使用年限至少持续了 50 年以上，并且在未来具有改扩建的潜力。机场周边地区城市化水平普遍很高，基本上已成为城市建成区。内城型机场始终是大城市广受欢迎的航空枢纽。

近代的机场与城市中心相距较近，基本参照铁路车站的规划布局原理进行机场选址，普遍有多个机场分布在主要城市的四周，机场与城市相对融合。随着大型喷气式飞机投入运营以及机场用地需求的增大，再加上机场航空噪声的扰民现象趋于严重，这些机场在持续扩建到极限之际多数被弃用。少数沿用至今的机场则演进为内城型机场，其环机场周边地区逐年开发，最终形成具有城市功能和性质的航空城。第二次世界大战后新建的机场普遍位于城市的远郊，新建机场的场址与城市中心之间的距离则是渐行渐远，由此机场与城区相对分离。

(一) 内城型机场与城市的关联

与一般的民用机场相比，内城型机场距离城市中心近，航空旅客进离场的时间短，地面交通成本低，城市各地进出机场的可达性强，普遍为双向进出机场航站区。在地面交通组织方面，内城型机场的地面交通网络发达，可全面纳入城市交通网络体系之中，实现快速公交（BRT）、城市轨道交通线路等公共交通方式优先进出机场；另外，机场巴士或机场快线可形成网络化运营。内城型机场最终将发展为近郊型综合交通枢纽，并适合与铁路车站、汽车站及客运码头等城市综合交通枢纽进行空铁、空公、空海等各种多式联运。

在航空运输功能方面，因净空、航空噪声、土地资源等限制性因素的影响，内城型机场适合于低成本航空、公务航空和包机航空等专业化运营。节省进场交通成本和缩短进场距离，在旅行时间和旅行费用方面强化优势，可大幅度提升这类机场的竞争力。以毗邻伦敦金融城的伦敦城市机场（LCY）为例，1987年始建的该机场是利用道克兰地区废弃码头改建而成的，并建有机场至坎宁镇（Canning Town）的道克兰轻轨延长线。该机场以服务公务旅客和商务旅客为主，其年旅客量已超过百万人次，通航20多个英国、爱尔兰和欧洲的航点。

(二) 国内外城市的内城型机场和远郊型机场的组合

第二次世界大战后，大量市内的军用机场转为民用机场，并按照民用机场的标准进行改扩建，沿用至今。再加上1960—1970年随喷气式飞机的出现而新建的机场，由此形成"一市多场"的机场布局。欧美国家的内城型机场普遍在其多机场体系中占据重要地位，例如纽约地区的拉瓜地亚机场（距市中心15千米）、英国伦敦地区的城市机场（距市中心9千米）等。欧美国家、亚太地区的多机场体系多为新、旧两机场组成的双机场模式。其中旧机场多为内城型机场，在其容量趋于饱和后，逐渐转型为国内机场、低成本机场或商务机场。在远郊则新建大型枢纽机场，由此构成大都市"一市两场"的机场体系，如法国巴黎地区的戴高乐机场和奥利机场、美国华盛顿地区的杜勒斯机场和里根机场，亚太地区的日本东京成田机场和羽田机场、泰国曼谷素拉普那机场和廊曼机场、马来西亚吉隆坡机场和苏邦机场、韩国首尔仁川机场和金浦机场以及中国台湾的桃园机场和松山机场等。这些城市的内城型机场为开通便捷的国际短程城市对航线奠定了基础。

（三）我国内城型机场的发展现状及其特征

我国的内城型机场一般指始建于新中国成立之前且至今仍在使用的民用机场，它们普遍有 70 年以上的历史。这些机场在近代普遍被认为距离城市较远、使用不甚方便，但正是这些机场的使用期限最为长久，并在 20 世纪末逐渐发展成为交通便利的内城型机场。在城市化快速发展的推动下，内城型机场的逐渐废弃往往为旧城开发提供难得的大片空地。这些内城型机场由于净空管理控制的强化、场址所在地为城市非重点建设地区等因素，其使用期限才得以长期延续。其原有的交通不便劣势到现在已成为其先天的交通便利优势，因此而备受旅客欢迎，并具备永久沿用的可行性和必要性。我国内城型机场普遍存在因距离城市中心过近而导致发展受限的问题，大部分已被归为搬迁和废弃之列（见表 5—1）。其中 1910 年建成的我国第一座机场——北京南苑机场已于 2019 年 9 月 25 日停航，机场使用历史已达百年。该机场距离天安门 13 千米，早在民国时期已建有完备的公路和铁路交通线路。该机场之所以能在北京大规模的城市化进程中安然生存百年，显然与其当时距离北京城相对较远和军用机场性质分不开。

表 5—1　　　　　我国现存的主要内城型机场概况　　　　（单位：千米）

	始建年代	距市中心距离	机场性质	使用现状
北京南苑机场	1910 年	13（天安门）	军地两用机场	弃用
上海虹桥机场	1921 年	13.3（人民广场）	民用机场	在用
大连周水子机场	1924 年	12（大连火车站）	军民合用机场	筹备搬迁
乌鲁木齐地窝堡机场	1931 年	16.8（人民广场）	民用机场	在用
宁波栎社机场	1934 年	10.13（华联商厦大楼）	民用机场	在用
成都双流机场	1938 年	16.825（天府广场）	民用机场	在用
青岛流亭机场	1938 年	23（中山路）	军民合用机场	弃用

续表

	始建年代	距市中心距离	机场性质	使用现状
天津张贵庄机场	1939年	13.3（天津站）	民用机场	在用
厦门高崎机场	1939年	12（中山公园）	民用机场	筹备搬迁

资料来源：笔者整理。

二 不同城市体系背景下的高铁车站布局

近些年来，在高速铁路兴起的背景下，以高速铁路车站为中心的综合交通枢纽发展快速，高速铁路车站呈现大型化、枢纽化、综合化和立体化的特点。在城市区域化和多中心、网络化的城市空间结构的引领下，多个高速铁路车站分布在大城市之中已是普遍现象，同时大城市郊区也可享用周边城市的高铁车站。高速铁路车站的发展对城市本身也有双重影响，高速铁路车站在市中心的升级改造和市郊的新建、迁建分别具有加强城市中心集聚和提升外围新城功能的双重效应。在综合交通枢纽的交通价值和功能价值的平衡方面，市区车站融入更多的城市功能价值，可在这些地区进行商务、旅馆和居住等城市功能的综合性开发。而郊区车站则交通节点价值突出，既要满足小汽车"Park + Ride"的出行模式，也应有利于高速铁路、城际铁路、高速公路网与机场的衔接，以利用各种交通方式开展多式联运。

结合城市的旧城改造和新区开发，高速铁路车站与城市的位置关系无外乎有两种：一是位于城市中心的高铁站，为传统铁路车站的更新改造；二是随着高速铁路的发展，铁路交通枢纽由市中心向城市外围或城市新区转移，在大城市的边缘设置市郊站和过境列车经停站。高速铁路车站根据其在城市空间中的布局位置，可普遍分为改造而成的市中心车站（Central Station）和新建而成的市郊车站（Peripheral Station）两大类。市郊车站的建设模式既能促进网络化城市的发展，也可推动城市中心的更新。

（一）全面更新改造市中心的中央车站

在高速铁路时代，欧洲大城市的高铁线路布局可采取市中心既有铁路线贯通改造和城市外围设置过境联络线两种方式，并相应地以更新改造的市中心车站和在城市边缘新建的市郊车站为核心，分别构筑城市型交通枢纽与市郊型交通枢纽。大城市普遍设置有多个高速铁路客运车站，其布局模式主要有市中心的中央车站模式和城市边缘的郊区车站模式两大类。其中将市中心的传统铁路车站更新改造为高速铁路车站是通行的做法，这也是城市中心复兴的重要契机。普遍采取铁路交通枢纽与周边土地开发利用结合的综合发展模式，实现车站地区开发与城市旧城改造的有机融合，使高速车站地区的城市功能更为健全和强化。但改造市中心的铁路车站也面临开发难度大、成本高、用地有限等诸多问题。

（二）在城市边缘地区新建城郊型高铁车站

在高速铁路建设的热潮中，顺应城市大规模空间扩张的趋势，在城市新区或郊区设置高速铁路车站是带动新区开发或推动市郊城市化进程的重要动力，有助于推动在这些地区进行商务、旅馆和居住等功能区的综合开发。城郊型铁路枢纽位于城市外围，与市内综合交通枢纽相比，市郊站占地面积普遍较大，其发展用地充裕，也适合小汽车快速进出车站，可提供"Park + Ride"转运模式。这些城郊型车站既服务于外围新城，也有利于过境列车或经停列车的快速通行。例如，大伦敦地区在其西南郊区构筑十字形枢纽的铁路换乘总站，为位于伦敦周围主要的铁路放射线上的斯蒂文尼奇（Stevevage）、沃特福德（Watford）和雷丁（Reading）等车站提供长途列车服务，实现郊区过境列车与市中心始发终到列车的空间分离。但相对市中心车站，地处市郊的高速铁路车站本身存在着可达性差的缺陷。其配套的公共交通体系欠发达，有可能丧失了市中心到市中心的传统铁路旅行优势。由于城郊型车站的主要服务对象为郊区城镇居民及中转旅客，车站的运营规模普遍偏小。城市中心车站的外迁也会导致市中心复兴及车站地区开发受到不利影响，市内出行的距离增大和旅行时间延长影响到旅客的便利。

三　高铁车站与枢纽机场的统筹规划建设

从长远来看，高速铁路车站和机场将成为彼此相互依存的交通枢纽。郊区车站的设置既能促进网络化城市的发展，也为铁路车站与机场的结合提供了可能性。功能拓展后的机场地区将形成类似于铁路中心车站的功能，汇集公交车站、长途汽车站以及轨道车站。大城市铁路交通枢纽数量的增多且布局分散，使大城市在构筑多中心的城市空间结构的同时，在交通枢纽布局方面也普遍呈现"泛交通中心化"的现象。欧洲国家的主要枢纽机场不仅衔接城市轨道交通、区域轨道交通，还与欧洲高速铁路网直接或间接的全面衔接，大型枢纽机场由此成为国家高速铁路网的枢纽站。欧盟提出的7大"优先工程"中的"PBKAL"高速铁路2号工程为欧洲第一条跨边境的高速铁路工程，它由巴黎、布鲁塞尔、科隆、阿姆斯特丹、伦敦五大城市名称的首写字母缩写命名。该高铁线已将这些城市连接起来，并最终将衔接这些城市的五大机场，而巴黎戴高乐、法兰克福美因、荷兰史基浦及伦敦希斯罗四大枢纽机场均已经或计划与泛欧洲高速铁路网衔接。

（一）内城型机场与市区铁路车站的融合

英国伦敦希斯罗机场不仅是英国面向全球经济的主要门户，也被规划为英国的主要铁路终端枢纽。计划兴建曼彻斯特—伯明翰—希斯罗机场的英国南北高速铁路新线，该线将与东西向的海峡隧道铁路联线延长线（CTRL）及大西铁路线在希斯罗机场衔接。而海峡隧道铁路联线延长线将使希斯罗机场衔接圣潘克拉斯国际车站、屈福特交会站和雷丁车站，这些铁路枢纽也提供到盖特威克机场的服务，圣潘克拉斯车站还提供到伦敦卢顿机场的专线服务。这使伦敦三大机场通过实施联运组织联系得更为紧密。

（二）远郊型机场与远郊型高铁车站的融合

欧洲大城市的外围铁路环线或联络线及其郊区车站普遍考虑了与大型机场的直接或间接衔接，尤其优先考虑枢纽机场。从欧洲空铁联运模式的应用来看，高速铁路干线在中心城市郊区的迂回线与枢纽机场的结合最为成功。在网络城市快速发展的同时，也为同处在郊区的铁路车站与机场的整合发展提供了可能性和必要性，尤其是城郊型高速铁路车站的建设更是为高铁车站与机场一体化布局提供了契机。高速铁路引入枢纽机场通常将设置额外的经停站和一定的线路绕行（欧洲境内绕行距离最小的是布鲁塞尔枢纽机场），但这些成本是控制在合理范围之内的，与空铁联运的长期经济效益及社会环境效益相比，并不会造成额外的巨大经济负担或时间损耗。

法国巴黎拥有的9个高铁车站大部分位于城市中心区和边缘区，其中市内拥有蒙帕那斯车站、萨拉扎尔车站、里昂车站、北站、东站、奥斯德利兹车站 6 个高铁车站，这些车站主要用于发送始发终到的 TGV 高速列车；而在大巴黎地区东南部的郊区则布置有将北方线、东南线和大西洋线三条 TGV 高铁线串接起来的、全长 128 千米的大巴黎区外环线，该线设有马希、戴高乐机场和欧洲迪斯尼三个高铁中间站，主要发送这三线上绕过巴黎市中心的过境列车，确保跨线运行列车可快速相互通达。戴高乐机场交通中心则建成综合交通枢纽，分别开通服务于法国全境乃至欧洲的 TGV 东线、服务于大巴黎地区的大区铁路快线（RER）以及服务于巴黎市区的戴高乐机场快线（CDG Express），最终促成戴高乐机场的空铁联运旅客量超过 300 万人次/年。法国南部的里昂市则建有 3 个高铁车站，其中两个（即原有的中央车站——Perrache 车站和高铁枢纽站——Part-Dieu 车站）位于城市中心区，另一个是位于郊区的多式联运中心——塞托拉斯机场车站。该综合交通枢纽既有意发展为衔接 TGV 东南线、地中海线、里昂—都灵线等各条铁路线的高铁枢纽站，并力求融入区域铁路网络，同时也发展成为空铁联运枢纽。直接衔接着戴高乐机场和里昂塞托拉斯机场的 TGV 东南线使这两个机场可以相互直达。

　　位于市中心的传统中央车站和位于郊区的机场车站通常为主辅关系，中央车站服务于整个城市范围的铁路旅客，而机场车站则服务于有限的郊区范围，多承担空铁联运和换乘过境的辅助功能。市郊机场站与市中心车站通常有便捷的轨道交通联系，使旅客可由市中心直接往返机场。以荷兰兰斯塔德地区为例，该地区拥有多个分别位于城市中心区和边缘区的高速铁路车站，其中包括位于城市中心的阿姆斯特丹、鹿特丹和乌德勒支等中央车站，以及位于城市边缘区的宙达车站和史基浦机场车站，该机场车站主要用于航空运输、高速铁路和城际铁路之间的换乘。

　　高速铁路与机场的相互衔接是最佳的空铁联运方式。在高速铁路和高速航空两种"双高"型运输方式的推动下，路程时间在全旅行过程中所占的比重越来越小，而在交通枢纽间进行换乘的中转时间所占的比重越来越大。在区域内高速交通体系建立健全的基础上，实施空铁联运、构筑以机场为中心的综合交通枢纽成为缩短出行时间和中转距离、实现无缝中转的关键所在。在多机场体系中，率先实现空铁联运的机场在多机场体系竞争中占据着优势地位，实现空铁联运也是枢纽机场运营的标志之一。国外经验显示，机场与高速铁路网络的衔接将使主要枢纽机场的辐射面拓展到约 250 千米，或者 1.5 小时进出机场的行程时间，这一时间通常为航空旅客可接受的最长地面旅行时间。

第二节　以机场为导向的城市土地综合开发模式

一　以机场为导向的 AOD 开发模式内涵及其特性

（一）以交通为导向的城市土地开发模式

从交通方式的导向来说，城市土地开发模式多种多样，具体包括以步行为导向的 POD 模式（Pedestrian Oriented Development）、以小汽车交通为导向的 AOD 模式（Automobile Oriented Development）和以公共交通为导向的 TOD 开发模式（Transit Oriented Development）。20 世纪 90 年代掀起的新城市主义的代表——美国的彼特·坎索普（Peter Calthorpe）等针对美国大都市区郊区蔓延问题提出了 TOD 模式，该开发模式是以地铁轻轨、快速公交（BRT）以及常规公交等公共交通方式为导向，以区域快速公共交通站点（包括地铁站、轻轨站、快速公交站等）为核心的高强度土地利用模式。力求将已经有的或者规划的公共交通站点转化为城市新的发展中心，促成公共社区、核心城区等空间单元有机组合，并由 TOD 轴线连接，从而形成多中心、网络型、生态化的空间结构。该开发模式尝试从区域层面来协调大都市区的内城、郊区和自然环境三个部分之间的整体发展。

（二）以机场为导向的 AOD 开发模式特性

在城市化快速向外围拓展和临空经济区综合开发的进程中，地处郊区的机场地区逐渐成为以公共交通枢纽为导向的城市土地开发的重点领域。根据不同城市背景和土地特性，可应用 TOD 开发模式对机场周边地区及其进场交通走廊沿线地区进行开发，由此形成以机场为导向的城市土地综合开发模式（Airport Oriented Development，AOD）。AOD 模式是指以机场为导向，以机场的新建、改扩建为契机，在机场周边地区和进场交通走廊沿线地区进行临空偏好型产业开发的一种特殊类型的 TOD 模式。这种点轴式整体开发模式不只局限于机场这一交通枢纽节点的开发，也衍生出进场交通走廊沿线地区的开发，其具有机场综合交通枢纽开发模式和进出机场综合交通走廊开发模式的双重属性。

以机场地区及进场交通走廊为主体的 AOD 土地开发模式将产生由增长极和增长轴所共同构成的点轴开发模式，并分别产生极化效应和轴化效应。AOD 开发模式的特殊性表现在以下方面：一是机场进场交通兼备邻近市中心和机场的双重优势，普遍为城市规划建设中优先实施的交通线路，并由一般公路、专用高速公路或者各种轨道线路所组合构成的复合交通走廊，与其他方向的交通轴线相比，机场进场交通系统更能够显著地提高沿线地区的可达性；二是与其他方向的城市发展轴不同，机场方向的城市发展轴向外辐射的端部为机场地区，这样机场及其进场轴线所形成的点轴效应将对城市空间形态的发展方向和发展重心有着引导作用，使机场方向往往成为城市空间形态的主导发展方向，整个进场交通走廊沿线地区的 TOD 开发模式具有显著的市中心指向性和临空指向性的双重属性；三是与一般交通走廊相比，专用型的进场公路出入口或轨道交通沿线站点的数量有限，其服务对象相对单一，其沿线开发项目多为组团式、高端化的产业或居住项目。

二　机场地区的增长极开发模式

（一）新兴城市概念与国际机场的关联分析

由于机场普遍位于城市外部空间或城市边缘地区，机场地区与各种新兴的分散式城市类型存在密切的关联，机场地区快速城市化的进程与边缘城市（Edge City）、外围城市（Outer City）、郊区城市（Suburban City）、技术郊区（Technoburbs）以及信息城市（Informational City）等新兴的城市空间形态或城市概念或多或少地存在某种程度上的联系。这些城市类型多以用地布局分散、地处市郊为其空间布局特征，在功能上依托高新技术产业和现代信息通信技术的进步，将航空运输作为其主要的对外交通方式。推动这些城市空间形态快速发展的核心动力为大学及研发机构。

美国学者弗里德曼 1986 年指出，目前世界主要城市之间，作为"全球性金融结合点"（Global Financial Articulations）的联系已经越来越直接和紧密，而这些大城市周边新近成长的边缘城市通常或是围绕机场，或位于机场方向的主要轴线上。这些交通节点上的城镇包括伦敦的 Western Sector（斯坦斯特德机场地区）、巴黎的 Roissy（戴高乐机场地区）、斯德哥尔摩的 Kista – E4 走廊（阿兰达机场地区）、阿姆斯特丹的 Zuid 商务走廊（史基浦机场地区）等。另外，欧洲的伦敦希斯罗、布鲁塞尔扎芬特姆等机场周边地区也产生有规模不等的边缘城市。可以预计，顺应网络城市、边缘城市、信息城市等各种新兴城市空间形态的发展，大型机场的周边地区将以航空交通枢纽为主要的动力机制，加快其城市化的进程，最终形成各种空间形态的航空城。

机场地区的 AOD 开发模式对城市空间形态的形成和发展具有显著的影响。英国剑桥系统研究所（Cambridge Systematic Inc., CSI）对欧洲、日本和北美空港邻近地区进行的研究表明：在大多数城市，围绕着空港的商业活动除了集中在空港相邻地区，还包括空港交通走廊沿线 15 分钟车程的范围内，即空港交通走廊沿线的高可达性地区（李晓江，2001）。另外的研究表明：商务办公业也倾向于靠近机场地区发展，欧洲一些大城市新的办公园区多在机场附近选址建设，通常市中心往机场方向的土地租金高于城市其他方向的租金（见图 5—1）。而美国运输经济学家通过对美国 341 个都市地区进行统计分析，对空港都市与原有城市中心之间的关系得出如下两个结论：（1）有枢纽机场的城市比没有枢纽机场的城市明显有更多的高科技产业；（2）空港对城市的经济有明显的贡献。

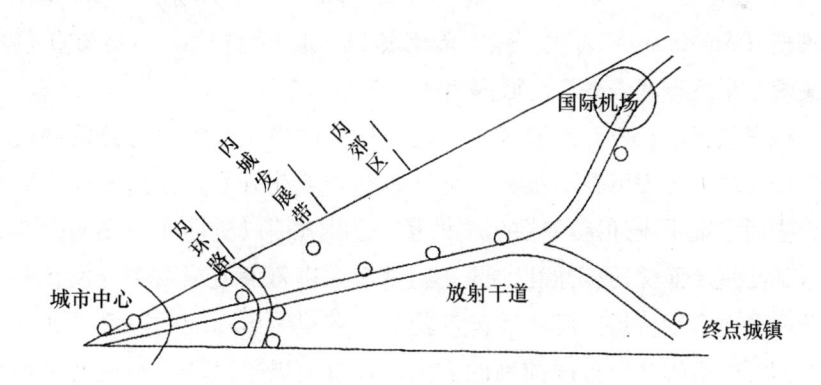

图 5—1 欧洲大城市办公园区的区位分布

资料来源：S. V. Berg, J. Duncan, P. Friedman, *Joint Venture Strategies and Corporate Innovation*, Gunn and Hain, Cambridge: Oelgeschlager, 1982。

(二) 以机场地区为导向的增长极理论

1. 以机场商务区（Airport Business Distract）为导向的机场增长极开发模式

位于机场航站区内或者附近的机场商务区普遍具有城市中央商务区（Central Business Distract, CBD）、生态商务区（Ecology Business District, EBD）和游憩商业区（Recreational Business District, RED）的若干属性。在 CBD 层面，机场商务区是航空城的中央商务区和临空经济的总部基地，园区功能主要集中在商务和商业功能及其相关配套领域，产业集聚以研发、商贸、会展、信息服务业等智力密集型产业和高端现代服务业为主，堪称大型机场对外交流的神经中枢；在 EBD 层面，机场商务区呈现低楼层、低容积率、高绿化率的建筑空间布局特性，园区追求生态环境保护，注重人与自然的和谐发展；在 RED 层面，园区坐落在机场陆侧地带或主进场交通轴线的站点位置，相对航站楼既有一定的独立性，又有很好的可达性，可方便利用航站区综合交通枢纽，拥有良好的步行休憩环境和便利的生活服务条件。

根据发达国家发展现代服务业的"豪布斯卡"（HOPSCA）原则，机场航站区范围内规划建设的现代服务区应具备宾馆（Hotel）、商务楼（Office）、停车场（Parking）、商场（Shopping）、聚会场所（Congress）、公寓楼（Apartment）六大元素，吸引知识、信息、资本、人才在机场地区集聚，最终有利于提升区域内整体服务业的水平。

机场地区增长极开发模式依托机场地区的极化效应而直接发展成为航空城，这一方面可在机场周边地区进行产业化开发，大力发展临空经济，进而实现机场外延地区的城市化；另一方面以机场陆侧交通枢纽为核心，实现地面交通枢纽化，并在航站区内进行商业或商务开发，融入办公服务、金融贸易、商业零售等功能，实现城市功能的内聚。如在世界旅客吞吐量排名中位居前列的美国芝加哥奥黑尔机场已经成为芝加哥大都市区新的增长极，集聚了许多具有 CBD 性质的城市社会经济功能。而在芝加哥的就业岗位空间分布上，商务与轻工业岗位也主要集中在奥黑尔机场地区以及芝加哥中央商务区和几个郊区中心。

2. 以机场交通枢纽和进场交通走廊为导向的机场增长极轴开发模式

随着机场周边地区高速公路网和轨道交通线的发展，机场地区的交通体系将由点线式地面交通向网络化交通体系转变，大型机场这一交通节点也趋于综合化和枢纽化，并逐渐成为融合城市交通与对外交通的城郊型综合交通枢纽。具有良好区位交通条件的机场可发展成为以客运为主的交通枢纽型航空城。以上海虹桥综合交通枢纽为例，该综合交通枢纽开发模式是以铁路、机场等交通枢纽为核心进行城市功能集聚和开发的综合开发模式。按照用地布局—客源生成—枢纽位置—网络—交通功能的发展时序，构成集机场、高速铁路、城际铁路、磁浮交通、城市轨道交通、长途客运、城市公交、出租车及社会车辆等于一体的现代化大型综合交通枢纽，虹桥机场地区由此将发展成为上海的城市副中心。

在机场极轴开发模式的带动下，机场地区综合交通枢纽和进场交通走廊直接引导着城市空间发展的方向，并对城市空间结构形态及产业布局产生影响。对于历史悠久的大型内城型机场而言，其城市空间发展模式有所不同。在机场地区与市中心之间进行相向且长期空间拓展的背景下，机场地区将逐渐融入城市主体空间之中，最终将成为城市功能区的重要组成部分。例如，作为荷兰的主要交通枢纽，阿姆斯特丹的史基浦机场已成为汇集航空、公路、铁路和地铁等众多交通方式的立体化交通枢纽，机场高速铁路可通达欧洲境内的主要城市，史基浦机场地区的综合开发是应用 AOD 开发模式的典型实例。荷兰政府基于规划，将阿姆斯特丹市打造为"欧洲商业的神经中枢"和从事商业活动的目的地，一方面由荷兰政府、北荷兰省政府、阿姆斯特丹港务局及多家房地产开发商共同投资建设以史基浦机场为核心的阿姆斯特丹空港地区（Amsterdam Airport Area），在机场地区兴建大量的购物中心、旅馆和办公室等。该地区已经成为荷兰地价最昂贵的地区，该地区的办公租金甚至比阿姆斯特丹 CBD 地区的租金更贵。另一方面以机场和阿姆斯特丹市区之间约 12 千米宽的带状走廊为发展轴，将地处该发展轴的正中间、位于阿姆斯特丹市中心南面的新城市中心——宙达（Zuidas）发展成为航空商务类空港城。此外还在 A4、A9 两条高速公路之间的机场外围地区兴建带状或组团式的各种商务园区、工业园区、物流园区和信息技术综合体以及服装交易中心等。

三 机场进场交通沿线地区的增长轴开发模式

（一）以高新技术产业带为主体，以国际机场为平台节点的智能走廊

在知识经济时代，根据新经济增长理论，知识外溢、专业化的人力资本、有意识的劳动分工以及研究和开发对经济的增长产生了巨大的作用。肯尼思·科里（Kenneth E. Corey）指出 IT 和远程通信技术的驱动促进了数字产业和电子空间的发展——智能走廊的形成（Corey，2000）。如英国的 M4 高速公路走廊、瑞典斯德哥尔摩与乌普萨拉市之间的 E4 走廊、马来西亚超级多媒体走廊和新加坡的技术走廊等世界上著名的高技术走廊，都验证了高新技术产业的研发制造与公路运输业、航空运输业的发展密切相关。科学研究机构以及高新科技园区不仅普遍依赖于交通走廊布局，还充分将邻近机场作为其重要考虑的因素之一，以机场为枢纽节点的航空运输方式则提升这一交通走廊的技术服务等级（见表5—2）。大型机场集疏运交通系统沿线地区是普遍优先开发地区，大型机场与机场所在城市中心之间形成了由多条交通路径和多种交通方式组成的复合型交通走廊，以公路为主体的综合交通走廊和以机场为核心的综合交通枢纽将强化技术走廊面向区域和全球的可达性，机场进场交通走廊由此普遍成为城市空间发展和高新技术产业布局的重点区位。

表5—2　　　　世界著名高技术走廊与国际机场的关联

	依托机场	高技术交通走廊的构成	主要城镇和功能区
美国波士顿128公路高技术区	波士顿洛根机场	长90千米、环绕波士顿外围的半环形高速公路沿线地区，为世界上知名的电子工业中心，被称为"美国科技高速公路"	包括米德尔塞克斯、萨福克、诺福克和埃塞克斯四县；以生物技术为中心的肯德尔园区；麻省理工学院

续表

	依托机场	高技术交通走廊的构成	主要城镇和功能区
英国 M4 高速公路走廊	伦敦希斯罗机场	伦敦西部的新月形地带和 M4 沿线向西至南威尔士地带共同构成英国科技中心	伯克郡、哈福德郡；汉普郡；斯托克利产业园（高科技产业、物流产业及生活配套设施）；空港区
英国伦敦—斯坦斯特德—剑桥走廊	伦敦斯坦斯特德机场	南北向 M11、A60 和 A1 公路连接剑桥与伦敦，东西向 A45 公路连接剑桥与弗利克斯托、哈里奇	伦敦 Western Sector 地区；剑桥科技园（Silicon Fen）；剑桥大学城；彼得伯勒
瑞典斯德哥尔摩与乌普萨拉之间 E4 高新技术走廊	斯德哥尔摩阿兰达机场	依托欧洲 A 类道路——E4 高速公路构成智能走廊，衔接阿兰达国际机场，符合"大学—机场"模式	乌普萨拉为文化及学术重镇；Kista 为新兴的高科技发展带中心；机场城项目
荷兰阿姆斯特丹城市物流和高科技产业走廊	阿姆斯特丹史基浦机场	A4 与 A9 高速路之间的机场外围地区为商务、工业、物流和信息技术等园区，发展重点为机场—宙达—阿姆斯特丹市区之间的带状走廊	阿姆斯特丹市（欧洲商业的神经中枢）；阿姆斯特丹空港地区；新城市中心为宙达
华盛顿杜勒斯机场高速公路沿线地区	华盛顿杜勒斯机场和里根机场	为华盛顿特区重要的城市发展走廊和美国著名高新技术产业集聚区，66 号和 270 号高速公路沿线地区为创新聚集区	弗尼吉亚 R-B 和 J-D 两条轴状发展走廊沿线有 Rosslyn, Ballston, Tysons Corner, Reston 等新城
新加坡技术走廊	新加坡樟宜机场	以科技园为中心的新加坡西部一带为"科技走廊"，发展以技术研发为支撑的技术密集型产业	由大学教育区（含新加坡国立大学、欧洲工商管理学院、理工学院等）、科学园和纬壹信息科技城组成
韩国首尔至仁川带状城市群	仁川国际机场；金浦机场	机场高速、机场快速铁路将新区、原首尔中心、仁川机场串接成带状走廊式的城市群	以新区和机场（含永宗区）为两大新增长极，衔接仁川、松岛信息技术新城、青罗

资料来源：笔者整理。

安德逊等认为新经济增长的影响表现在新城市——区域空间的形成，即通过高效廊道把知识中心和大城市连接起来（欧阳杰，2013）。这些高技术走廊的发展首先应该拥有一个国际机场，因为只有高可达性的地方才能孕育高水平的科技活动。机场—大学模式在英国、瑞典已被证明为促进城市增长的最有效机制。例如，2004年颁布的《大伦敦空间发展战略》提出了大伦敦地区四条具有发展潜力的区域空间发展走廊，其中北向的伦敦—斯坦斯特德—剑桥—彼得伯勒走廊、西向的楔地和泰晤士河谷走廊、南向的伦敦—盖特威克机场走廊以及东向的泰晤士河门户走廊均分布有机场，尤其是伦敦—斯坦斯特德—剑桥—彼得伯勒走廊地区实现了大学、科研机构及高新技术产业与斯坦斯特德国际空港之间的密切结合。又如瑞典的首都斯德哥尔摩与乌普萨拉市之间的 E4 走廊是依托高速公路的高科技研发走廊，乌普萨拉为文化及学术重镇，而 E4 走廊上的希斯塔（Kista）则是新兴的高科技发展带中心。E4 高新技术走廊临近阿兰达国际机场，反映出其作为技术城郊的空间布局特性。另外在阿兰达机场地区，2008年由私营控股公司投资、瑞典民用航空管理局承建一座占地160亩的新城，这个斯堪的纳维亚半岛上首个机场城项目旨在为技术咨询和建筑公司创造更多的机会。

促进带状智能走廊成型和发展的最有效动力机制需要四大要素：大学和科研机构、高新技术产业、国际机场以及复合型交通走廊。依托高速公路的交通走廊主要负责智能走廊中的内部交流联络，以发挥培育研发机构密集的催化效应和高新技术产业集群的集聚效应，推动大学、科研机构及高新技术产业与国际机场之间的密切结合。高技术带状走廊均依托国际机场作为支撑，以承担对外联络交流的航空客运职能和高新技术产品进出口的航空物流职能。总体来看，科创型智能走廊往往具有高技术指向和临空指向的双重特性，国际机场是智能走廊发展成熟过程中不可或缺的基本要素。

（二）以复合型机场进场交通轴线为导向的增长轴开发模式

地处所在城市的近远郊或者是边缘地区的大型机场普遍拥有由多种交通方式、多条交通线路组成的复合型机场进场交通走廊，该衔接机场地区和城市中心的综合交通走廊是由多条公路（主路和辅路）、城市轨道交通线及城际铁路所组成的。它除了服务于机场之外，还可提高沿线地区的可达性，对城市空间发展方向和发展重心有决定性的影响，可直接引导城市空间的轴向发展，并成为机场地区空间拓展的主导方向。跨区域的机场综合交通走廊对城市群空间结构的集聚和扩散也有着调控作用，作为区域增长极也对区域经济有显著的促进作用。

以轨道交通为主体的机场进场交通走廊是以增长轴为特征的带状松散式空间拓展模式。随着进场交通沿线地区可达性的提升，机场高速公路收费站、机场轨道交通站点等区域往往也会成为新的经济增长点和人流聚集区，进而将这些节点周围演进为新的产业集聚区和居住新城，其空间形态总体上具有节点强化集聚、沿线相对集中的布局特征。机场地区及其主进场交通沿线地区最终将演进为带状松散型的空间开发模式（见图5—2）。

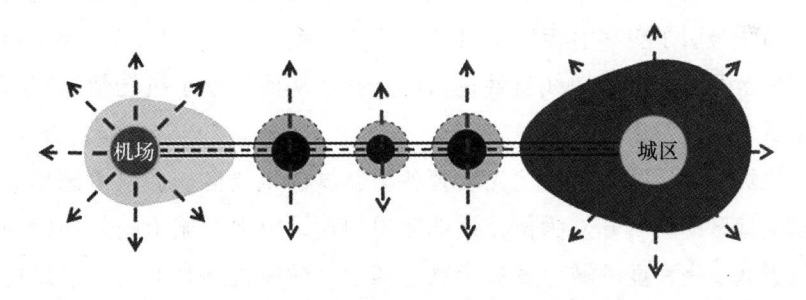

图5—2 进场交通走廊带状空间开发模式示意

总体而言，大型枢纽机场地区及其进场交通沿线地区通过点轴发展模式共同对城市的空间发展方向和空间结构形态产生影响。由于机场地区具有明显的交通指向性，机场所在方位往往是城市发展的主导方向之一。另外，机场进场交通系统本身对沿线地区也将产生轴化效应，其便利的区位交通条件直接吸引航空类总部、航空物流业、航空服务业等直接关联产业在机场地区以及进场交通走廊沿线地区落地，也带动了商务办公、科技研发、高新技术产业等临空偏好型产业在沿线地区布局，进而推动中高端居住区、商业及生活设施等其他城市功能的配套完善，从而加快了沿线地区快速城市化的进程。

（三）机场增长轴开发模式的典型应用实例

机场地区增长轴开发模式是指在机场主要进场综合交通走廊沿线地

区进行带状的综合开发，而由此产生轴化效应的轴向开发模式。尤其是在机场轨道交通的推动下，将加快机场地区及其沿线地区的城市化进程，而这些地区的城市化进程又给机场轨道交通方式提出了新的出行需求。例如，九龙总站—香港机场站的机场轨道快线项目是中国香港国际机场十大工程项目之一，香港地铁公司在机场沿线5个车站的物业发展计划涉及面积达350万平方米。其中机场轨道香港站的物业由中国银行、恒基地产和新鸿基地产联合体分六期开发建设，该物业除5万平方米归属地铁公司之外，其余归开发商所有。另外与机场线共线布局的东涌线则是服务于沿线地区的通勤地铁线，沿线设有香港站、九龙站、东涌站、南昌站和欣澳站等8个车站。这些站点与周边用地进行一体化开发，最终构成紧凑、高效、可持续的TOD社区。机场线和东涌线沿线轨道车站及其周边区域进行的大规模物业开发不仅可为航空客运带来方便，也为沿线轨道线吸引了更多客流，提升了周边物业的人气。这样就实现了沿线站点地区开发和机场快线良性运营的互补，从而带动了机场轨道交通沿线区域的良性发展。

机场外围地区往往是优先培育各类新城的重要区域。以美国华盛顿大都会地区的新城开发为例，该地区规划建设由中心城市向外辐射的六条放射状、高密度的城市发展走廊。其中杜勒斯机场高速公路沿线地区为重要的城市发展走廊，也是美国著名的高新技术产业集聚区。该地区66号和270号高速公路沿线地区为创新聚集区，这两条道路之间分布有华盛顿杜勒斯机场及其专用高速公路。在495号环线公路内的华盛顿里根机场和环外的杜勒斯机场之间，阿灵顿县的罗斯林—鲍尔斯顿（Rosslyn-Ballston）和杰斐逊·戴维斯（Jefferson Davis）两条主要发展轴沿线地区，以城际轨道交通线沿线的5个车站为中心，沿线成功开发了布局紧凑、功能混合的高端社区。同样，在华盛顿市以西35千米的弗吉尼亚州费尔菲克斯县也开发了美国最为成功也是最大的新城——里斯顿新城。该新城占地约45平方千米，地处杜勒斯机场高速公路旁，距杜勒斯机场仅15分钟路程。

四　机场地区的网络化开发模式

（一）机场地区网络化开发模式的基本内涵

根据区域开发理论，区域开发从其空间结构的演变看可分为点状开发、点轴开发和网络化开发三个阶段。网络化开发理论认为随着增长极以及增长轴的扩散效应，在其区域影响范围内将加剧劳动力、资金、技术和信息等生产要素的集聚及流动，由此构成区域性、网络化的开发模式。该开发模式主要依托交通网络、通信网络以及信息网络三大网络体系发挥资金、技术、信息、产品及劳动力等生产要素的扩散效应和集聚效应，以相对均衡、集中成片的综合开发为特征。借鉴增长极理论、点轴开发理论和网络化开发理论三大区域发展理论，依据开发的时序，可以将机场地区开发模式分为以增长极为主、以点轴开发为主以及以网络化开发为主三大阶段。其中机场地区的网络化开发阶段是 AOD 开发模式的高级阶段，将演进为以面状、均衡性空间形态发展为主的机场城市。历史悠久的内城型机场地区普遍应用网络化综合开发模式，随着其机场周边地区发达的交通网络以及主城区与机场地区城市空间形态相向融合发展的态势，内城型机场地区将逐渐融入城市主城区之中，实现港城融合，并成为城市主要功能板块之一。

（二）机场地区网络化开发模式的应用实例

城市交通结构与城市土地利用及其空间结构之间具有良性的互动机制，尤其机场、铁路车站及轨道交通车站等交通枢纽与城市空间形态更是具有相互依存、相互作用的关系。以丹麦首都哥本哈根市的"手指形态规划"为例，该市早在 1947 年便确定城市功能区以及城市次中心沿着五条呈指状的放射形快速交通走廊由临海的市中心向内陆方向布置。以轨道交通为主体的交通走廊之间分布有楔状绿地，其中建有罗斯基尔德机场（Roskilde Airport）（原规划还计划另建三个辅助机场）。在临海的城市核心区"掌心"位置设置有诺勒港（Norreport）铁路车站和新港（Nyhavn）码头，另外在邻近的阿迈厄岛（Amager）还有 1925 年始建的卡斯特罗普机场（Kastrup Airport），该机场 3 号航站楼地下的厄勒铁路车站可通达哥本哈根中央车站以及赫尔辛基等城市，还可通过公铁两用的厄勒海峡大桥（Oresund Bridge）与波罗的海对岸的瑞典马尔默市相连。哥本哈根国际机场的优越区位交通条件是其成为斯堪的纳维亚航空公司主要基地的重要因素，也由此成为跨国公司总部进驻机场商务区所不可或缺的考虑因素之一（见图5—3）。

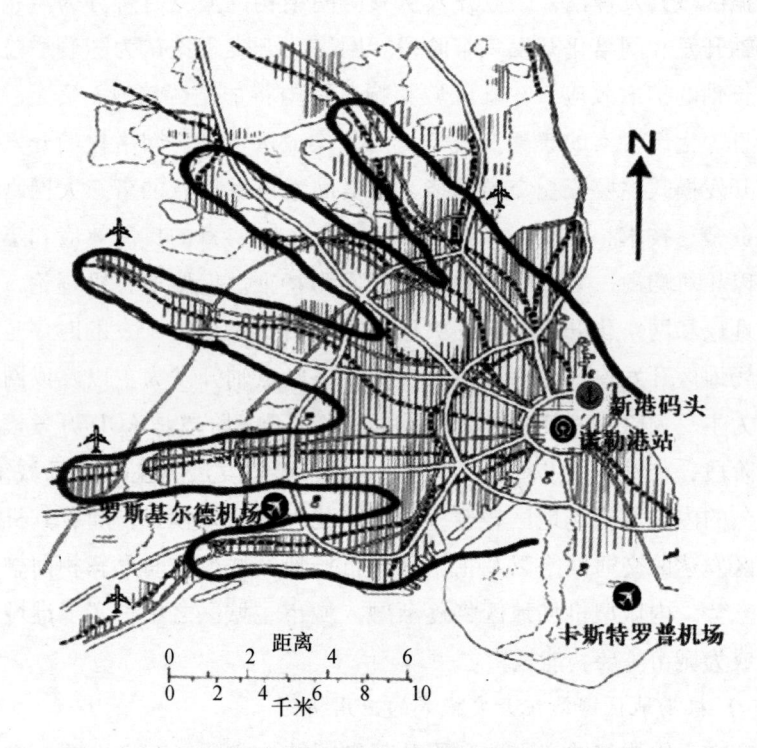

图5—3 丹麦哥本哈根市的指状空间布局

资料来源：笔者整理自绘。

哥本哈根市的产业结构以科技型工业为主体，具体涵盖制药业、生命科学、信息通信业以及化工业等。尤其是由哥本哈根地区及瑞典南马尔默地区所组成的厄勒地区有着"医药谷"之称，该地区拥有包括诺和诺德（Novo Nordisk）、伦贝克制药（Lundbeck）等公司在内的斯堪的纳维亚半岛60%以上的生物技术/制药工业；同时拥有半岛规模最大的信息通信技术群，云集IBM、戴尔、壳牌和索尼等跨国公司的研发部门、地区总部、共享服务中心或配送中心。总体来看，在以机场、港口、铁路车站为枢纽的掌状公共交通体系基础上，以机场地区为平台、以航空运输业为依托的大哥本哈根地区的网络化开发模式使其成为北欧地区的高端产业基地和世界最佳经商地之一。

五 京津冀主要机场地区的 AOD 开发模式

在知识经济快速发展和经济全球化的背景下，国内外的大型机场地区及其进场交通沿线地区已经成为城市空间发展的主要区域之一。以由轨道交通为主体的综合进场交通走廊为增长轴、以机场综合交通枢纽为增长极的 AOD 开发模式也将成为一种新兴的城市综合开发模式，它将对机场所在城市及其周边地区的空间形态布局和空间发展方向以及高端产业空间布局产生深远影响。

在北京"一核一主一副、两轴多点一区"的城市空间结构中，"两轴"即指南北向的中轴线及其延长线和东西向的长安街及其延长线。其中历史文化轴线——北京城南中轴线延长线直接衔接北京大兴机场，长安街交通轴线则是贯通北京东西方向、衔接北京中心城区和北京城市副中心的现代交通轴线。另外，在北京西北、东北走向还有两条历史悠久、特色鲜明的交通轴线，其中西北方向的京张铁路轴线代表着北京百年铁路的发展历程，随着京张铁路市区段的地下化，该沿线地区正在开发高端创新轴线和绿色廊道。北京东北方向的交通轴线是以首都机场为节点，以首都机场高速公路、机场轨道快线为主体的机场集疏运交通走廊。上述引导着北京城市空间发展的历史文化交通轴线都与对外综合运输通道直接对接，并对北京城市空间结构形态产生深远影响。其中衔接北京首都机场和北京大兴机场的两条交通轴线沿线地区在交通区位上兼有城市中心和机场的双重高可达性。

（一）北京首都机场地区的点轴开发模式

首都机场地区的发展与其进场交通系统的持续改进是密切相关的。从进场交通方式来看，首都机场地区的进场交通系统先后经历了机场路时期（1958—1992 年）、机场高速公路时期（1993—2007 年）、机场专用轨道交通时期（2008—2020 年）、机场综合交通走廊时期（2021 年至今）。按照具体进场交通设施建设的时间进度来看，首都机场地区进场道路交通轴线依次包括京顺路（1923 年）—机场路（1958 年）—首都机场高速公路（1993 年）—首都机场第二高速公路（2008 年），引入机场地区的轨道交通线则包括先后建成的机场轨道快线（2008 年）、地铁 15 号线（2010年）和京沈高铁（2021年）以及城际铁路联络线（预计2025年通车）。最终首都机场地区将形成以机场为核心，以专用轨道线、城际铁路、高速铁路和普通地铁线为骨干，以高速公路网为主体的首都机场地区综合交通体系。首都机场高速公路沿线地区已初步打造为由不同交通线路、不同技术制式所组成的复合型交通走廊。这条以机场路、机场高速公路及机场快线为主干的首都机场放射状交通走廊对北京东北部的城市空间形态形成及发展方向有着指向性的影响，该机场交通轴带动了沿线产业轴、空间轴的开发建设。通过AOD点轴开发模式，首都机场复合型进场交通走廊的通达性和便利性得以显著提升，进而促成首都机场高速沿线地区这一重要城市空间发展轴线的快速城市化，促成该地区形成以机场周边区域、三元桥周边区域为两头，以沿线地区为增长轴的"哑铃"形空间分布格局。机场地区和主城区也趋于相向发展，带动了沿线的酒仙桥、望京及定福庄沿线节点地区的联动发展，形成了政务商务、文化创意、商业展览及高端居住等临空型多元化产业业态。

AOD点轴开发模式推动了首都机场高速公路沿线地区国际商务枢纽功能的发展成熟，当前已形成了诸如三元桥商务区、望京商务区、新国际展览中心以及国门商务区等高端商务板块和国际商务交往平台。这些地区的临空指向型企业总部及酒店商场分布密集，如以居住区为主体的望京板块已逐渐提升成为云集西门子、摩托罗拉、三星电子等跨国外资企业总部的望京商务区，也先后吸引360、美团、每日优鲜以及阿里等科技互联网企业进驻。机场高速沿线地区的国际商务金融和国际商业服务功能在持续强化之中。

首都机场交通轴线与国际政务和国际商务交往功能的关联也是密不可分的。机场高速沿线地区是具有高集聚度和高活跃度的主要国际交往承载区，应依托国际航空交通枢纽，积极促进沿线地区吸引以国际政府组织和非政府组织机构为主的国际政治功能集聚。目前北京城区东北部已密集分布有第二、第三使馆区，根据北京自贸区国际商务区规划，计划在机场第二高速以西的东坝三岔河村地区筹备建设以第四使馆区为中心的金盏国际合作服务区，作为首都建设国际交往中心的核心承载地，着力打造国际组织集聚区、服务贸易示范区、数字贸易试验区及高端跨境消费中心。

首都机场高速沿线具有通勤交通便利、对外交通成本较低的交通特性，适合低密度、高价值的高端房地产开发模式。由此推动沿线地区的中高端居住区及其配套商业功能的聚集，使机场高速公路两侧、温榆河沿线逐渐成为别墅与高级公寓的集聚区，分布有嘉林花园别墅、京润水上花园、丽京花园、丽斯花园等不少高品质、低密度的高档别墅和公寓区以及望京中高端居住区。这些高档住宅区在交通区位上兼有城市中心和机场的双重高可达性。除了中高端居住区及国际社区外，机场高速沿线地区还配套建设了国际学校和国际医院等，仅酒仙桥地区已密集分布有加拿大国际学校、德国使馆学校、IAB国际学校和韩国国际学校等诸多国际学校，而在顺义区和机场地区也拥有德威、鼎石等十多所国际学校。

另外，首都机场高速沿线地区的文化创意和博览会展业也逐渐勃兴起来。酒仙桥地区原为"一五"时期国家重点项目——原东德援建的华北无线电器材联合厂所在地，在计划经济时期集聚包括代号为798、706、707、797、751等多个工厂和11个研究所以及若干个军工企业，该地区有"共和国电子工业的摇篮"之称。改革开放后，依托中央美术学院的衍生效应，酒仙桥电子城等传统工业区域除部分升级为电子城科技园之外，其他地区逐渐蜕化升级为以798文化创意产业园、751D·PARK北京时尚设计广场为主体的创意文化景观区域，用以培育发展文化创意、时尚艺术设计创作和展示交易等现代服务业。同时机场高速沿线地区也聚集着国家级或民营博物馆资源，具体包括中国民航博物馆、中国铁道博物馆、中国电影博物馆、观复博物馆及罗红摄影艺术馆等，沿线地区正逐步发展文化博览产业集群。

（二）北京大兴机场地区的点轴开发模式

始于元大都至明清时期逐渐成熟的中轴线是最能体现北京城壮美的秩序与卓越的城市风格的历史文化轴线。根据现有规划，全长约7.8千米的北京传统中轴线以保护为主，南、北中轴线延长线以发展为主。从AOD开发的角度来看，定位为生态文化轴的南中轴线延长线（永定门外—大红门—南苑森林湿地公园）的最南端节点可谓是北京大兴机场。由此形成以南中轴高速公路（机场高速）和机场轨道快线为主体，以大广高速、京台高速和京雄城际以及津兴城际等为辅助的复合型机场进场交通走廊。沿线衔接了大兴新城、国家新媒体基地和新航城等功能组团，串接了燕墩城市森林公园、南海子湿地公园、南中轴森林公园、大兴野生动物园等生态绿地，并以机场轨道沿线的丽泽站、草桥站、新航城站及机场站为增长极，重点发展国际旅游区、国际会议会展区、国际体育文化交流区、国际交通枢纽和国际科技文化交流区等。在南中轴线延长线上的南苑、大红门地区构建新兴的重要国家文化、国际交往功能承载区，而北京大兴机场地区则着力发展国际会展中心、国际会议中心以及国际商务金融、国际文旅休闲等功能片区。通过分别以北京大兴机场和南中轴线延长线为增长极和增长轴的机场 AOD 点轴开发模式，推动北京南中轴线延长线沿线地区的可持续发展，最终建成北京城市南部国际交往新门户，并带动北京城南的全面振兴以及京津冀核心区的协同发展。

（三）天津滨海机场地区的网络化开发模式

始建于1939年的天津滨海机场地处津城与滨城之间，距市中心天津站13.3千米，距滨城28.5千米。目前机场周边地区"双环线 + 纵横线"的网格状骨干道路网已经基本成型，外围高等级环路是由京津塘高速公路（东）、津滨大道（南）、外环线（西）和津汉快速路（北）的"两快、两高"所构成的，其中津汉快速路和津滨大道既是天津机场的主要集疏运道路，也是天津市"三环十四射"城市骨干道路网中的重要放射线；机场地区内部环路则由领航路（东）、航双路（西）、津北公路（南）和成林道延长线（北）所构成，主要用于机场地区内部及与周边地区的交通联系。天津机场发达的集疏运交通系统使机场地区呈现出成片组团式的网络化综合开发特征。

天津机场地区网络化开发唯一尚未开通的干道是贯穿机场东航站区的南北向机场大道，该通道可北上直通天津宝坻、北京和唐山以远地区，南下可衔接天津国家会展中心，直通河北沧州以远地区。在 AOD 点轴开发模式的带动下，机场大道北部沿线地区应积极融入大京滨走廊之中，并加强与北部的未来科技城和北部新城的互动，重点打造国家级航空科研机构聚集区、产业创新中心和高端商务总部区以及高端住宅区，积极承接北京高端的科技研发、高端商务和总部经济功能的疏解。机场大道南部的沿线地区则结合以空客系列飞机总装厂为主体的航空制造产业的拓展，重点打造航空科教创新区、航空产业园和航空维修基地等功能板块，满足航空维修、航空金融、航空租赁以及保税仓储的需求；机场大道南通道将加强与东丽开发区以及海河以南的国家会展中心和海河教育园区的互动，更好地服务于航空制造研发和航空展览业的需求。

第三节　机场地区的综合开发模式和土地利用模式

一　机场地区综合开发的基本模式

在以机场为导向的 AOD 开发模式推动下，当前我国各机场地区分别处于航空城发展、成形或成熟等不同阶段。根据其发展途径和状况的不同，机场地区的综合开发可分为渐进式和蛙跳式两种开发模式。其中渐进式开发模式是以机场周边地区的现有城镇为发展基础，在既有的人口和产业基础上，推动机场地区由空港内部逐渐向机场周边地区进行地域空间的扩张和经济空间的辐射，经过长时间演进，实现城市功能转化和产业结构升级，最终形成具有城市规模的综合性城市功能区。这种自下而上的开发模式具有自发性、无序性和长期性的特点，通常为早期建成的上海虹桥、成都双流等内城型机场所沿用。一般而言，由于机场周边城镇的发展水平相对滞后，与机场高层次航空客货需求存在脱节现象，机场地区与周边城镇在用地性质、产业布局、人力资源需求等方面存在结构性反差，仅依托现有城镇的内在增长动力尚无法与航空运输业的发展匹配，难以形成港为城用、城以港兴的良性互动机制。

机场地区的另一种开发模式是起点高、见效快的蛙跳式综合开发模式，它在机场周边地区进行成片成块的产业区、居住区或物流园等各类园区开发，以产业开发为先导，在此基础上延续城市化的进程，最终演进形成航空城。由于新建机场地区多为远离城区的"城市飞地"，机场的供水供电等基础配套设施往往只能自给自足。航空城所必备的巨额基础设施投资自然成为束缚机场地区跨越式发展的门槛，对此成功的做法是以兴建开发区的方式逾越航空城发展的门槛。这种自上而下的开发模式具有自觉性、先导性，且短期内成效显著，因而广为新建大型机场地区所采用。这种航空城的形成是新兴功能区逐片开发的递进式过程，机场地区多呈现为分散组团式的空间结构。

二 机场地区的城市空间形态演进时序及其基本模式

航空运输业及其机场的发展带动了机场周边地区城市化的发展，由此演进形成了一种以机场为核心的新型城市化模式——航空城开发模式。与大城市周边小城镇的发展时序类似，机场地区的城市化过程依次呈现小城镇（功能区）—卫星城—新城—城市副中心四类不同的城市空间形态演替模式。并不是所有的机场地区城市化过程都具有完整的全过程发展周期，许多中小型机场地区开发模式仅止步于卫星城或新城阶段；而对于大型机场而言，多数机场地区可发展演进成为空港新城。仅历史悠久的内城型机场（Inner-City Airport）适合于城市副中心的发展模式，其长期的城市化进程将使机场地区发展成为环绕机场的圈层式空间形态，并与毗邻的主城区全面融合，从而形成结构紧凑、功能高端的城市功能区，最终有可能演化成为城市副中心，即实现所谓的从城市机场到机场城市（From City Airport to Airport City）转变。

（一）小城镇（功能区）模式

小城镇（功能区）模式为机场地区早期发展的城市功能形态，以机场建成前的既有居住型小城镇为主，或者是以产业园区为主的新建功能区。小城镇和功能区两者的区别在于前者是长期自发形成的，后者是自觉规划建设的。机场地区小城镇（功能区）发展的动力主要依托航空运输业，其功能单一。这时期的机场是商务区、开发区等功能区选址建设的重要参考因素，但并非决定性因素。机场地区与所在城市主城区的交通衔接方式单一，多为单一路径的公路模式。

（二）卫星城模式

卫星城模式是依托机场周边地区现有的小城镇或功能区发展演进而来的居住区或产业区，由于这类睡城或工业城与主城距离远，机场地区的城市化水平低，具有一定临空产业基础，产住相对分离。机场大部分员工普遍居住在市区，机场地区仅有少量宿舍区。这时期的机场地区与主城保持着密切的交通联系，有多种交通方式与主城相连，主要是以公路交通为主的多路径、通道式的交通联系。比较典型的是上海浦东机场地区的机场镇，该镇于1998年9月由原有的江镇、施湾两个建制镇合并设立，主要为当地居民及机场驻场单位员工的住宅区。

（三）新城模式

机场地区的新城模式是卫星城城市化水平提升、城市功能配套完善及临空产业快速发展的结果，它实现了就业功能和居住功能的有机融合。空港新城普遍拥有相对独立而发达的集疏运交通系统，与主城有复合型的交通轴线衔接。例如，建设法国马恩拉瓦莱新城的一个重要原因是其地处戴高乐机场和奥利机场之间，兼有科学城及迪斯尼乐园。又如，美国开发最为成功的最大新城——里斯顿新城位于华盛顿市以西35千米的弗吉尼亚州费尔菲克斯县，临近华盛顿及美国著名的高科技产业走廊——杜勒斯机场高速公路沿线地区，由此带来的便捷交通吸引了高科技企业和高素质人口的聚集，使港、产、城三者之间形成了互动和良性循环。

（四）城市副中心模式

城市副中心发展模式通常适用于拥有毗邻市区的良好区位交通条件，且具有悠久发展历史的内城型机场地区。在城市向外蔓延扩张和机场地区长期城市化的双重推动下，内城型机场地区逐渐呈现环绕机场"摊大饼"式的空间形态布局，演进为功能高端、结构紧凑的城市功能区，并承担了重要的城市功能，最终有可能发展成为城市副中心，并完全融入毗邻的主城区，机场本身则发展成为地处城市放射线和环线交会处的对外综合交通枢纽。

在发展进入成熟阶段之际，航空城均面临机场地区用地限制、人口增长过快等问题，相应地也将带来机场容量和功能萎缩、机场地区功能结构不合理等负面影响。这时期的机场地区通常将进入两种不同发展路径的再开发阶段：一方面是净空、航空噪声等因素导致机场搬迁，进而利用大片腾退出来的机场用地进行大规模地再开发，如广州旧白云机场、武汉王家墩机场等；另一方面则对机场进行持续地改扩建，以实现机场容量的最大化和航空功能的基本保障。内城型机场的航空运输功能相对弱化的同时，机场地区的城市功能往往将显著提升，并有可能升级为"港产城"一体化的城市副中心。我国的上海虹桥机场地区、成都双流机场地区、天津滨海机场地区正顺沿着这一发展路径建设航空城。例如，以虹桥机场和虹桥高铁站为"双核"的上海虹桥商务区定位为城市副中心（其中虹桥商务区86.6平方千米，加上拓展区共151.4平方千米），正全力打造虹桥国际开放枢纽，按照建设国际化中央商务区和国际贸易中心新平台两大目标进行综合开发建设。

三 航空城的分类

航空城是一种新兴的特色城市化发展模式，它是机场地区城市化发展到一定程度时的高端功能形态和特定空间形态，通常泛指机场及周边地区具有城市功能和性质的建成区，并非具有明确行政区划界线且纳入国家城镇体系之中的城市。在大城市多中心化和郊区化推动下，地处郊外的机场地区具有发展成为航空城的潜力。航空城多游离于城市主体空间结构之外，与边缘城市、网络城市和全球城市等各种新兴城市形态相伴而生。航空城的发展定位取决于机场所在城市及其依托机场的性质和定位，航空城在城市群范围内实现临空产业的专业化分工，与区域城镇空间体系相适应，并与机场性质和运营规模相匹配。根据航空城的性质和发展定位，我国航空城主要可分为专业型和综合型两大类。

（一）专业型航空城

专业型航空城的特征是临空主导产业突出，并形成了一定数量的临空产业集群，兼有其他相关城市配套功能。专业型航空城的发展模式适用于具有特定航空运输功能和区位交通特性的国际机场或国内干线机场所在地，该类型航空城在发展到一定程度后将向综合型航空城转型升级。依据主导产业或主体功能的不同，专业型航空城又可以分为主业型、物流型、交通枢纽型、商务贸易型和居住型等类型（见表5—3）。

表5—3　　　　　　　　航空城的分类特征及其应用实例

	航空城分类	主要特征	应用机场实例
1	主业型	结合我国民航业的专业化分工和产业化布局，依托于航空运输直接关联的产业，做大做强航空服务、航空维修或航空教育等某一领域主导产业，并以此为基础形成产业集聚区	厦门高崎（飞机维修业） 西安阎良（航空制造业） 珠海金湾（航空博览业） 天津滨海（民航教育业）

续表

	航空城分类	主要特征	应用机场实例
2	物流型	借助机场的口岸和运输条件，将物流园区规划为机场地区的重要组成部分，涵盖自贸区、综保区、出口加工区等诸多业态，在货运区—物流区—产业区之间形成供应链和物流链。该类型是国内目前应用最广的一种开发模式	深圳宝安、郑州新郑、湖北鄂州等
3	交通枢纽型	机场地区成为衔接城市交通与对外交通的城郊型综合交通枢纽。具有良好区位交通条件的机场可发展成为以客运为主的交通枢纽型航空城	北京大兴、上海虹桥、上海浦东等
4	商务贸易型	侧重于发展商务贸易设施、会议中心、办公设施、星级宾馆等，其功能定位类似于城郊型中央商务区（机场商务区）	上海虹桥、荷兰史基浦
5	居住型	依托机场周边开发强度低、自然环境良好及交通区位条件优越的优势，既开发吸引机场就业人口就近安家落户中档居住区，也开发吸引出行频繁的高收入阶层人士入住的低密度别墅区	香港机场（东涌新市镇）上海浦东（机场镇）
6	综合型	机场地区功能多元化、产业集群化和空间城市化，其用地规模较大，机场就业人口和居住人口也达到相当规模。适合大型枢纽机场所在地	北京首都、上海浦东、广州白云等

资料来源：笔者整理。

（二）综合型航空城

综合型航空城的特点体现在功能的多元化、产业的集群化和空间的城市化。综合型航空城发展模式一般适合于大型枢纽机场所在地，我国北京首都机场、上海浦东机场及广州白云机场三大国际枢纽机场作为助推区域经济的核心引擎，其机场及周边地区的发展目标应与北上广三地国际性综合交通枢纽城市的功能定位相适应，机场地区最终应形成与主城区相对独立的空港型新城。

四 航空城的空间结构和土地利用模式

大型机场地区的城市空间与一般城镇相比具有与众不同的特性，其发展重心在于机场控制区和机场外围地区的空间和功能整合。根据机场地区地域空间的层次性及其功能划分，成熟的航空城空间结构可分为机场陆侧地区、空侧地区、邻近地区和外围地区四个层次，在其空间结构层次中相应地有机叠加了机场核心产业、直接关联产业、间接关联产业和引致产业四类临空型产业（见图5—4）。

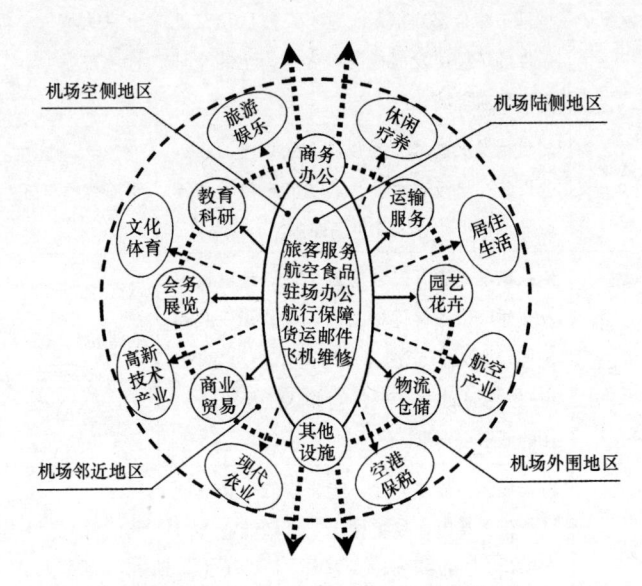

图5—4 航空城空间结构及其功能关系

资料来源：笔者自绘。

（一）航空城的空间结构层次

1. 机场陆侧地区

机场陆侧地区和空侧地区是机场的核心功能区，其中陆侧地区多指航站区、货运区、机务区及工作区等开放性的功能区。这些区域一般位于机场跑道系统的一侧或中央位置，包括与机场运营直接相关的航空运输主业、航空保障服务业以及基础配套设施等各类用地，如工作区便是机场、航空公司、联检单位等众多驻场单位的办公用地。

2. 机场空侧地区

在机场陆侧地区以外的机场安全隔离或防护区域是机场空侧地区，主要指机场跑道系统、通信导航系统以及机场围界体系等所构成的飞行区范围，还包括机场周边涉及航空噪声防治、电磁环境保护、净空限制、鸟害防治等敏感区域。出于航行安全、运营管理、环境保护及机场发展等客观因素的考虑，机场往往对其空侧地区严加控制和管理，禁止进行非航空功能或影响航空安全的土地开发。

3. 机场邻近地区

在机场核心地区以外便是机场邻近地区，它多指以机场基准点为圆心、以 5 千米为半径的空间范围，在机场直接辐射的腹地范围之内。该地区用地充裕且与机场关联密切，可发展与机场运营间接相关的产业，包括物流仓储、加工贸易、商贸展览和生活居住等。

4. 机场外围地区

机场外围地区位于邻近地区之外，多指以机场基准点为圆心、以 10 千米左右为半径的空间范围。它属于机场辐射范围的外围腹地，包括高档别墅区、高新技术产业园区、创汇农业园区等，这些功能区都将机场作为其选址定点的重要依据之一。

（二）航空城的土地利用特征

航空城不同的功能和活动对土地区位的可达性要求不同。在机场地区土地价格方面，大致遵循可达性越强、土地租金越高的地租理论，基本符合传统空间结构理论所依据的"距离衰减"和"收益递减"规律。机场地区的土地利用模式与城市土地利用模式既有相同之处，也有其特定的不同点，如排斥性和专用性便是其典型特征。

1. 排斥性

在机场地区，某些土地利用类型对其他类型具有排斥性的负面影响，如机场控制区对居住、医疗、教育等功能用地的制约性。另外，从运营安全及周边地区环境保护角度考虑，机场地区的约束性专项规划不仅涉及机场净空保护、机场噪声防治、电磁环境保护、鸟害防治等诸多方面，通常还涵盖水源地、农田、植被等生态环境保护方面。在这些强制性的约束性因素中，以机场净空保护制订的限高要求最为严格。它根据国际民航组织附件 14 的相关规定进行高度和危险程度分区，以保障机场地区没有妨碍飞行安全的超高障碍物。由于机场净空限制的存在，与城市中心的趋向高度开发不同，整个机场地区倾向于水平向的广度开发。在机场分层限高的长期控制下，航空城的空间形态将形成类似于圈层式城市空间的发展模式，而航空城由内向外逐层开发的强度和高度则与之近乎相反。另外机场庞大的用地规模分割了周边地区的城市地块，阻碍了周边地区之间的联系。

2. 专用性

居于核心位置的机场运营区在土地、产业、交通和就业等诸多方面具有特定的专用性。机场运营区在空间布局和土地利用方面对非生产性的居住教育、科技文化等诸多功能有着排他性。同时，多元化经营的机场周边地区和专营化运行的机场运营区是两种不同性质的发展模式，这直接导致机场运营区的改扩建与周边地区的城市化进程之间存在利益冲突。另外，机场空侧地区（Airside Distract）的阻隔导致机场内部交通与外部交通无法整合成完整的中心辐射型交通体系。这使航空城既不能形成一般城镇所具有的紧凑、多元化的城市空间形态，也无法满足混合的土地开发类型、多元化的人口结构等城市功能的基本要求。总体而言，由于机场本身在城市功能方面有所欠缺，营造真正意义上的航空城仍依赖于整个机场地区的良性发展。

（三）航空城的空间结构与土地地租竞标曲线的关系

航空城遵循空间经济学上的"中心—外围模型"（Core-Periphery Model）原理，也具有城市圈层式基本空间模型的特征，还一定程度上符合分级地租理论。就航空城的发展历程来看，一般是机场核心地区先行发展，初期发展阶段对机场外围地区以及城市空间结构并无显著影响。随着机场规模的扩大和交通功能的提升，机场地区开始功能的扩散以及用地的外溢。伴随其功能的扩散和用地的外溢，在跨越机场限制区的发展门槛后，便优先在机场进场交通系统两侧以及机场跑道两侧周边地区发展，最终在机场周围形成机场邻近地区与机场外围地区。由于机场空侧地区在其陆侧地区与邻近地区之间存在航空城发展所必须逾越的门槛，航空城在空间结构上无法形成中心集聚和外围扩张并举的紧凑型城市空间形态。航空城空间形态发展的关键在于机场控制区（陆侧地区和空侧地区）和机场周边地区（邻近地区和外围地区）的空间整合和功能融合。围合着陆侧地区的机场空侧地区类似于城市环状绿化带,但与易遭侵蚀的绿化带不同的是,机场空侧地区为基于航空安全的绝对控制地带,具有严格的不可侵入性。机场空侧地区大范围的严格控制用地在某种程度上制约了机场周边地区的发展,其衍生出来的机场噪声防治、建筑高度限制、电磁环境保护和鸟害防治等强制性措施,限制了居住、医疗、教育等功能的布局,其在土地地租竞标曲线中也处于地价洼地的位置。航空城的级差地租竞争关系反映了航空城的空间结构增长符合市场竞争的基本规律,也具有其自身特性。

机场各种约束性因素和建设性因素对机场地区的土地利用提出了相应的要求,通常机场核心区适宜发展商业,其中枢纽机场陆侧地区土地多用于办公和商务功能;航空类物流仓储用地尽可能地邻近机场核心区;而对航空噪声不敏感的休闲娱乐用地以及临空型工业用地则最大限度地接近机场邻近地区;非航空类的居住用地因航空噪声的影响而与机场相对分隔,多位于机场的外围地区(见图5—5);受航空城用地规模和人口规模的制约,农业用地或多或少是航空城的组成部分,多分布在航空城的城市外围地区及预留机场用地的空隙之中。位于市郊的航空城具有通勤交通成本较高、对外交通成本较低的特性,适合低密度或低资本密度的房地产开发模式,分别适宜开发高端别墅区或者与工业园区开发配套的多层住宅楼。

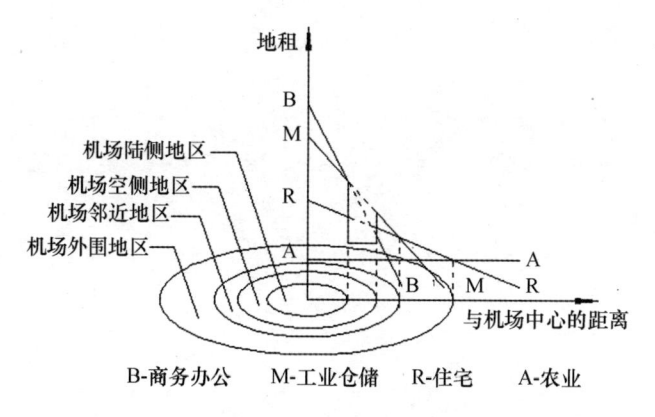

图5—5 航空城空间结构与土地地租竞标曲线的关系

资料来源:笔者自绘。

对机场空侧地区采取严格的监管措施，一方面对机场的安全运营管理有着积极的作用，但另一方面也制约了其周边地区的发展。诸如对建筑高度的限制、对养殖业和种植业的限制等，这使机场在某种意义上具有对外排斥性；再加上机场远离城区、噪音巨大等因素的影响，机场陆侧地区的发展动力和辐射范围无法突破这一限制圈层，使机场邻近地区开发强度偏低。在机场周边地区，面向市中心方向且邻近进场交通线的地区为机场地区优先发展区，而背离市中心方向的地区普遍属于机场地区发展的洼地。例如，历经60多年发展的首都机场对北京城市空间结构有着正面影响的同时，也有不可忽视的负面影响，主要体现在占地面积庞大的首都机场地区阻碍了顺义区与市中心之间的直接交流。

第 六 章

机场地区"港产城"一体化发展理论的应用实践

第一节 机场地区"港产城"一体化发展基础理论

机场地区的"港产城"一体化发展模式是指以空港为核心，以机场综合交通枢纽带动机场航空客流增长，以航空物流中心为平台推动航空货运业务增长，并以临空产业为经济基础、航空城为空间载体，在机场地区枢纽化、产业化和城市化的复合动力机制作用下，推动机场地区空港、临空产业、航空城三者全面融合、协同发展的高质量发展模式。机场地区在开发建设和发展过程中，要注重发挥"港产城"三者之间的互动发展效应，以实现机场地区"港产城"一体化发展。

一 机场地区"港产城"一体化发展的动力机制

从空间形态特征来看，航空城空间形态演化主要表现为外延式扩展模式与内涵式填充模式两种形式。就空间结构的作用机理而言，航空城发展的动力机制包括内在的动力源和外在的动力源两方面，具体由四个部分所构成：（1）内在主动性动力源，主要包括机场经济发展、空间开发、交通技术进步等方面，其中机场经济发展是航空城形成与发展的主体驱动力，是经济全球化背景下内在的、无形的市场驱动力；空间开发包括机场地区的旧区改造和新区开发两方面，可促进航空城空间的形成；以机场为枢纽的交通技术进步则属于内在的驱动力因素，以机场的不断改扩建和各种地面交通方式的引入为持续性的根本动力。(2) 内在被动性动力源，主要包括航空噪声、净空、电磁环境等民航专业领域的机场控制性规划，它以一种反作用力的形式影响着机场地区的开发建设。(3) 外在主动性动力源，主要体现在政府政策、规划调控以及制度创新等方面，其中机场属地化改革是促进我国航空城快速发展的主要外在动力源。机场地区的城市规划控制则属于政府"有形的手"，可明确航空城的性质、职能和规模及空间形态布局，它主要侧重于机场外围地区。(4) 外在被动性动力源，主要包括机场地区的自然生态环境、土地资源、居住人口以及法制规章、行政区划等各种先天性、法定性的外在约束性因素，其中机场运营区土地利用的阶段性增长需求与机场核心区土地资源供应的有限性是航空城发展所面临的主要矛盾。总的来看，航空城的多元化动力机制主要由城市空间开发、机场经济作用以及交通设施功能提升等主动性核心动力源来推动。

从航空城发展的动力机制来看，空港、临空产业和航空城三者之间是相辅相成和相互促进的关系。三者互动的主要表现：随着航空运输业务的快速增长和空港枢纽运营规模的不断扩大以及机场交通枢纽设施的逐渐完善，空港功能的规模化和多元化可为临空型企业提供更优的时间成本和空间成本，促进临空产业集群的集聚和航空城城市功能的完善；具有高科技、高附加值和高成长属性的新型临空经济业态则推动机场地区临空产业结构和就业人口结构的调整，促使机场地区的消费结构向高级化方向发展，为空港的航空业务量增长和航空城的快速城市化提供经济基础；同时，空港的快速发展、临空产业的集聚又促进临空产业园区的发展和生活配套设施的完善，进而使航空城的自组织能力和城市能级不断增强；而航空城城市化水平的提高为空港和临空产业的发展提供人口基础保障，其发展成熟可有效地促进空港运营规模的扩张和临空产业体系的壮大。

二 机场地区的枢纽化、产业化和城市化

（一）机场地区的枢纽化

机场综合交通枢纽以航空运输为主体，融合高速公路、城市轨道交通和城际铁路及高速铁路等多种交通方式，具有运输组织与管理、中转

换乘、多式联运和信息流通以及推动周边地区城市化和产业化等诸多功能。机场交通枢纽是吸纳人流和物流的前提条件，是孕育机场经济和促进航空城发展的内在原动力。机场地区应发展成为对外交通和城市交通兼备的城郊型综合交通枢纽，满足航空旅客零距离换乘和航空货物无缝衔接的需求，同时也兼顾非航空客货的换乘转运需求。随着机场交通功能的拓展，机场将由单一的航空集散功能向融合多种交通功能的综合交通枢纽转化。从时空维度上看，机场综合交通枢纽、临空产业和航空城三者彼此具有对应的发展阶段及其特征，并可组合成航空城在不同阶段的综合开发模式。

（二）机场地区的产业化

机场经济是依托机场的交通优势、口岸优势以及区位优势所形成的涵盖客运枢纽经济、物流口岸经济以及临空产业经济等多种经济业态的特定经济形态，其中前两者是航空城发展的原动力，后者则是航空城发展的衍生动力。客运枢纽经济和物流口岸经济是指在机场内直接依托民航客货运输业而形成的航空主业和非航空主业方面的经济形态，大型枢纽机场作为全球人员流动和国际交往活动的中心，将因航空旅客的进出港、购物、住宿等各种本源性或派生性需求而构成发展枢纽经济的基础。另外，作为国际航空口岸，枢纽机场具有国际通道功能和连接国内国际两个市场的功能，可在全球范围内开展进出口贸易业务，以航空物流为主体形成的集聚效应和延伸效应有利于发展口岸经济。

临空产业经济是新兴的机场经济形态，它是指机场周边地区因聚集着与航空运输业相关联的航空工业、高新技术产业和现代服务业等产业群而衍生出多元化、集约化和产业化的规模经济形态。临空产业经济中的高端经济业态包括航空总部经济，它是指在机场周边地区聚集着以高端航空金融为主导、以航空服务业为核心，且从事与航空运输业相关的商贸商务企业总部集群以及区域性金融贸易机构集群，由此而实现航空类企业、航空总部所在区域、运输生产服务基地所在区域三方利益都得到增进的高端经济形态。

机场地区的产业化是航空城形成和发展的经济基础，机场经济在空间载体上表现为具备多种经济功能的航空城，在具体空间形态方面则呈现为物流园区、工业区、高新技术园区、保税区和商务区等各种临空型产业园区布局。在经济全球化的背景下，航空运输业将使机场经济融入全球经济之中，发挥其规模经济、密度经济和范围经济以及速度经济的实效。

（三）机场地区的城市化

机场早期是融合在城市之中的，后期随着航空噪声和城市用地有限等因素影响，机场逐渐外迁至城市的郊区。在现阶段，机场地区已经发展成具有人才、资金、技术和市场等资源要素吸引力的地区之一。机场地区的城市化是航空城发展不可避免的一个中间过程，主要表现为农业用地向城市用地的转化。机场地区的城市空间功能形态演替模式可由城市边缘地区依次递进为小城镇—卫星城—新城—城市副中心四个层级，通常只有内城型机场地区最终融入城区发展成为城市副中心之一。机场地区的土地开发模式为内填式和外拓式并重，其用地的城市化速度普遍快于人口的城市化步伐。最终发展成熟的航空城是机场经济发展的空间依托和空间载体，可成为区域城镇空间结构中的重要节点，并促成机场地区由单一的交通职能向多元化的城市职能转变。尤其是枢纽机场地区正发展成为以航空运输主业为依托，融合航空物流、保税仓储、高新技术加工产业、国际商贸、商务会展、休闲娱乐等功能于一体、辐射周边区域的航空城。

总之，在枢纽化、产业化和城市化动力机制的共同作用下，三者之间的互动发展不断强化，最终将实现机场地区"港产城"一体化发展。

三 机场地区"港产城"一体化发展的阶段划分

自 2002 年启动机场下放地方的属地化改革以后，许多机场所在地的各级地方政府都将机场经济作为国家、区域或城市的新经济增长点进行重点培育，并积极推动临空工业园区、航空物流园区、航空商务园区等产业园区的规划建设，临空产业园区的快速发展和航空城的规划建设已成为我国发达城市探索新型城镇化和新型工业化的重要实践平台。至 2021 年年底，我国已有 100 多个机场地区正规划建设成为各类临空经济区及空港新城，其中北京首都机场、天津滨海机场、重庆江北机场等大型机场的航空城建设已经初具规模；但不少航空城出现发展乏力、特色缺失以及规划失控等诸多问题，其宏大的规划目标往往与实际发展现状存在较大差距，寻求理性增长的空间发展模式是当前航空城发展所面临的当务之急。

机场的运营规模取决于所在城市和地区的经济发展状况，而机场地区是否发展成为航空城，既取决于机场及其周边地区的发展阶段，也与所在城市的发展定位有关。一般而言，城市经济与机场经济的发展阶段彼此对应，但也可能存在错位。相比之下，机场经济可能具有超前性或滞后性。航空城是顺应城市空间和产业空间的发展时序而演进的，依据机场地区枢纽化、产业化和城市化的不同进程及其"港产城"互动的密切程度来看，机场地区"港产城"一体化发展的时序可分为起步阶段、发展阶段、成型阶段和成熟阶段四个阶段。

（一）起步阶段

处在起步阶段的机场地区尚属于前工业化时期。这时期"港产城"三者独立发展，即空港和小城镇及周边产业各自相对独立发展。空港主要是服务城市航空客货运输的干支线规模的机场，航空运输业规模小。临空产业以航空物流业、一般制造业为主体，早期机场周边地区以农业经济为特征的小城镇经济与以现代服务业为主体的机场经济之间存在较大反差，机场地区的区域产业结构多为"一二三"结构，产业结构存在断层，需要长时间进行空间融合和产业配套。其航空城的空间形态、产业结构尚未成型，机场及其周边地区的小城镇各自独立发展，城市空间形态呈现出分散式布局。机场功能区和周边城镇社区存在非兼容性，两者用地空间之间有着有形的或无形的隔离。机场周边小城镇面临产业结构升级和城市空间更新改造等问题，机场地区的城镇用地规模和人口规模偏小。受功能定位和发展目标不同的影响，民航管辖下的机场专属地区和地方政府辖区内的机场周边城镇之间的发展存在融合问题。

（二）发展阶段

在我国机场属地化改革后，主要机场地区逐渐进入"港产城"松散关联的发展阶段。这时期的机场运营发展快速，大型空港普遍加大了基础设施建设力度，机场运营规模逐年壮大，航空服务的辐射范围日趋扩展。进入工业化初期的机场地区临空产业的集聚作用增强，航空关联产业开始在空港周边发展，临空经济业态初步显现，临空产业结构偏重于航空运输业、航空物流业、现代制造业及高新技术产业，现阶段产业结构升级为"二三一"结构，但仍存在产业结构单一、总体规模小、缺乏高附加价值和高效能产业等问题。

这一时期机场地区步入以新建临空型开发区为主体的主要发展路径，机场周边的产业区、居住区和物流园区等各类开发用地逐渐形成，城镇空间也快速扩展，使机场周边的农业型城镇向工业型城镇转化，综合型小城镇则向卫星城提升。相比快速发展的临空产业经济来说，这时期的居住生活设施配套不够齐全，城市化水平低，机场地区的就业人口和居住人口处于非平衡状态。它与卧城相反，其工作地在郊区，而居住地则在市区；其交通出行也与卧城不同，具有反向流动的特性。这一阶段是目前我国大多数依托大中型机场建设的航空城所处阶段，以临空型开发区建设为主要路径。

（三）成型阶段

在产业化发展到一定规模和城市化达到一定水平时，机场地区由此进入"港产城"密切关联的成型阶段。这时期的空港运营规模达到枢纽机场层次，由单一航空交通的机场枢纽逐渐发展为具有中转换乘、多式联运、信息流通等功能的城郊型综合交通枢纽。机场运营规模连年扩大和基础设施逐步完善，航空枢纽的集聚效应和扩散效应使航空关联产业在空港周边布局。这时期以航空总部经济、商务会展等为主的现代服务业发展快速，现代服务业和现代制造业发展并重，临空产业链趋于成型，高端临空产业园区逐渐形成。航空城的规划建设由自发阶段过渡到自觉阶段，在产业化和城市化发展到一定规模和一定水平之后，航空城将进入工业化中后时期的快速发展和成型阶段。这时期的航空城呈现出两类主要的城市空间形态：一是为机场员工及其周边居民服务的卫星城或新城；二是单一功能的临空工业区，其居住地与工作地相对分开。机场地区的产业化直接带动城市化的进程，房地产开发的居住用地和以开发区为主的产业用地快速发展，在机场周边开发各类高档、中档、低档住宅区。机场地区城市化水平显著提升，基本实现了机场周边原有小城镇与新区开发建设的共同发展，保证了人口与产业同步发展的需求，但这时期的航空城在功能整合和空间布局方面亟待统筹规划。

（四）成熟阶段

当机场地区进入"港产城"全面融合发展的成熟阶段之际，这时期的空港已经具备国际航空枢纽水平，机场也演进为区域性综合交通枢纽，拥有完善的网络化、立体化综合交通体系。随着机场地区迈入后工业化时期，其临空经济业态逐渐齐全。航空引致产业得到快速发展，产业结构由"二三一"结构升级为"三二一"结构，主导临空产业侧重于以金融贸易、信息咨询、商务会展、研发设计及总部经济为主体的生产性服务业。大型机场的各种机场经济业态齐全，以大型企业或跨国公司的国际或地区总部为标志的总部经济业态尤为突出，其对应的空间形态为商务园区，具体包括总部办公楼、高档酒店、新型公寓和涉外住宅等，并集聚成为现代综合服务功能区。经过持续多年的大力发展，机场地区拥有较雄厚的经济基础，这时期机场地区的关联产业链大多已经形成规模化的产业集群。机场地区人口城市化、土地城市化水平明显提升，城市化率为60%以上，普遍具有较为齐全的城市功能和完善的城市空间形态。其空间形态表现为机场中心和城镇中心共存的双中心模式，并具有明显的产业指向性和空间指向性。在城市郊区化和机场城市化的推动下，机场地区或发展成为城市的主要功能区，或成为产城融合的空港新城，或融入主城区，有的内城型机场甚至发展成为城市副中心。该阶段的机场运营和城市化进程之间也面临用地限制、人口稠密和环境保护等方面的矛盾，最终有可能导致整个机场因停航弃用而转化为城市再开发用地（见表6—1和图6—1）。

表6—1 机场地区"港产城"一体化发展时序及其特征

	空港（港）	临空产业（产）	航空城（城）
起步阶段（独立发展阶段）	机场为单一航空交通功能的对外交通枢纽，主要服务对象是机场所在城市的市中心航空旅客；拥有单通道、尽端式的道路交通进场体系，多为单一路径的专用或共用公路模式	经济空间的集聚作用占绝对优势；小城镇经济与机场经济构成二元经济结构；临空产业以传统制造业为主，缺乏高附加值及高效能产业，产业关联性差，临空指向性弱；航空服务业功能单一；经济业态以客运枢纽经济、物流口岸经济为主	空间结构松散的小城镇（功能区）模式；其中小城镇以居住功能为主，功能区以产业园区为主；用地规模和人口规模偏小；机场运营区和周边社区存在非兼容性；机场邻近地区为其发展重心；增长路径为外延式水平空间扩展

续表

	空港（港）	临空产业（产）	航空城（城）
发展阶段（松散关联阶段）	机场为单一航空交通功能的区域性对外交通枢纽；服务对象以市中心的航空旅客为主，兼有少量当地居民和外地旅客；拥有多通道、尽端式的道路交通进场体系，多条主辅道路与主城相连	经济空间以扩散作用为主、集聚作用为辅；高新技术产业和现代制造业成为临空产业的主导；航空制造业和航空服务业的集聚效应明显；临空型产业总体规模仍偏小，产业结构相对单一；经济业态以物流口岸经济、临空产业经济为主	局部聚集的卫星城模式；城市化水平低，就业人口和居住人口处于非平衡状态；各类临空型产业园区逐渐成熟；机场陆侧地区和邻近地区为其发展重心；增长路径为外延式水平空间扩展为主，兼具内涵式垂直空间有限扩张
成型阶段（密切关联阶段）	机场为区域性的航空交通枢纽和地面交通换乘枢纽；主要服务对象为周边城市的航空旅客及当地居民；除了与主城有轴向交通体系衔接外，还拥有多通道、多方式和网络化进场交通体系	经济空间以集聚作用为主，扩散作用为辅；以高新技术产业和现代服务业为主体的临空产业链和产业集群趋于成型，航空物流业、航空服务业等直接关联产业相对发达；经济业态以客运枢纽经济、物流口岸经济和临空产业经济为主	空间结构紧密的新城模式；就业功能和居住功能相对平衡，产业用地和居住用地发展快速，机场原有小城镇与开发新区共同有序发展；机场邻近地区和外围地区为其发展重心；增长路径以内涵式填充性扩张为主，兼具外延式空间拓展
成熟阶段（全面融合阶段）	机场为城郊型、区域性对外综合交通枢纽；主要服务对象为城市群内的航空旅客及当地居民；拥有多通道、多方式、立体化的复合网络型进场交通体系；以机场为中心的环放式交通体系已融入城市和区域交通体系之中	经济空间以集聚作用占绝对优势；强临空指向性的高新技术产业和现代服务业占据主导地位；基于产业链的规模化产业集群为主导发展模式；机场经济业态齐全，尤以临空型总部经济业态最为突出，其对应的空间形态为商务园区	空间结构紧密的城市副中心模式；其城市功能齐全，用地规模庞大；机场运营和城市化进程之间存在用地、功能和环保等方面的矛盾；机场陆侧地区和邻近地区为其发展重心；增长路径为内涵式功能提升和有限制的垂直空间增长

资料来源：笔者整理。

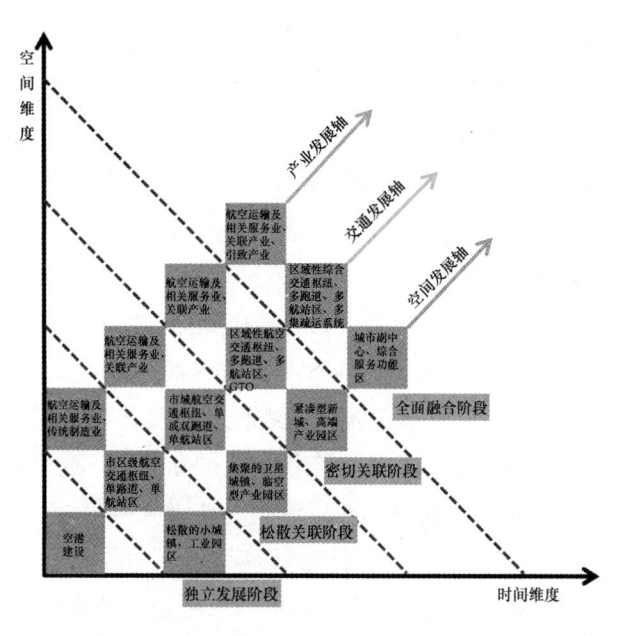

图6—1 机场地区"港产城"互动发展阶段及特征

四 交通节点价值、产业效益价值和城市功能价值三者统筹的机场地区开发模式

荷兰学者卢卡·贝托里尼（Luca Bertolini）提出了"节点—场所"模型，他在研究高铁车站布局时认为交通枢纽地区应重点关注交通节点价值和城市功能价值两方面（Bertolini，1996）。所谓交通节点价值指交通枢纽本身作为重要的交通设施所反映的交通功能与设施属性，而城市功能价值是指枢纽地区对城市功能发展的影响和催化所产生的价值，比如围绕交通枢纽所承担的城市商务功能等。相对高铁枢纽的双重价值，机场地区的枢纽能级更多地体现在交通节点价值、产业效益价值、城市功能价值三方面。其中机场地区的交通节点价值主要体现在以航空业务量带动的交通通达范围、通达频率及中转换乘水平上，机场地区的产业效益价值主要反映在高端化的临空型产业体系所衍生的集聚效应及扩散效应上，机场地区的城市功能价值体现在机场地区以从事航空运输类就业人口为主体的产住融合和产城融合上。

在机场运营初期，交通节点价值突出，但产业化规模小、城市化水平低，产业效益价值和城市功能价值不明显。在临空经济区开发建设的推动下,机场地区的产业效益价值相对突出,用地的城市化水平增长快速,但人口的城市化水平偏低。在功能区向航空城转化的过程中,人口和用地的城市化水平都得以较大提升,城市功能价值的特征则显现出来。总的来看,机场地区的综合开发模式应实现交通节点价值、产业效益价值、城市功能价值三者之间的两两互动,由此形成"港"(空港)、"产"(临空产业)、"城"(航空城)三方面互动的动态作用机制,最终实现机场地区的港城融合发展、港产融合发展和产城融合发展。

由于机场特性及其外围环境的影响,机场地区呈现出空港"大小"、产业"盛衰"、航空城"强弱"不同的组合发展状态。在空港和临空产业之间的关系方面,则可推动"港大产优、港产互动";而在航空城和空港两者之间的关系方面,可构成"城以港兴、港为城用";此外在临空产业和航空城之间,可取得"以城兴产、产以城优"的效果。从机场地区"港产城"统筹发展的阶段划分来看,可根据空港运营规模、临空产业结构和航空城城市化水平的关键性指标予以界定。根据空港运营规模,可分为年旅客吞吐量500万人次以下、500万—1000万人次、1000万—3000万人次以及3000万人次以上四个阶段;根据机场地区产业结构的演进,可按照发展阶段分为"一二三"结构、"二一三"结构、"二三一"结构和"三二一"结构四个阶段;根据机场地区的土地城市化率,可按照建成区所占面积比率划分为40%以下、40%—60%、60%—80%、80%以上四个阶段。从"港产城"各自发展的不同阶段及其组合模式来看,机场地区可具有"小港衰产弱城""大港衰产弱城""小港衰产强城""大港盛产强城"等不同的理论范式。最终在空港、临空产业和航空城联动发展模式的推动下,机场地区将由"港小、产衰、城弱"的局面逐渐演进成"港大、产盛、城强"的态势。

五 机场地区"港产城"一体化发展的理论模型

在经济全球化和区域一体化背景下,大型枢纽机场已不局限于单一交通枢纽和基础设施,其在功能上和空间上已经得以全面延伸和拓展。它既可作为国家或地区的航空枢纽和门户机场,也可成为区域经济发展的主要动力之一。大型国际枢纽机场更是成为全球创新链、物流链、价值链和供应链中不可或缺的重要环节。为了发挥其在促进国内国际"双循环"中的主平台作用和推动区域经济、城市经济发展的引擎作用,大型机场地区的综合开发模式应是空港(机场交通枢纽)、临空产业和航空城三者相辅相成,缺一不可(见图6—2)。依据机场地面交通和空中航线的通达性,机场交通枢纽根据辐射范围可分为地区交通枢纽、区域交通枢纽、国家交通枢纽和国际交通枢纽四大交通通达层次;根据产业属性及其发展时序,临空产业的类型大致可以分为航空核心产业、航空直接关联产业、航空间接关联产业和航空引致产业四大类;机场地区的空间结构形态基本上可形成以空港为核心的机场运营区、机场紧邻区、机场相邻区和机场辐射区四重圈层形式。由此机场地区实现交通空间、经济空间和城市空间三者之间的"港产城"圈层式联动。

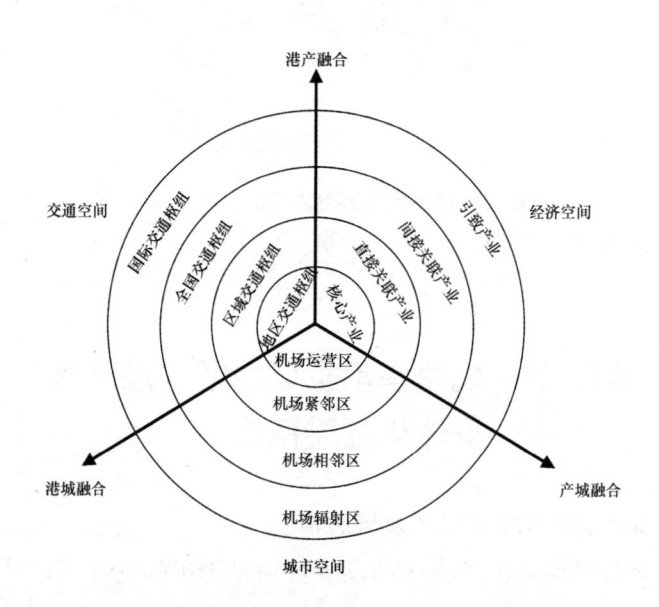

图6—2 机场地区"港产城"三重空间层次模型

资料来源：笔者自绘。

总体而言,"港产城"一体化发展模式是机场地区可持续综合开发的重要抓手和关键路径。其综合开发模式既取决于所在区域及所在城市的发展定位,也受机场本身以及周边其他机场的性质和运营规模等诸多方面因素的影响。应避免航空城在功能定位上出现偏差,或者在动力机制发展上乏力。综合交通枢纽、临空产业和航空城应分别作为原生动力、产业基础和空间依托,共同推动机场地区的枢纽化、产业化和城市化演化进程,并统筹航空城的交通节点价值、产业效益价值和城市功能价值,促成机场地区"港产城"三者之间形成良性循环和互动,最终以机场为核心实现机场地区"港产城"一体化发展(见图6—3)。

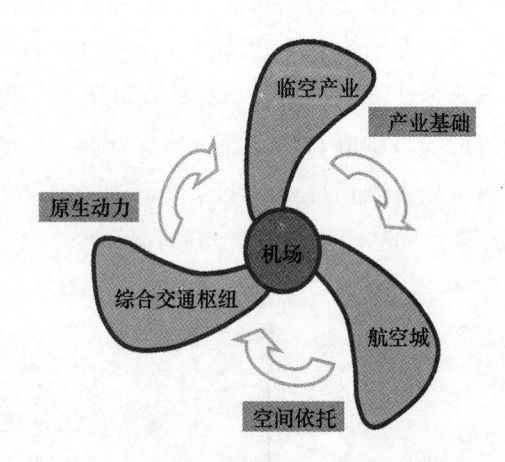

图6—3 机场综合开发模式的三维互动模型

资料来源:笔者自绘。

第二节 北京首都机场地区"港产城"一体化发展模式

一 北京首都机场地区的发展历程

北京首都机场临空经济区的发展可谓是中国临空经济区"港产城"一体化发展的一个缩影。经过60多年的建设发展,现今的首都机场地区已经具有交通物流、生活居住、商务办公、生产就业等诸多城市功能,初步形成了城市功能齐全、配套设施完善、居住社区成熟的新型航空城空间形态。回顾首都机场地区的建设发展,其整个发展历程可分为自然蔓生阶段、起步萌发阶段、快速发展阶段、整合提升阶段和持续成熟阶段五个阶段。

(一)自然蔓生阶段(1958—1991年)

1958年北京首都机场建成投入使用。同年4月,河北省顺义县划归北京市管辖，而首都机场归属民航局直管，横向的地方管理与纵向的行业管理之间长期存在条块分割的现象，使首都机场与其周边的顺义各乡（镇）之间长期以来各自孤立发展。机场按照单一功能的航空枢纽规划建设，而天竺镇、后沙峪镇和李桥镇等周边城镇按照一般建制镇的性质规划发展，机场周边地区除建成区以外大部分用地长期是农业用地。改革开放后，首都机场航空业务量快速增长，但受制于体制、观念等因素，这时期首都机场地区的港城之间仍未能融合发展。

（二）起步萌发阶段（1992—2003年）

这时期北京顺义（县）区政府全面围绕首都机场地区发展，积极推动临空经济建设。1992年，顺义县提出依托机场、服务机场、大力发展空港口岸经济的发展思路，1993年便在首都机场东侧规划了北方微电子基地——林河工业区（4.16平方千米），1994年又在机场西侧设立以发展高新技术产业为主要目标的空港工业区（6.6平方千米）。2000年，秉承空港国际化、全区空港化、发展融合化的发展理念，顺义区在机场北侧设立了北京天竺出口加工区（1.25平方千米），2002年还设立了空港物流基地。这些开发园区的先后设立直接带动首都机场周边农业用地向工业用地转化，单一型产业开发模式向复合型临空综合开发模式转型。

（三）快速发展阶段（2004—2013年）

在北京城市空间发展战略规划调整和配合2008年奥运会场馆项目建设顺义新城的背景下，伴随着首都机场新一轮改扩建工程的实施，2004年顺义区提出了大力发展临空经济的思路，次年将临空经济区拓展至178平方千米，并划分为高科技暨出口加工、现代物流暨保税、现代加工制造业、国际展览展示暨生活性服务业及生活服务配套五大板块。2006年，临空经济区被列入北京市"十一五"规划确定的六大高端产业功能区之一，至此临空经济发展由区级层面提升为市级层面。2007年又成立统筹临空经济发展的区级决策机构——临空经济区管理委员会，并设立了以总部基地为主体的国门商务区。2008年全国首个空港型保税区——天竺综合保税区获准批复，次年封关运作。至此，北京临空经济区在首都机场西侧（空港工业区和新国际展览中心）、机场东侧（北京汽车生产基地和林河工业区）、机场北侧（空港物流基地）和机场东南侧（国门商务区）构筑了以机场为核心的围合式空间结构形态，基本形成以现代制造业和现代服务业为主的临空产业体系，并基本建成了高端、高效、高辐射力的高端产业功能区。

（四）整合提升阶段（2014—2025年）

这时期的首都机场地区持续加快园区整合、功能提升和产业转型升级，由此进入了整体升级阶段。2014年，针对各类临空型功能园区行政管理体制分散和空间布局零散的现状，顺义区提出打造临空经济区、建设世界空港城的目标，从管理体制、功能分工、用地规划和空间结构等方面进行全范围规划调整和优化；整合各功能区后设立统一的国际临空中心核心区，力求实现港区一体、联动融合。综保区和大通关基地片区重点发展保税物流、保税加工、分拨转运、展览展示、离岸金融、保税服务；国门商务区重点发展航空枢纽服务、航空物流、国际商贸、文化创意、特色金融、高端商务等临空型的现代服务业；空港工业区重点发展电子信息、生物医药和现代制造业等外向型高科技产业。新设立的北京顺义科技创新产业功能区则以高新技术产业为主导，以战略新兴产业为支柱，以现代服务业为支撑，重点发展高端制造业、航空航天、新能源新材料新技术、生物医药和文化创意产业五大支柱产业。

2019年，规划面积为115.7平方千米的首都机场临空经济示范区获得国家发改委与民航局联合批复。根据2020年3月印发的《首都机场临空经济示范区总体方案》，其总体布局为"一港一带三组团"的空间结构："一港"即首都空港，立足增强国际航空枢纽功能；"一带"即温榆河生态带，为示范区提供生态支撑；"三组团"为空港组团、综保区组团、国门组团，以临空型总部经济功能为导向，重点发展航空服务、口岸贸易、商务会展、科技服务、新兴金融和文化旅游六大产业，全面构建高端临空产业体系。2020年9月24日，中国（北京）自由贸易试验区正式揭牌成立，其中三个片区之一的国际商务服务片区48.34平方千米（含北京天竺综合保税区5.466平方千米）。通过本阶段的提升整合，北京首都机场与北京大兴机场将共同构筑东北亚航空枢纽，为京津冀建设世界级机场群奠定坚实的基础；国际临空经济核心区临空产业基本完成产业转型升级，初步形成高端临空产业体系，成为服务北京建设"四个中心"的主平台和服务业扩大开放试点的主阵地；首都机场地区城市功能逐渐建立健全，初步建成产城融合的国际临空经济核心区。

（五）持续成熟阶段（2026年以后）

预计2026年首都机场地区完成优化调整之后，整个机场地区将进入"港产城"一体化全面发展的持续成熟阶段。这时期的首都机场建设成为世界一流大型国际枢纽机场，成为全球航空网络体系中的主要节点；全面形成了以首都机场为核心的航空运输主业，以航空服务保障、高新技术、现代物流、商务会展等为主导临空产业集群的六大产业功能组团，以六个重点镇为城市功能和城市空间的承载平台，核心区的临空产业体系全面融入全球中高端价值链和供应链。北京临空经济示范区将全面建成，临空经济核心区与顺义新城逐渐实现港产城融合发展，并与北京大兴机场临空经济区形成分工合作的良性互动态势，首都机场地区建成城市功能齐全、公共服务便利、投资贸易便利、国际生态宜居的世界级航空城（见表6—2）。

二 北京首都机场地区"港产城"的发展现状和问题

（一）机场地区"港产城"发展概况

1. 空港的发展概况

北京首都机场是我国运营水平和设施规模位居世界前列的国际枢纽机场，2019年以前年旅客吞吐量连续多年排名世界第二。首都机场拥有三个航站楼（T1为7.95万平方米、T2为32.68万平方米、T3为98.6万平方米）、三条跑道（2条4E级、1条4F级）和双塔台。设计年旅客吞吐量达到1亿人次以上，高峰小时可起降飞机125架次。

2. 临空产业的发展概况

北京国际临空经济核心区的现状，核心产业包括国家级的航空运输业、航空物流业及航空服务保障业，涵盖中国民航运行管理中心、气象中心工程及民航情报管理中心三大中心以及中国民航三大保障性企业（中国航油、中国航信、中国航材），也是唯一挂国旗飞行的中国国际航空公司的总部所在地；关联产业聚集有以首都机场股份公司、北京飞机维修公司、空中客车技术支持中心为代表的400余家航空服务、航空商贸类企业。打造了以空港物流基地和天竺综合保税区为平台的航空物流产业集群，构筑了国家级的民航管理、航空客货运输、航空保障、航空配套、

表6-2 北京首都机场地区的"港产城"发展时序及其特征

	空港(港)		临空产业(产)		航空城(城)	
	机场	机场交通	产业结构	主导产业	空间形态和开发模式	功能园区
自然蔓生阶段(1958—1991年)	单一功能的国际机场;T1航站楼和两条跑道	机场路和京顺路	乡镇企业、村办企业;发展无航空特色的低端产业	一般制造业;农业和种植业	天竺镇;岗山村;李桥镇各级乡镇自发发展	—
起步萌发阶段(1992—2003年)	区域航空枢纽;T1和T2航站楼,两条跑道;2000年旅客吞吐量突破2000万人次	拥有机场高速和多条辅路进场通道	产业结构偏重于加工制造业和一般物流	以航空运输、出口加工、电子产品制造、物流、服务业为主导产业	空间形态为松散的小城镇和临空产业园区结合的布局模式	空港工业开发区(区级)、出口加工区(国家级)、林河经济开发区(区级)等工业园区快速发展
快速发展阶段(2004—2013年)	国际航空枢纽;T1、T2、T3航站楼和三条跑道及地面交通中心;2004年,2007年旅客吞吐量分别突破3000万人次和5000万人次	六环路、机场南北线高速、机场轻轨线(L1)和地铁15号线形成多种交通方式和多通道的进场交通体系	产业结构向现代制造业和现代服务业为主的临空型产业升级;主导产业为现代制造业、航空服务业	打造航空制造、汽车制造业集群;构建航空服务、现代物流、产业金融、商务会展、高新技术产业五大支柱产业	打造"高端产业新城";呈现多业态的临空产业功能园区持续升级和向外扩张,航空城建设以天竺新城开发为主	空港物流基地、汽车生产基地(市级)以及天竺综合保税区(国家级)、国门商务区形成、天竺、榆鸿、后沙峪等高档别墅区等成型

续表

阶段	空港（港）		临空产业（产）		航空城（城）	
	机场	机场交通	产业结构	主导产业	空间形态和开发模式	功能园区
整合提升阶段（2014—2025年）	国际航空枢纽和地面交通换乘枢纽；2018年旅客吞吐量突破1亿人次	京沈高铁顺义西站开通；机场地区形成多方式、多通道和网络化交通体系，实现北京市中心—机场—顺义中心城便捷联系	以临空型现代服务业和高新技术产业为主导产业，一般制造业开始向外疏解；产业空间布局为"一核两轴两带多点"	打造综合保税、信息技术、航空服务、金融服务、商务办公、科技研发、文化创意等高端服务业和航空航天、汽车等现代制造业	打造"国际航空中心核心功能区"；空间形态表现为结构紧凑的产业新城，就业功能和居住功能相对平衡；北京六大高端产业功能区之一	整合现有产业园区，重点建设国家地理信息科技产业园、综合保税区、国际航空产业园、机场综合服务业办公区、罗马湖国际商务区
持续成熟阶段（2026年以后）	世界级航空枢纽；新建第四跑道和T4航站楼；改造T1和T2航站楼	机场轨道线延长线和城际铁路联络线开通；机场南线高速南延；区域性综合交通体系成型	汇聚国际教育培训类、技术研发类航空服务管理机构及国家民航服务保障业；高端服务业集聚明显	重点发展高新技术产业；都市型旅游休闲服务业；国际高端临空服务业	航空城侧重于再开发模式；提升城市服务级和公共服务职能；航空城全面融合，成为北京的城市副中心之一	国际社区和国际商务区；全球航企企业总部基地；高端临空服务业集聚区；城市综合体、空港免税购物中心等（万达等）

资料来源：笔者整理。

航空技术培训以及航空工业等完整的航空服务保障产业链。

在引致产业领域，首都机场国际临空核心区积极创造贸易便利化的商业创新模式，先后聚集了2600余家中外企业入驻（含30多家世界500强企业），逐渐形成以科技研发、保税物流、商务会展、跨境电商、文化贸易、产业金融等临空型现代服务业为先导产业，以现代制造业和高新技术产业为基础支撑产业的临空产业集群。具体包括依托北京顺义科技创新产业功能区（含原有的林河工业园和北京汽车生产基地）形成的以汽车制造、数控机床、微电子、光机电一体化为主导的现代制造业，依托天竺出口加工区、空港工业园所形成的以电子通信、生物医药为主导的高新技术产业，以国门商务区为核心所形成的以商务办公、金融保险、会展物流以及地理信息和遥感测绘为主导的现代服务业产业集群，以国际展览中心为平台的文化创意和会展服务产业集群等。

3. 航空城的发展概况

根据《顺义分区规划（国土空间规划）（2017年—2035年）》，首都机场地区以机场运营区为核心，分为南面的国门组团、西侧的后沙峪组团、北面的南法信组团及高丽营组团等。根据区域功能、资源禀赋、产业基础等因素，首都机场临空经济示范区空间布局为"一港四区"，即首都空港、航空物流与口岸贸易区、临空产业与城市综合服务区、临空商务与新兴产业区、生态功能区。

作为综合型航空城，首都机场地区的主要开发模式是成片开发模式。经过近20年的重点建设，先后成片开发了十多个各具特色的临空产业园区或功能区。当前北京国际临空经济核心区产业园区的功能已逐步完善，经济总量增长快速，临空产业集群特色鲜明，产业业态也较为丰富，产业转型升级步伐明显加快。2019年首都机场临空经济区实现属地税收240亿元、总收入3083亿元，天竺综保区实现保税进出口值600亿元，保障首都机场4000亿元的进出口通关业务。在天竺空港工业区、空港物流基地、林河工业开发区、汽车生产基地、国门商务区、国展产业园等功能组团的带动下，以天竺镇、后沙峪、李桥、仁和、高丽营、南法信六个城镇为依托，以首都机场为核心的组团式卫星城逐渐向具有网络化城市空间形态的空港新城转型升级，首都机场地区的"港产城"一体化发展进程已初见成效。

（二）机场地区"港产城"发展面临的问题

从港产城的角度来看，首都机场地区发展尚面临不少问题，如机场地区与顺义新城的融合度不足，东六环的分割作用明显；机场地区对外交通的通达性不便捷，顺义西站、南法信综合交通枢纽建设滞后，核心区的整体建设投融资能力偏弱。土地开发面积受限，空港区用地已经基本开发完成，其他空港物流基地、汽车生产基地及林河开发区未开发面积不足千亩。过度依赖空港资源要素投入和劳动力比较优势的产业发展动力机制亟待转型升级，临空经济片区的科技创新动力不足，缺乏规模化、集群化的科技研发类总部进驻；航空类高等教育机构也匮乏，仅有中央美院城市设计学院、首都医科大学燕京医学院等8所二级学院或职业学院，不能对国际临空经济核心区规划建设提供完全的人才支撑等。

三 北京首都机场地区"港产城"一体化发展的战略定位

当前北京首都机场的目标定位是打造世界一流的大型国际枢纽机场，并与北京大兴机场共建服务首都、辐射全球的北京双枢纽体系，同时协同天津滨海机场和石家庄正定机场组成"三地四场"核心机场群，共同打造服务于"一带一路"倡议和京津冀协同发展战略以及北京"四个中心"城市定位的京津冀世界级机场群。根据国家发改委和民航局的复函，首都机场临空经济示范区的功能定位是国家临空经济转型升级示范区、国家对外开放重要门户区、国际交往中心功能核心区和首都生态宜居国际化先导区。从机场地区"港产城"一体化发展的角度来看，既要构建首都北京通达全球的"新时代的空中丝绸之路"，也要打造吸纳和优化配置全球要素资源的开放门户，同时还要营造承载高端产业和国际社区的首善之区，为此北京首都机场地区应建设成为集国际交往承载平台、国际高端宜居社区、高端产业创新引领标杆于一体的世界级国际空港新城。

四 北京首都机场地区"港产城"一体化发展的对策

北京首都机场地区是我国临空经济区起步较早，也是发展最快的地区之一。当前顺义区政府在整合呈分散组团式的各类功能区基础上设立了国际临空经济核心区。从首都机场地区的"港产城"发展时序及其特征来看，空港规模不断扩大，产业能级持续升级，机场地区城市化水平逐渐提高，同时"港产城"互动发展关系也在不断增强。整个首都机场地区的城市空间形态模式正朝着空港新城、产业新城和宜居新城的方向发展，基本形成了由机场运营区、机场紧邻区、机场相邻区及机场辐射区构成的四重圈层式空间布局结构。

（一）积极提升中国"第一国门"的国际枢纽化水平

将北京首都机场地区打造为国际性综合交通枢纽，构建以首都机场为核心的网络化、立体化和综合化的北京东北部区域综合交通体系。在航空交通方面，推动北京首都机场建设成为东北亚地区的国际枢纽，并成为东亚与欧洲、北美与东南亚之间的国际中转航空枢纽，全力打造成为中国"第一国门"和国际交往主平台。优化机场国际客货通关流程，延长国际过境免签证时效和增加免签国数量，重点推动国际与国际、国际与国内的旅客中转率提升至10%以上，国际旅客与国际货运所占运输总量比例均达到30%以上，继续大力拓展国际航线和国际航点，力争国际航点总数达到120个以上。在地面交通方面，实现空港和中心城区便捷的城市交通衔接，尽力推动航空旅客的零换乘和货物的无缝中转，并完善空港与周边地区功能园区之间的交通运输组织，打造机场地区智能绿色、安全高效的新型物流服务体系。大力促进首都机场地区交通结构的转型，一方面推动其由对接北京中心城区的轴线式交通骨架结构转型为以机场为核心的"环线+放射线"交通骨架结构；另一方面促成首都机场地区的尽端式进场交通体系转变为贯通式进场交通体系。最终促成首都机场由从偏重于服务北京市的区位交通不足转化为面向京津冀的交通便利优势，从而推动偏于一隅的首都机场全面融入京津冀综合交通体系之中。

（二）加快推动临空经济核心区临空产业体系的转型升级

北京临空经济核心区要实现临空产业体系向高端化、国际化方向转型升级，积极疏解非首都功能范畴中的传统制造业和一般物流业等产业。推动园区内的现代制造产业创新升级为智能制造业，不断提升以高科技产业、创新产业及现代服务业为主导的临空产业能级，发展新一代信息技术、生物科技、航空制造、产业金融等特色临空产业，促进临空国际经济技术产业基地快速发展。大力提高机场地区的现代服务业发展水平，重点发展航空运输、保税物流、总部经济、跨境电商、商务会展、金融租赁和信息技术等产业，推动产业结构转型升级。加快天竺综合保税区、国家地理信息科技产业园、国际航空商务园、新国展文化创意中心、跨境电子商务产业园、国际航空航材展示交易体验中心等重点功能区建设，提升临空产业能级和扩大产业规模。高标准建设好天竺综合保税区文化保税园，打造具有国际竞争力的国家对外文化贸易基地和示范区，重点形成艺术品、影视、设计和信息服务领域的文化创意产业集群。显著提升临空经济核心区的科技创新力和营造企业自主创新氛围，积极吸引原创能力强的科技创新型企业进驻园区，推动核心区成为国际科技创新基地和尖端科技产业化的策源地。

（三）积极推动核心区建设成为国际空港新城

加快北京临空经济核心区城市配套功能的综合开发，逐步完善基础配套和保障设施，加快核心区内居住、商业、文教卫等城市服务设施建设，整合和提升机场地区的航空旅游、免税购物、酒店餐饮及市政交通的城市配套功能；逐步完善提升城市公共服务机构，在后沙峪、温榆河中央别墅区一带打造集国际社区、国际学校、国际医院及国际商业为一体的高端国际生活区，并逐步配套完善大型购物中心、高端商务酒店、文化艺术中心、主题娱乐公园等高品质的国际商务设施。强化机场地区的城市综合服务功能，实现居住、产业、交通和生态等协调发展，进而促进机场地区"港产城"一体化发展和城市化水平的提高。

加强顺义东部地区与首都机场间交通设施的衔接建设，加快机场地区与顺义新城之间的空间、产业和交通的全面融合，扩大临空经济的发展腹地。整合优化核心区内的各个功能园区，强化实施一体化的运营管理体制机制。其中国门商务区重点打造国际商务活动中心，国际展览中心聚集区打造国际高端商务往来和商贸会展中心、国际商品展示交易平台，天竺综合保税区打造国际物流和国际经贸往来的国际通道。最终推动首都机场地区建设成为职住均衡、产城融合、宜居宜业的"港产城"一体化的国际航空城。

第三节 北京大兴机场地区"港产城"一体化发展模式

一 北京大兴机场地区"港产城"的发展现状

北京大兴机场位于京津冀地区的地理中心位置，地处京津雄三地交会处，也坐落在北京南中轴线的延长线上。北京大兴机场本期按照2025年年旅客吞吐量为7200万人次、年货邮吞吐量为200万吨设计，一期建成4条跑道，占地27平方千米。远期到2040年，将再增加2条跑道，占地达68平方千米，年货邮吞吐量为400万吨，年旅客吞吐量达到1亿人次以上。2021年夏秋航季，在北京大兴机场运营的国内及国外航空运输企业达到了28家，运营国内航线148条，已批复国际航线39条，连通了全国139个航点、39个国际航点。北京大兴机场与北京首都机场共同打造的北京"一市两场"机场体系和双国际枢纽运营模式初步形成。

大兴临空经济区包括服务保障区、航空物流区和科技创新区共3个功能片区，规划总面积约150平方千米，其中北京部分约50平方千米、河北部分约100平方千米，廊坊临空经济区内还设立了10平方千米的自贸试验区。航空物流区主要发展航空物流、综合保税、电子商务等功能。中国（河北）自由贸易试验区大兴机场片区主要包括综合保税区、航企服务区、科技活力区和航空物流区。

大兴临空经济区是集自贸区、中关村科技创新、北京服务业扩大开放等诸多国家和地方政策于一体的政策高地。根据北京大兴机场临空经济区的产业规划，围绕临空经济区4.0新模式、京津冀融合创新动力源的发展目标，大兴临空经济区北京片区规划构建以生命健康为引领，以枢纽高端服务和航空保障业为基底，以新一代信息技术和智能装备为储备的"1+2+2"临空产业生态体系：一个引领产业（生命健康），两个基础产业（枢纽高端服务和航空保障业），两个储备产业（新一代信息技术和智能装备）。河北片区则围绕新一代信息技术、高端装备制造、生命健康、航空科技创新、航空物流、高端服务业，构建"1+2+3"核心产业体系：一个先导产业（新一代电子信息技术），两个培育产业（高端装备制造和生命健康），三个支撑产业（航空科技创新、航空物流、高端服务业）。

二 北京大兴机场地区"港产城"一体化发展的战略定位

作为国家发展的一个新的动力源和国家层面的重大交通基础设施，北京大兴机场运营发展成功与否的关键很大程度上在于其功能定位。北京大兴机场的定位不仅体现在民航运输领域的交通功能层面，也应在综合交通体系布局优化、区域空间结构调整升级以及区域经济促进发展等方面发挥更大的作用。在民航领域，北京大兴机场应从战略层面明确其在世界、国家以及京津冀区域三大层次机场体系中的分工定位。根据2017年国家发改委和民航局印发的《推进京津冀民航协同发展实施意见》，北京大兴机场不仅是辐射全球的大型国际航空枢纽，也是京津冀的区域综合交通枢纽。从世界航空枢纽布局考虑，结合国际经济和地缘政治背景，北京首都机场和北京大兴机场应共同打造亚太地区的国际航空枢纽，成为沟通亚洲、欧洲、北美三大航空市场的重要航空枢纽，也是连接五大洲航空网络中的主要节点。从区域综合交通枢纽的定位来看，北京大兴机场应成为优化京津冀综合交通结构和疏解北京非首都交通功能的关键交通枢纽节点。

在区域经济层面，作为服务于京津冀地区的重大基础设施，北京大兴机场地区应体现出区域共赢的原则，成为带动京津冀区域经济快速发展和产业转型升级的新增长极，以及引领京津冀地区高质量发展的引擎之一。《北京城市总体规划（2016年—2035年）》对北京大兴机场临空经济区提出打造以航空物流、科技创新、服务保障三大功能为主的国际化、高端化、服务化临空经济区的整体要求；《北京大兴国际机场临空经济区总体规划（2019—2035年）》中的总体定位为国际交往中心功能承载区、国家航空科技创新引领区、京津冀协同发展示范区。廊坊临空经济区的产业发展总体定位是"三区四集群"，即航空物流区、科技创新区和服务保障区三大功能区，以及航空物流产业集群、科技创新创业集群、服务保障产业集群、高端服务业产业集群四大集群。从航空城建设的角度来看，北京大兴机场地区将建成绿色低碳、智慧便捷、创新高效、活力人文的临空经济区，建设以临空产业、商务服务、总部经济、文化创意、休闲娱乐为主的国际化高端产业新城，以优化京津冀地区区域空间结构和促进北京南部地区加快发展。

三 北京大兴机场地区"港产城"一体化发展的对策

北京大兴机场地区的规划建设应采取机场综合交通枢纽（空港）、临空产业和航空城"三位一体"的发展模式，其中以北京大兴机场为中心的京津冀综合交通枢纽是吸引国内外航空客货流的倍增器，依靠区域内发达的高速公路网和高速铁路网吸纳京津冀乃至整个华北地区的航空客货源。临空产业则是京津冀地区区域经济发展的重要高端经济形态，可使京津冀之间的经济洼地转化成为京津冀地区区域经济发展的制高点，促成区域内的传统经济向知识经济跨越。作为临空经济的空间载体，北京大兴临空经济区地处北京中心城区、天津中心城区和河北雄安新区三大城市组团的几何中心位置。它将按照新城模式规划建设，可促进区域城市空间结构的优化调整。

（一）构筑面向世界的洲际航空枢纽和全球航线网络中心

首都北京地处东西向的欧洲—东亚洲际航线和南北向的亚洲—北美极地航线交会处，具有显著的航空交通区位优势。北京"一市两场"机场体系构筑面向世界的洲际航空枢纽和全球航线网络中心，有利于提升国家的软实力、拓展在全球的影响力。为此应将北京国际航空枢纽的规划建设上升为宏观层面的国家战略，以国家利益最大化为主导，整合和调动国家空域、地面交通及政策等诸多资源，推动北京大兴机场、首都机场、天津滨海机场和石家庄正定机场共同形成"两主两辅"的运营模式。结合南航、东航等世界级航空公司的基地化运作，充分发挥其在航空公司国际联盟中的腹地和市场优势，推动京津冀地区世界级机场群和世界级航空公司联手打造世界级航空枢纽，以实现共同拓展全球航线网络的目标。

（二）构筑国家级的区域性城郊型综合交通枢纽

目前北京大兴机场需要借助于地面交通网络扩大航空辐射圈，也可借此共创大兴机场和首都机场共同做大、做强的双赢局面。为此，应立足于民航，从京津冀核心区的区域空间结构和区域交通结构等战略层面予以统筹考虑。北京大兴机场的地面交通组织规划不能仅局限于满足北京市的出行需求，还需要协调与国家、区域综合交通体系的有机衔接，并作为不可或缺的枢纽节点纳入国家或区域综合交通体系之中。作为国家级、区域性、城郊型综合交通枢纽，北京大兴机场地区应充分依托京津冀地区密集的高速铁路网和城际铁路网进行航空客货的集疏运，使机场的地面交通圈立足于京津冀地区，服务于华北地区，辐射整个北方地区。

（三）引领京津冀地区现代服务业和高新技术产业发展

北京大兴机场的规划建设不仅是为了满足民航需求，也是为了培育国家发展新的动力源和区域经济的增长点，并可在机场地区形成客运枢纽经济、物流口岸经济和临空产业经济以及总部经济等多种经济形态。例如在总部经济方面，大兴机场临空经济区应顺应经济全球化发展的趋势和发挥国际交往承载平台的优势，吸纳跨国公司的运营、投资、市场、研发或者技术中心等进驻，以此推动京畿地区特色型总部经济和现代服务业的发展。依托政策优势和口岸优势，在临空区推动建设数字贸易跨境服务集聚区，试点建设跨国企业数据交换枢纽。另外，作为大京滨走廊上的重要枢纽节点，北京大兴机场地区应着重促成大京滨走廊沿线地区的航空物流、航空航天、生物医药、科技创新等产业链和产业集群在区域内集聚，进而推动京津冀地区的区域产业结构优化升级（见图6—4）。

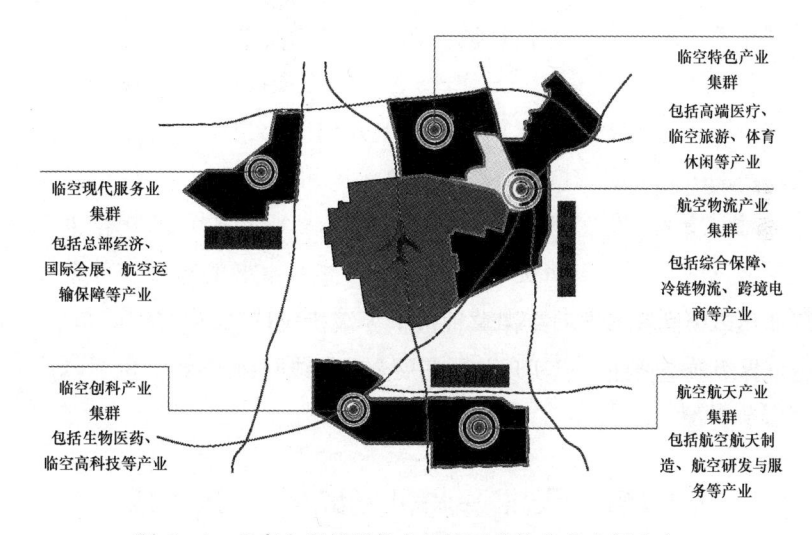

图 6—4　北京大兴机场临空经济区整体产业空间分布

资料来源：《北京新机场临空经济区规划（2016—2020年）》。

（四）打造宜居宜业宜产的绿色生态型空港新城

北京大兴机场临空经济区的规划建设至少应包括两大功能区：一是

现代服务业集聚的机场商务会展区（ABD），包括国际性、区域性商务总部和资源贸易类国际服务机构及国际会展中心等；二是设置航权开放背景下的空港型自由贸易试验区，重点发展国际中转、国际配送、国际采购、国际转口贸易和出口加工等业务。预期通过机场地区的空间形态营造和功能整合，推动北京非首都功能的疏解、区域经济的产业结构升级以及京津冀城市群枢纽功能和孵化器功能的强化，最终打造宜居宜业宜产的、国际一流的现代化空港新城。

（五）发挥北京大兴机场在京津冀协同发展中的重要作用

北京大兴机场地区应实现机场综合交通枢纽空港、临空产业和航空城"三位一体"的综合开发模式。合理有序地将高速铁路、城际铁路、高速公路以及城市轨道交通与新机场实现有效衔接，打造以北京大兴机场为核心的区域综合交通枢纽，同时做好新航城内的交通网络规划，实现各个功能园区与新机场的良好对接；依托大兴机场，实现临空产业有序开发建设，重点打造以科技创新和现代服务业为主的临空产业集群；逐步完善新航城内医疗、教育、居住、商业等配套设施和供水、供电、城市绿化等保障设施，加快城镇化建设，最终实现该机场地区的"港产城"一体化发展。

北京大兴机场地处京津冀核心区的几何中心位置，也位于京津冀核心机场群的中间位置，同时还是大京滨走廊和河北省"中间一线"（由石家庄、雄安新区、保定、廊坊、唐山、秦皇岛所构成）的交会处。北京临空经济区的规划建设将促进其成为京津冀城市群的重要空间节点，并发挥北京大兴机场在京津冀地区"港产城"协同发展过程中的核心作用，最终促使其成为名副其实的"国家发展一个新的动力源"和"京津冀协同发展新引擎"。

第四节　天津滨海机场地区"港产城"一体化发展模式

一　天津滨海机场地区"港产城"发展历程及现状

（一）机场地区的区位优势分析

天津滨海机场是国内少有的典型内城型机场，机场地区具有良好的交通区位条件，距离市中心天津站仅13.3千米。从区域空间的角度来看，天津机场地区地处大京滨走廊的关键位置，机场地区更有潜力发展成为京津冀地区协同发展过程中的核心节点。可通过承接京津冀核心区高端产业和现代服务业的转移以及北京非首都功能的疏解，促进区域产业化水平和城市化水平的显著提升。从市域空间的角度来看，机场地区既处于天津市域范围内的几何中心位置，也是天津市域范围和市区范围的结合处，津滨双城之间正形成"津城—东丽临空经济区—机场—空港经济区—滨海高新区—开发区西区—滨城"的发展主轴。京滨城际铁路等未来引入机场之后，将直接拉近机场与天津北部地区及南部地区的通达距离。从城区空间的角度来看，天津机场地区位于津城和滨城之间的中心区位，机场与相邻中心城区的有机结合是机场地区的最大区位优势；港城融合的发展模式可以促成城区与机场的良性互动，有利于增强天津机场的自我发展能力和辐射能力。

从区域—市域—城域三重空间层次来看，天津机场地区都处于重要区位和交通要冲，可在疏解北京非首都功能、构建大京滨走廊、建设津滨双城等重大举措中充分发挥关键性的枢纽节点作用。为此需要进一步优化天津机场周边地区的土地使用结构和功能组成，通过临空产业的开发增进机场的"造血"功能，使机场的运营由对机场周边地区的限制和约束转变成为拉动机场地区发展的推动力。

（二）机场地区"港产城"发展现状

1. 空港的发展概况

天津滨海机场拥有T1航站楼（11.6万平方米）、T2航站楼（24.8万平方米），设计年旅客吞吐量达到2500万人次。机场一级货运站面积达到6.6万平方米，货邮保障能力达到73万吨。2019年天津机场年旅客吞吐量为2381.4万人次，年货运吞吐量达22.6万吨，在津运营航班的中外航空公司59家，运营航线281条，通航城市167个。

根据《天津滨海国际机场总体规划（2019版）》，近期规划2030年旅客吞吐量5500万人次、货邮吞吐量100万吨、飞机起降40万架次；2035年旅客吞吐量7000万人次、货邮吞吐量150万吨、飞机起降50万架次；远期规划2050年货邮吞吐量300万吨、飞机起降52万架次。近期规划新建T3航站楼，客运终端年规划新增东二跑道、卫星厅，近远期按需求扩建货运区。

2. 临空产业的发展概况

目前天津滨海机场地区已初步形成以航空制造业为核心，以航空运输业为主干，涵盖航空研发、航空制造维修、航空教育培训、航空金融租赁以及航空运输保障服务等诸多方面的全航空产业链，其核心产业链是以空客、中航直升机为龙头，以飞机总装、部附件组装、机载设备与零部件生产、飞机内饰改装以及机务维修等产业为主的航空制造产业链。机场地区目前已聚集各类航空航天企业约600家，在以空港经济区（以航空制造业为主）、开发区西区和滨海高新区（以航天制造业为主）为核心的大空港地区基本形成由大飞机、直升机、无人机、大火箭、卫星构成的"三机一箭一星"的航空航天产业集群。另外还拥有电子信息、生物制药、新材料和汽车零部件等多项临空偏好型产业集群。大空港地区初步构建了集航空核心产业、航空关联产业、航空引致产业于一体的临空产业体系。位于机场西侧的空港经济区是天津机场地区的核心功能区，2019年，空港经济区实现财政收入307.7亿元，完成工业产值1305亿元，完成固定资产投资290.1亿元，重点营利性服务业收入172.7亿元。

3. 航空城建设的概况

天津滨海机场地区用地由首都机场集团和天津市政府按照条块分割的原则进行开发建设，其中机场内部用地由首都机场集团及天津机场负责建设，用地功能以航空运输业和航空物流业及民航教育业为主。机场周边用地则由天津市空港经济区管委会和东丽区政府主导开发，用地功能以临空制造业、航空商贸物流业和现代服务业为主。天津滨海新区临空产业区（航空城）规划面积为102平方千米，按产业特点和区域交通特点划分为六个功能分区，分别是机场运营及保障区、飞机维修区、空港物流区、航空教学培训与科研区、产业配套生活区和空港经济区，另外空港经济区还包括军粮城板块、机场南地区以及金桥工业区。

2019年启动建设的东丽临空经济区战略定位为国际化、智能化、现代化、生态型的都市临空经济区，其空间规划结构为"双轴引领、四区多园"，即都市临空产业发展轴、民航科技产业发展轴及临空CBD、临空产业区、航空服务区、科技创新区等。其中外环线内侧的程林公园及周边地区总占地5.9平方千米，规划为"一心（津滨城市活力中心）、一园

(程林都市森林公园)、一轴（城市生态景观绿轴）和多区（城市活力中心区、新型生态宜居社区、创新产业提升区）"。东丽临空经济区的规划建设有利于扭转天津机场地区"东重西轻"的偏心空间结构，推动机场地区向以机场运行及保障区为核心的圈层式空间结构转型。

二 天津滨海机场地区的土地开发周期分析

从土地开发的阶段性发展特性来看，天津机场地区的土地开发可分为五个阶段。

（一）起步阶段（2002 年以前）

受到土地开发管理体制、机场航空业务量等各种因素的影响，2002年以前天津机场地区的土地开发长期处于起步阶段，主要体现在机场航站楼改造、飞行区用地规模的稳步扩大，机场运营规模长期在年旅客吞吐量 100 万人次以下徘徊；临空产业以发展航空核心产业为主，以民航教育业为特色；受制于运营规模和体制机制等因素，这时期的机场地区长期停滞在以航空枢纽内生型演进模式为主的自发阶段，空港内部以自我发展为主，并逐步向外缓慢扩张。

（二）发展阶段（2002—2008 年）

2002 年天津机场归属首都机场集团公司管辖，启用东航站区建设，新建 11.6 万平方米的 T1 航站楼以及站坪和货运仓库等。以新航站区为主体的机场二期工程竣工推动了空港核心地区的升级改造，使机场借势实现年旅客吞吐量突破千万人次。同期空港物流加工区启动规划建设，设立"一城三园"（现代化新城区和科技园、工业园、物流园），由此带动了整个机场地区交通、产业和空间的全面升级。这标志着天津机场地区土地开发已进入内外并举、内展外扩的发展阶段，空间开发呈现以临空产业外围空间带动模式为主、航空枢纽内生型演进模式为辅的发展态势。临空产业用地大力发展国际物流、保税仓储、电子信息、机械制造、生物制药、汽车零部件、高新纺织、新材料、新能源等航空直接或间接关联产业，机场内部用地则以发展航空物流服务业为主。

（三）快速扩张阶段（2009—2018 年）

机场二跑道、24.8 万平方米的 T2 航站楼及航空物流园的先后规划建设标志着天津机场地区土地开发进入快速扩张阶段，机场内部用地规模和空港经济区用地规模呈现双重扩张。这时期是航空枢纽内生型演进模式、临空产业外围带动模式和进场交通走廊带状空间开发模式共同作用，机场地区全面进入以内生为辅、外拓为主阶段，临空产业在发展航空关联产业的基础上，重点发展电子信息之类的高新技术产业、商贸会展之类的现代服务业等航空引致产业，但这时期机场地区的"港产城"尚未全面融合，机场地区公共服务配套功能滞后。

（四）均衡化开发阶段（2019—2025年）

在北京大兴机场投入使用和天津机场内部与周边临空产业用地规模基本达到双重扩张边界的背景下，这时期机场地区促进机场内外功能用地置换，推动产业转型升级，并实现外部空间有序拓展和内部挖潜增效相结合。2019年启动建设规划面积33平方千米的东丽临空经济区，其中包括外环内面积20平方千米（可开发面积约13平方千米）。在机场内外组团基本成型的基础上，机场地区逐渐向内生和外拓相互融合的发展阶段过渡，其空间格局呈现出明显的圈层式布局，并逐渐与天津中心城区融合，机场地区正呈现出整体空间结构内聚外拓、空间结构形态圈层式和组团式相结合的转型升级态势，临空产业侧重于航空物流、航空培训、航空科技、现代服务业、智能制造业等相关产业。

（五）"港产城"一体化发展阶段（2026年以后）

随着机场地区的全面开发，东丽临空经济区和空港经济区将统筹管理和共同开发机场周边土地，天津机场地区的规划体系将逐步实现"多规衔接"，土地开发管理体制机制得以不断创新，机场地区将进入内生和外拓全面融合的开发阶段。机场地区将与中心城区逐渐融合，同时承担部分城市副中心职能；临空产业体系基本成型，以航空运输为主的核心产业，以航空制造为主的关联产业，以电子信息、生物医药和科技创新产业为主的引致产业以及城市配套基础产业同步发展。机场内部用地与周边临空产业用地达到平衡状态，公共服务配套功能满足城市化需求。居住、生活和休憩等功能组团趋于成熟，机场地区"港产城"一体化发展模式得以充分显现。

三 天津滨海机场地区发展面临的问题

（一）机场地面交通通而不畅的局面有待改观

在机场地区综合交通方面，天津机场四至范围内总体上存在南北不通、东西不畅的问题。空港经济区与西货运区及航空物流园区的东西向内部通道——津北公路及外围方山路有待拓宽改造或新建延展，而南北向的机场大道、航双路和航新路尚未打通。机场有待于打造为服务京津冀地区的区域性综合交通枢纽，其作为内城型机场的区位交通优势和潜力未能充分发挥。

（二）高端临空型指向产业体系尚未成型

目前天津机场周边地区航空服务保障业和通航产业相对薄弱，航空研发实力有待提升；临空产业集聚强度不足，产业空间布局不均衡，且可用于航空产业项目的机场储备土地不足 20 平方千米，航空类生产性服务业和高端国际商务职能亟待开发。以空客总装为核心的航空制造产业链拓展深度和广度有限，而国产大飞机制造业领域基本未涉足，国产通用航空器和运输航空器的研发和零部件制造业有待提升。

（三）机场地区各功能区空间布局尚需优化

天津机场地区的空间结构形态呈现出"东重西轻、北密南疏"的发展格局，未形成以空港为核心的成熟型圈层式空间结构。东丽临空经济区和空港经济区两大板块未能融合发展。尤其是机场南部的宝元村地区和机场西部外围地区的居住区组团都与临空产业的关联性不大，其临空发展潜力未能得以充分挖掘。机场土地开发利用不足，中央航站区以南的核心区用地长期闲置，该地块与主要货源地——滨海新区及机场以南的航空服务腹地直接相连，发展航空物流、航空维修等航空直接关联产业的优势明显。

（四）机场地区"港产城"尚未形成良性互动

天津机场地区的城市化水平偏低，空港经济区的产城融合度不高，入住居民仅 5 万人左右，机场居住区以驻场单位员工居住为主，城市配套功能不足。临空产业的空间布局与机场的功能分区不对应，空港经济区空间布局为"北城南产"，而机场总体布局为"东客西货"，机场货运区与空港经济区航空货源供应地在空间上未有效对接；地处中心城区的外环线内侧、机场西侧地区多为中低端住宅区，机场地区与中心城区尚未全面融合，也未形成良性的互动发展机制，机场地区的低密度、低强度、低层次开发已成为制约天津航空城发展的重要原因之一。

四 天津滨海机场地区"港产城"一体化发展的战略定位

自天津机场迈入两千万级的大型机场之列后，对机场发展定位、基础设施和运行管理等方面都提出了全新要求，需要在更大的范畴和更高的视野对天津机场地区进行交通、产业及空间的整合优化。根据《京津冀协同发展规划纲要》对天津"一基地三区"的定位，天津机场板块应成为全国先进制造研发基地中的航空航天产业制造研发基地，同时也应成为国际航运核心区、金融创新示范区、改革开放先行区三区建设中的重点功能承载平台。其中国际航运核心区主要体现国际航空物流功能，金融创新示范区则反映飞机租赁和航空金融等功能，而改革开放先行区则可重点打造成为我国机场地区"港产城"一体化发展示范点和国家临空经济示范区。

（一）空港的发展定位

根据修编后的天津机场总体规划，天津机场定位为中国国际航空物流中心、区域航空枢纽和国家综合交通枢纽。为了发挥内城型机场的先天优势，天津机场地区有条件也有必要打造为集航空、地铁、城际铁路、市域铁路及快速路于一体的国家级综合交通枢纽。既可主要服务于地处机场东西向的津城和滨城，同时又优先满足南北向郊区县及周边城市的交通需求。

（二）临空产业的发展定位

天津机场地区临空产业发展定位为空客亚洲航空工业中心、全国航空产业集聚中心、全国飞机租赁中心、全国专业航空维修中心。重点建设以空客亚洲制造中心为主体的国际航空工业中心，建立健全以空客系列飞机总装为核心的世界级民用航空产业体系，打造集航空技术研发、航空制造维修、航空教育培训、航空金融租赁、航空商务会展、航空物流销售等于一体的全链条航空产业链，将天津机场地区建成国际一流的航空服务业、航空保障业和航空商贸业的功能聚集区。

（三）航空城的发展定位

天津机场航空城的发展定位为宜居宜业空港型津滨辅城、宜商宜产生态型空港新城。机场地区可采用独具内城型机场特色的"港产城"一体化发展模式，整合东丽临空经济区和空港经济区板块，推动机场周边地区全部纳入航空城范畴，着重发展城市综合配套服务产业，大力推进机场地区空间圈层式的城市化进程，最终将天津机场地区建设成具有国家临空经济示范区引领作用的空港新城，并打造成为具有国际影响力的现代化航空产业城。

五 天津滨海机场地区"港产城"一体化发展的对策

（一）积极推动机场改扩建工程建设

加快启动第三期机场扩建工程，包括延长东跑道及平行滑行道，新建 40 万平方米的 T3 航站楼及 6 万平方米的地面交通中心，完成面积为 2 万平方米的 T1 航站楼升级改造工程，引入京滨城际铁路、京津城际机场线及地铁 Z2 线、M2 东延线、Z1 支线 5 条轨道交通等。尽快启动第三跑道和南航站区及机场大道南北通道规划建设的前期工作，以实现"四楼三区三跑道"的机场运营模式。其中现有双跑道采用主要供商业航班起降的独立平行运行模式，第三跑道则主要承担空客总装厂和飞机维修基地的试飞任务。

（二）全力打造京津冀区域综合交通枢纽

天津机场地区的交通网络发达、交通方式齐全，有条件整合成供国际国内客货换乘、中转的近郊型大型综合交通枢纽，以此发挥天津机场地区"通天达海"的优势。机场客运综合交通枢纽的服务功能定位为以对外交通为主、以城市交通为辅的京津冀综合交通枢纽，该交通枢纽直接汇集航空运输、机场快速路、地铁 2 号线和 Z2 市域线、城际铁路（京津城际支线、京滨城际）等多种交通方式，同时预留"航站楼+交通中心"的南航站区，并规划将地铁 4 号线和津静市域铁路引入南航站区，最终实现主航站区"四航站楼三交通中心"的布局。规划实施机场地区"六横六纵"的道路交通骨架结构，其中"六纵"包括外环东路、航双路、驯海路、机场大道、环河西路—航新路和京津塘高速，"六横"包括津汉公路、远晟道—环河北路、成林道延长线、津北公路、津滨高速和方山东路（见图6—5）。

图6—5　天津机场对外集疏运道路系统
资料来源：中国民航大学综合交通研究所。

（三）培育壮大航空物流园区和航空快递中心

以打造北方国际航空物流中心为目标，大力推动天津机场西侧的航空物流园区和大通关基地建设，依托天津市第二邮政处理中心以及航空快递物流园区着力发展航空快递业务，吸引顺丰、圆通、中通、UPS和TNT等大型快递物流核心企业入驻。结合天津大通关基地建设，积极发挥空港型综保区的优势，推动滨海新区综保区逐步由服务于单一的空客飞机总装生产为主阶段转型为以服务临空产业为主、以加工生产为辅的功能多元化阶段，逐渐构建"货运区—物流区—产业区"全供应链高度开放融合的空港型综合保税区。大力建设跨境电商口岸，优化配置航空租赁、航空要素交易、飞机制造业等优势资源，推动航空产业、临空产业与保税物流业、保税加工业联动发展。转变航空口岸监管模式，增加国际中转货运航班和试行机坪国际货运中转业务。以航空物流园为主体，积极发展冷链物流、邮件快递、综合保税及电子商务等业务，形成向上游延伸电子商务、向下游延伸仓储服务平台的航空物流链和航空快递产业链，全力打造服务于整个北方地区的国际航空物流中心和国际航空快递中心。

（四）优化升级机场地区航空全产业链

1. 大力打造航空制造产业链，推动航空产业板块扩容升级

空客系列飞机总装及中航直升机研发总装是天津空港经济区的龙头产业，该区域具有集约化、规模化、专业化的航空产业集群特性，应继续强化以空客飞机和中航直升机为主体的航空制造业，打造世界级的航空研发制造产业基地，重点发展飞机总装、机载设备、发动机、零部件和航空材料等制造业。除了已引入的空客 A320 系列飞机总装线，A330、A350 系列宽体机完成和交付中心之外，还应依托庞巴迪公务机天津服务中心的已有基础，积极争取引入空客与庞巴迪合作生产的 A220 系列飞机（100—150 座），最终将天津空客总装厂及其配套厂商共同打造成为空客亚洲航空工业中心。

针对通用航空产业发展速度较快且市场潜力巨大的前景，天津机场地区应积极发展公商务航空和通用航空的制造维修、服务保障业及特种车辆制造等产业集群。重点依托中航直升机总部基地和总装厂，以天津直升机国际博览会为平台，以中航直升机机场为试飞基地，大力打造以 AC312、AC313 为主体的直升机研发、制造、维修和服务等一系列的大型直升机产业链，延伸发展直升机展示交易、飞机租赁、飞机维修等通航产业链，最终将该基地打造成为中国主要的大型直升机产业基地。

2. 重点发展以公务机为主的飞机维修业，显著增强航材储备、销售和交易的能力

航空维修业是航空制造产业链中重要的售后环节之一，具有较高的产业链附加值，公务机维修领域尤其具有较大发展潜力。天津机场地区现已有天津海特飞机工程公司、庞巴迪公务机维修服务中心以及国航维修基地、海航 GE 航空发动机维修基地、中信海直直升机维修基地等诸多航空维修点。可依托空客制造总装厂和综合保税区的优势，打造具备空

客系列飞机、公务机及大型直升机大修能力和资质的北方航空维修基地。重点形成庞巴迪公务机的维护、维修和大修基地，并建成具备固定运营基地（FBO）、维修基地（MRO）和飞行情报区（FSS）三大保障功能的北方公务机运营中心。最终在天津机场地区形成涵盖干线飞机、支线飞机及通用飞机的飞机维修、发动机维修以及机载设备维修等业务的航空维修产业链。

另外，充分利用天津空港综保区的保税仓储功能和自贸区制度创新优势，结合飞机维修业务的需求，大力发展航材寄售业务和航材储备业务，建立亚洲空客飞机、庞巴迪公务机和中航直升机航材储备中心以及航材销售交易中心。还可依托天津海特飞机工程公司大力拓展客货飞机改装业，开展境外飞机保税拆解业务，推动飞机改装业的产业化发展，吸引保税维修再制造产业集群落户天津机场地区。

（五）积极构筑具有高端商务功能的总部基地组团

内城型的天津机场地区适宜重点发展企业总部基地、高新技术产业研发及高端航空科技产业。当前宜居宜业宜产的天津空港经济区已经成为高新技术企业总部落户的主要平台，仅铁路部门总部就已经云集中国铁路设计集团、中国铁建大桥工程局、中铁第六勘察设计院和中铁十二局电气化工程公司等，主要研发基地包括国家合成生物技术创新中心和中科院工业生物技术所、航天科工集团三院8357所和8358所、中电53所、中航直升机所等。除了空港经济区既有的总部基地之外，应依托机场大道北通道、成林道沿线地区积极吸引航空企业总部、航空技术研发等高端航空产业进驻，重点发展国际投资咨询、会计审计、科技服务和创意设计等高端临空商务服务业，依托航空商务园和津滨大道、津北公路以及机场大道南通道沿线地区大力发展以商务会展、飞机租赁和航空金融为核心的高端航空商务功能。

（六）加快建设民航科技研发和民航教育基地

充分发挥以中国民航大学为核心的国家级科研机构和航空教育的传统优势，依托天津市航空航天人才创新创业联盟平台，以中国民航产业化基地和东丽航空商务园及中国民航大科技园等科技园区为载体，在机场地区大力发展民航科技研发产业，积极拓展航空技术研发、航空培训等业务，共同打造民航科技产业的研发、孵化、转化及产业化的全产链体系。并着力打造民航高等教育基地和民航博览组团,规划建设中国民用机场博物馆项目,实现民航专业教育和民航科普教育相结合,最终在天津机场地区形成民用机场、民航院校和民用机场博物馆"三位一体"的国家级民航教育功能区。

(七)重点建设具有城市副中心性质的空港新城

1. 优化机场地区的空间结构和总体布局

天津机场地区整个区域主要由若干特色性的专业园区所组成,总体布局上可概括为"双枢纽三圈层四组团"空间结构。其中"双枢纽"是指天津机场客运、货运综合交通枢纽,即机场东航站区所构成的客运枢纽,以及由机场西货运区和航空物流园所构成的货运物流枢纽,这两大枢纽共同构成天津机场核心运营区。"三圈层"是指天津机场地区由内至外所构成的三个辐射圈:(1)机场地区的内圈层:由机场运营区、航空物流园、综合保税区、东丽航空商务区、中国民航大学等与航空运输业直接关联的机场核心板块所组成;(2)机场地区的外圈层:由紧邻机场核心区的功能组团所构成,包括机场东侧的空港经济区,机场南侧的新立镇居住区和航空航天配套产业园,机场西侧的张贵庄新市镇和程林居住组团以及机场北侧的华明镇、华明工业园和华明商务园等;(3)机场地区的外围组团圈层:指机场内、外圈层外围的组团板块,包括机场东侧的滨海高新技术产业园和开发区西区,机场西侧的张贵庄城区和万新村街道,机场南侧的新立商贸城、军粮城新市镇和东丽开发区,机场北侧的东丽湖旅游度假区和南淀风景区及天津未来科技城等。"四组团"是指以天津机场为核心在其四周围合布局的东部组团、南部组团、西部组团和北部组团四大板块区域(见图6—6)。在空间结构优化的基础上,加快提升天津机场地区用地的城市化水平,促使机场地区由"东重西轻"偏心发展的空间结构向四至方向均衡发展的圈层式空间结构转型,并最终促成天津机场地区成为推动天津津城和滨城融合发展的新引擎。

2. 提升机场地区的功能组团

大力推动航空产业特色突出、港城融合优势明显的天津机场地区城市功能建设,加大机场周边公共服务设施的用地比例,健全完善机场地区的主要城市功能,如交通物流功能、商务商业功能、居住休憩功能等。全面整合机场地区外围的功能区,全面提升机场外围的不同属性、不同

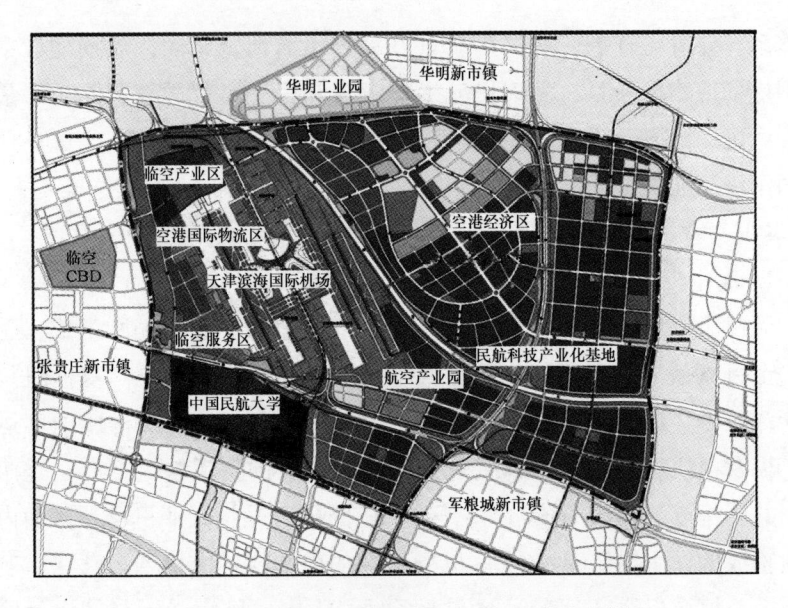

图6—6 天津机场地区的圈层式空间结构发展模式
资料来源:《天津临空产业区(航空城)整体规划》。

隶属关系的城市综合服务功能,实现机场核心区与外围地区之间空间、产业、交通的全面融合。加快航空物流园区、航空产业园区等机场地区功能组团的土地开发和功能提升:(1)京津塘高速沿线的机场东部组团:依托空港经济区的空客总装厂、庞巴迪飞机维修基地、航空快递物流园及民航科技产业园,大力发展以航空研发制造及零部件加工业、航空维修业及航空物流和保税仓储业为主的航空产业组团。(2)津滨大道及津北公路沿线的机场南部组团:强化京山铁路以北、外环线以东、津北公路以南、宁静高速以西的空间范围功能整合,实现东丽区航空商务园、民航居住教育研发区、航空产业园三大功能区的产业关联组合和功能提升;结合民航居住区打造机场大型中、高端居住社区,为民航科技研发产业的发展提供必需的科技人口保障。(3)外环线内侧、中心城区用地范围的机场西部组团:在程林公园周边片区重点打造高端居住区、航空服务保障基地,并在卫国道与外环线交口区域打造航空研发基地和航空商业商务园区,为基地航空公司等驻场单位提供生活居住、办公及服务保障设施,也服务于津滨双城产住结合的中产阶层人士。(4)津汉快速路沿线的机场北部地区:依托华明工业园和华明新市镇,重点打造华明高新区及航空工业园，并配套建设高端商务会议、旅游休闲及商业居住等城市功能设施。

（八）探索天津自贸区机场板块的制度创新

根据国务院批复的总体方案，天津自贸区着力在国际船舶登记制度、国际航运税收、航运金融业务和租赁业务四个方面进行政策创新试点。自贸区机场片区将重点发展航空航天、新一代信息技术等高端制造业，以及研发设计、跨境电商、融资租赁、航空物流等生产性服务业。为了发挥东疆保税港区航空租赁业的既有优势，可借鉴东疆保税港的航空租赁和金融贸易政策，在自贸区机场片区重点发展航空租赁业和航空金融贸易业。结合机场平台优势推动航空租赁领域各方面政策制度的创新，率先形成与国际接轨的租赁业发展环境，打造中国飞机租赁及其他融资租赁中心，推进租赁资产登记、公示、流转等试点；并在天津机场划设临时区域，用于以租赁方式进口的飞机停靠及办理入境相关手续；创新航空租赁企业航空器进出口通关和跨境租赁异地监管模式，实施属地申报、口岸验放等。

在航空金融贸易领域，支持天津自贸试验区机场板块在航空金融领域进行先行先试，鼓励国内外知名股权投资机构共同成立诸如中国航空产业基金（目标规模将达200亿元的该基金是我国第一支航空产业及相关应用领域的产业投资基金）之类的创投基金。依托国际航空口岸的优势，在天津机场地区申请实施境外旅客购物离境退税政策；实现天津港东疆港片区和天津机场片区的联动机制，探索海空联动的国际航运运作模式，推进海港和空港之间的客货多式联运。另外，建议设立中国天津航空器展示交易中心，开展航空器展示、交易、评估和维护保障等业务。

第五节 石家庄正定机场地区"港产城"一体化发展模式

一 石家庄正定机场地区"港产城"发展现状及问题分析

（一）机场的发展现状

根据《石家庄正定国际机场航空枢纽发展计划（2018—2020年）》，石家庄正定机场的功能定位为省会干线机场、区域枢纽机场、河北对外开放重要国际窗口、华北航空快件集散中心和特色航空物流基地。该机场现有两座航站楼：T1 航站楼运营国际/地区航班，建筑面积 5.5 万平方米；T2 航站楼运营国内航班，建筑面积 15.4 万平方米。机场建有航空邮件处理中心和国际快件监管中心。机场设计年旅客吞吐量 2000 万人次，年货邮吞吐量 25 万吨。石家庄正定机场是中联航河北分公司、春秋航空公司、河北航空公司和中国邮政航空公司的运营基地。2019 年，石家庄正定机场年旅客吞吐量为 1192 万人次，年货邮吞吐量为 53230 吨。2020 年，机场共运营航线 157 条，通航城市 93 个，并获评国际机场协会颁布的 500 万—1500 万量级"亚太区最佳机场"及"2020 年度旅客认可之声"奖。

（二）临空产业的发展现状

石家庄正定机场在航空物流领域重点发展特色物流、冷链物流和专业物流。在特色物流方面，重点依托石家庄制药业基础和进口药品口岸，建设医药展示交易中心和口岸医药物流中心，大力开展生物医药和医疗设备器械的研发、检测和进出口，打造外向型医药产业新高地；在冷链物流方面，结合进境肉类、进境水果、进境冰鲜水产品等指定口岸的申报，大力培育涵盖仓储、冷藏、配送及加工等功能的国际冷链产业链；在专业物流方面，大力加强跨境电商园区和邮件集散中心以及国际邮件互换局等建设，吸引国际快递、跨境电商及综合物流企业进驻。初步构建综合物流（以航空物流为核心）、综合保税（以国际贸易为主体）、新技术产业三大核心产业集群所架构的临空产业体系。

（三）临空产业园区的发展现状

位于正定机场东侧的石家庄综合保税区规划面积 5 平方千米，批准面积 2.86 平方千米，重点发展高端制造、现代物流、国际贸易、创新服务四大产业体系。从临空经济发展规律来看，需要从体制机制上建立健全石家庄正定机场临空产业区，整合正定机场地区的航空物流区、物流仓储区、正定工业园与综合保税区等各个功能板块，促进融合发展，共同打造全方位高水平开放的临空经济新平台。

从"港产城"一体化发展的角度来看，北京大兴机场的投运对石家庄正定机场运营的冲击较大，空港发展战略亟需转型；机场地区尚缺乏临空经济区之类的产业承载平台，综保区受航空货源不足的影响较大。机场地区周边货运用地布局分散，尚未连接成片，且大部分是一般物流仓储用地，航空物流用地和综合保税区用地较少，不利于航空货物集疏运的长远发展；机场周边的物流公司和快递企业较少，更缺乏国际货运巨头入驻。机场地区的电子信息、生物医药等临空产业规模偏低，缺乏龙头性的大型临空偏好型企业进驻，商贸会展、商务金融等现代服务业匮乏。从总体上看，石家庄正定机场地区的"港产城"联动发展乏力。

二 石家庄正定机场地区"港产城"一体化发展的对策

石家庄正定机场是发挥河北省空中交通门户和对外开放窗口作用的省会机场，应以冀中南地区为服务重点，充分发挥其对北京大兴机场的分流和辅助作用，积极构建京津冀特色性的区域枢纽机场，并与北京首都机场、北京大兴机场及天津滨海机场共同打造京津冀世界级机场群；构建以航空物流、航空商贸为重点的临空产业集群，统筹规划机场周边地区的综合保税区、航空物流园及临空工业园等各类特色园区，构筑具有功能区性质的临空经济区板块，最终将石家庄正定机场地区打造成为"港产城"联动、临空特色鲜明的高端产业园区。

三 石家庄正定机场地区"港产城"一体化发展的战略举措

（一）大力提升机场的区域枢纽能级

根据机场定位，要加快石家庄正定机场的京津冀区域枢纽建设，依托河北航空公司、春秋航空公司等基地航空公司，积极拓展冀中南地区的本地航空市场及山东、河南周边地区的航空市场，加强国内骨干航线网络建设，重点开通省会、经济中心城市以及热门旅游城市的航线；充分发挥机场与京广高铁之间的空铁联运优势，积极发展低成本航空；重点发展面向日本、韩国和俄罗斯以及东南亚等周边地区的近程国际航线，大力争取包括第五航权在内的国际航权开放。最终在机场地区构建以石家庄正定机场为核心，由区域航空快线网、热门旅游城市航线网、航空货运物流网及地面交通辐射网所构成的"一核四网"机场综合交通网络结构。

（二）优先推动航空货运业发展和航空物流园区建设

在航空货运方面，石家庄正定机场要积极拓展航空货源，重点发展区域航空快件集散业务，积极开通面向中亚、东欧及东南亚地区的国际货运包机航线。机场应完善国际快件分拣中心和石家庄航空邮件处理中心功能，积极吸引顺丰、申通等快递公司在机场货运区布局区域转运中心，打造华北地区重要航空邮件枢纽集散处理中心。石家庄正定机场地区应以航空物流业为发展重点，尽快启动航空物流园区的规划建设，优化调整航空货运物流区的空间布局，在机场地区大力发展跨境快递、电子快递和航空快递专业类物流板块，最终提升石家庄正定机场的区域航空物流集散能力。

（三）加快建设机场地区综合交通网络体系

建立健全石家庄正定机场地区以轨道交通为主动脉、以高速公路为主骨架的集疏运综合交通体系，将机场地区打造成为汇集高速铁路、城际铁路、地铁、高速公路和国省干线公路及快速路的河北省重要的区域性综合交通枢纽，加强机场与石家庄市区、雄安新区和周边市县以及周边各产业园区、功能板块之间的便捷交通联系。在道路方面，优化后的石家庄正定机场地区将形成以石家庄正定机场及正定高铁站为核心的三角形高速公路和普通公路路网内外相套的双重路网结构。其中内侧三角形普通公路网由国道107、省道303（机场快速路）和新赵公路组成，外侧三角形高速公路网由新元高速、津石高速和京港澳高速组成（见图6—7）。为此在机场东部形成以京港澳高速为主体的南北向机场集疏运快速通道，在机场西部形成以新元高速为主体的南北向机场集疏运快速通道，在机场南部形成以津石高速为主体的东西向机场集疏运快速通道，从而满足航空旅客全方位快速通达机场的交通出行需求。在轨道交通方面，为推动京广高铁与机场之间空铁联运的便利化，加快石家庄地铁1号线北延机场工程的建设，以保障该线在机场地面交通中心与正定机场高铁站之间形成摆渡功能；规划石雄城际自机场北面直接引入机场航站区的地面交通中心，并向南延伸至石家庄市区，从而服务于石家庄和雄安新区沿线地区的航空旅客，并实现石家庄正定机场与北京大兴机场之间的互联互通。

（四）推动机场与周边各类园区的融合发展

统筹协调石家庄正定机场周边地区的中国（河北）自贸区正定片区、正定高新技术产业园和正定数字经济产业园及综合保税区各类园区的规划建设，促进机场与这些产业园区和功能区的融合发展，打造高水平开

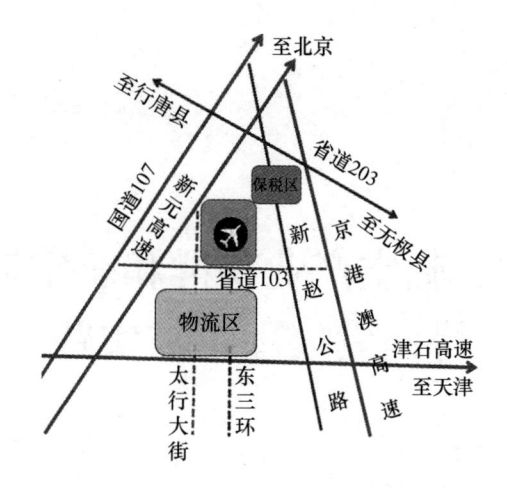

图6—7 石家庄正定机场道路骨架网结构

资料来源：中国民航大学综合交通研究所。

放和高质量发展的新临空经济平台。加快河北自贸区正定片区建设，推进通关服务便利化，促进投资贸易便利化，提高航空口岸监管与服务水平。依托正定片区贵金属和珠宝玉石检测中心以及石家庄正定机场金伯利钻石指定口岸的优势，积极发展宝玉石、贵金属材料及其饰品进口、鉴定分级、检验认证、物流仓储、设计加工和交易展示等全产业链；积极推动正定高新技术产业区的规划建设，大力发展医药健康、生命科学、中小企业孵化、现代商贸服务及仓储物流产业等临空偏好型产业；依托正定数字经济产业园及中国国际数字经济博览会平台优势，发挥中电科十四所和五十四所、诚志永华等既有企业基础和创新平台优势，大力推动半导体、传感器和电子信息等临空产业集群的发展，加快数字经济产业集聚发展和数据资源开放共享，最终推动正定片区发展成为全国数字经济创新发展试验区和京津冀数字经济协同发展示范区。

第七章

机场群、临空产业集群和航空都市群协同发展理论与实践

第一节 区域"交通—产业—空间—生态"链式结构

一 "交通—产业—空间—生态"链式结构的内涵

"交通—产业—空间—生态"链式结构是基于交通走廊上的一种新的城市土地综合开发理念，它既避免了带状城市各组团之间缺乏自然因素分隔的不足，也弥补了网络城市所存在的过于分散且无中心的缺陷，有利于发展高密度、紧凑型城市空间形态。链式结构中的城市空间形态多呈现为多中心、分散组团式布局，它作为一种非均匀的、开放的、动态的区域空间系统，将交通走廊和信息走廊引入各组团之中，并结合交通枢纽开发模式和交通走廊沿线开发模式，形成交通轴与中心城区、新城结合的区域空间结构模式。复合型的区域链式结构主要由各成系统又相互依存的交通链、产业链、空间链和生态链等所构成。

复合型的区域链式结构主要由链节和链条所组成。链节是指铁路车站、长途客运站、机场、港口及轨道车站等交通枢纽节点，其辐射范围涵盖各中心城区、新城、小城镇、开发区等功能组团以及湖泊、湿地和绿地等生态斑块。起联系作用的链条主要由公路、铁路及河流等交通线路和带状绿地等实体链条所组成，还包括劳动力、资源、信息、技术、资金等各生产要素在区域内流动和集聚所构成的无形产业链和供应链。这些链条突破了行政区划的限制，在区域整体空间范畴下彼此耦合，共

同促进区域社会经济的可持续发展。链式结构中的链条和链节形成完整的区域空间发展动力机制，由链条带动整个区域内的人流、物流、资金流和信息流以及能量流在区域各链节之间反复循环，并不断向内集聚和向外辐射，由此形成可持续发展的区域开放空间体系（见图7—1）。

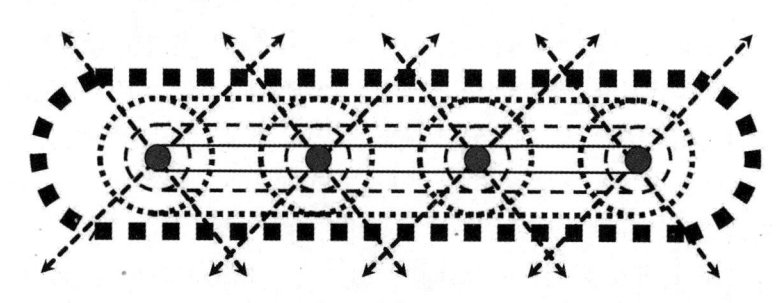

图7—1　"交通—产业—空间—生态"链式结构基本模型

资料来源：笔者自绘。

在区域"交通—产业—空间—生态"链式结构中，交通链是区域社会经济的流动载体，打通了生产、分配、流通和消费四大生产环节，也是"交通—产业—空间—生态"链式结构的动力来源。它以综合交通枢纽作为区域城市空间的增长极核，以城际铁路为主体，结合多条高速公路、铁路和河流等交通线路以及信息走廊，使各种人流、物流、信息流、资金流和技术流在广义的交通链中循环流动，并促成区域内各个中心城市的闭环状交通网络逐渐向开环状交通网络结构转变、同心环放状交通系统向网络化交通系统转化。

产业链是区域经济良性发展的保障和区域产业集群发展成熟的显著特征，它是依靠交通走廊沿线的产业园区或功能组团所形成上下游产业关联紧密的产业密集带或产业集群。区域内各个城市组团或产业园区依托自身拥有的产业基础和优势，以打造科技创新走廊为目标，沿交通线形成跨区的关联产业链和产业集群，涵盖高新技术产业链、信创产业链、智能制造产业链以及现代服务业产业链等。

空间链借助于生态链、交通链和产业链来串接区域内的各个城区城镇、各类功能组团及产业园区，这些具有专业化或复合化城市功能的板块可形成"科技园区＋办公园区""商业区＋商务区""高新技术产业区

+现代服务集聚区"等各种空间组合形态,从而形成城市功能完善、产业空间集聚和交通出行便利的区域带状空间格局。

生态链是区域空间结构可持续发展演进的基础,区域生态空间布局应顺应区域内的自然地理特征,充分利用山水田林路湖草等各种自然要素,形成由斑块(山脉、平原、湖泊、湿地等)、基质(农田、林地、绿地等)和廊道(河流、绿化带等)三大部分所构成的完整生态景观系统。串接基质和斑块的生态廊道可根据景观的类型不同分为蓝道和绿道两类,其中蓝道为由水系所构筑的生态河道,绿道是指公路、铁路和河流沿线的绿色廊道。绿道和蓝道系统应保持连通性和自然的脉络,每一种廊道应与斑块互补,如河流与湖泊湿地、绿化带与森林等。

总体而言,"交通—产业—空间—生态"链式结构不同于网络结构,在区域功能和交通联系上分主次,各有侧重,区域交通、产业和空间布局均具有显著的指向性。区域空间链为网络化、分散式的带状空间布局,依赖于交通链、生态链和产业链的串接;区域交通链具有可替代性、可换乘性以及多选择性的特征;产业链则为区域竞争力的总体提升提供动力引擎;而生态链则以创造可持续发展的区域生态环境为目标。区域空间发展战略应以构筑区域交通体系为先导,以服务于区域经济发展和产业结构升级为导向,促进区域经济的协同发展和区域空间形态结构的优化,而区域城镇空间、区域交通和区域经济的发展都应以遵从生态链的良性循环为前提。

二 构筑京津冀核心区的"交通—产业—空间—生态"链式结构

在京津冀协同发展的背景下,当前京津冀地区区域空间结构和区域交通结构已进入了结构性优化调整的战略机遇期。北京"一核一主一副"的新城市空间结构以及河北雄安新区的规划建设都对京津冀区域空间结构、区域交通结构及区域产业结构产生重大影响。作为首都功能核心区的北京中心城区是全国政治中心、文化中心、国际交往中心和科技创新中心的集中承载地区,北京通州城市副中心承担北京市行政中心的功能,河北雄安新区则是疏解北京非首都功能的集中承载地。另外,以天津滨海新区为主体、唐山曹妃甸新区和沧州渤海新区为两厢的渤海湾沿海地区正进入快速发展阶段,其城市化和工业化进程的加快也为渤海湾港口经济的勃兴带来了重大机遇。京津冀"三地四场"国际机场体系及其临空经济区的规划建设对京津冀区域交通结构、空间结构以及产业结构有着显著影响，使京津冀核心区"交通—产业—空间—生态"结构布局亟待优化。

在京津冀区域空间结构正进行重大变革重组之际，区域交通结构的优化调整往往是首要的，其在引导区域空间结构或城市空间形态的拓展方面起着重要的引领作用。京津冀地区是我国公路、铁路、航空及水运等各种交通网络密度最大的区域之一，其综合交通体系规划建设正进入战略调整的机遇期。京津冀地区区域交通结构在顺应区域空间发展趋势的同时，也在同步进行优化升级，区域内高速铁路、城际铁路的规划建设正在持续完善之中，这些服务于区域的专项交通规划布局为区域空间结构的调整提供了依据。

在北京城市副中心和河北雄安新区设立以及北京大兴机场和京滨、津兴城际铁路建设的背景下，以京津塘传统发展轴为核心，在其北部和南部将分别形成一条新的空间发展轴，由此形成由京津复合型交通轴线所构筑的具有样板作用和示范意义的大京滨链式走廊。该走廊将直接推动北京、天津两地圈层式城市空间结构和环放式交通结构的优化调整，同时使京津冀核心区空间结构逐渐呈现分散组团、轴向发展及带状增长的空间形态特征。

京津冀地区的"交通—产业—空间—生态"链式结构可分为主链与副链，两大主链为大京滨走廊和渤海湾走廊，副链则主要为京唐、京石、京张、津沧等交通走廊带。京津冀核心区空间结构应以"发展轴+多中心"的布局形态为宜，以疏解北京非首都功能，协调区域各城市功能组团的相对均衡发展。大京滨走廊和渤海湾走廊分别面向北京中心城区、渤海湾形成背山、面水的两条弧状城镇带。其中以疏解北京中心城区非首都功能为目标的双重城镇带包括由顺义、亦庄两大新城和通州城市副中心所构成的北京东部新城带，也包括沿首都地区环线高速公路东部外移段所发展的北京市外围城镇带，沿线串接河北雄安新区、涿州、廊坊、承德及天津武清、宝坻、蓟州等地。面向渤海湾的沿海轴为区域城市空间发展的副轴线，它既包括天津中心城区、唐山城区以及沧州城区等传统的沿海中心城区，也涵盖由天津滨海新区、唐山曹妃甸区及沧州渤海新区开发开放所形成的新兴沿海经济带。顺应渤海湾沿岸城市发展重心向沿海地带转移的趋势，沿海的港口带和工业带由此而逐渐形成城镇带。

在京津冀核心区链式结构中，交通链条主要为京津冀核心区的高速公路和城际铁路以及高速铁路，这些交通线路组合形成不同交通性质、不同交通方式和不同速度层次的复合交通走廊，并串接区域内的航空枢纽、铁路枢纽、长途汽车客运站以及海运枢纽等对外综合交通枢纽，以实现各交通枢纽场站之间的客货海陆空多式联运。京津冀核心区的交通链作为引导区域城市空间形态演化的发展轴线，可推动区域交通结构由以京津为中心的闭环状、中心环放式结构向开环状、网络化结构演变，也促进区域空间结构由环京津的双中心圈层辐射式格局向多中心、网络化的开放空间格局转变，其结构呈现出动态的、开放的、多元的、交互的和可持续的特性，使京津冀核心区成为国际交通枢纽主要节点、全球产业链关键环节、世界级城市群发展标杆和国家生态示范园地，最终构建京津冀核心区多中心的区域"交通—产业—空间—生态"链式开放结构（见图7—2）。

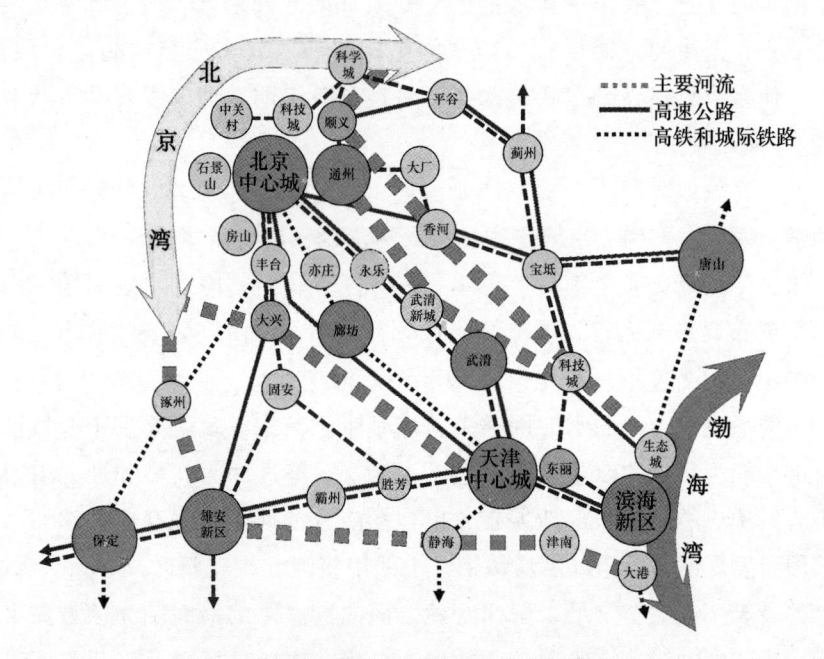

图7—2 京津冀核心区链式结构发展模式

资料来源：笔者自绘。

三 大京滨链式走廊的基本构成

（一）大京滨链式走廊的内涵

2015年4月30日，中共中央政治局通过《京津冀协同发展规划纲要》提出"一核（北京）、双城（北京、天津）、三轴（京津、京石、京唐秦三个产业发展带和城镇聚集轴）、四区（中部核心功能区、东部滨海发展区、南部功能拓展区和西北部生态涵养区）、多点（石家庄、唐山、保定等区域性中心城市和张家口、承德、廊坊、秦皇岛等节点城市）"的区域空间结构。京津"双城"是京津冀协同发展的主要引擎，共同发挥高端引领和辐射带动作用；"三轴"是支撑京津冀协同发展的总体框架；"四区"各自都有明确的空间范围和发展重点；"多点"的重点是提高其城市综合承载能力和服务能力，有序推动产业和人口聚集。

笔者提出的"大京滨链式走廊"是介于京石、京唐秦两大发展轴之间，以京津为发展主轴的产业发展带和城镇聚集轴，并依托京津冀的中部核心功能区，串接东部滨海发展区和西北部生态涵养区。该走廊为京津冀核心区"交通—产业—空间—生态"链式结构的主轴，它以铁路车站、机场及港口等对外交通枢纽以及城市交通枢纽作为城市空间增长极核，沿京津之间三大城际铁路交通走廊构建带状链式区域综合开发模式。大京滨复合型发展走廊由地处北京湾和渤海湾之间呈东南—西北走向的上轴、中轴、下轴三组发展轴所组成，其中京津塘高速公路沿线为大京滨走廊的传统发展主轴，该带状地区为城市化水平较高的城镇密集区，沿线分布不同性质和不同规模的小城镇、新城、产业园区或功能组团等，涵盖科研开发、产业制造、文化体育、交通运输、旅游休闲和居住生活等相对齐全的城市功能。分列发展主轴线北、南两侧的两条新兴平行发展轴是大京滨走廊的上轴、下轴，上轴、下轴的西端分别与北京东西向的交通轴——长安街及其延长线以及南北向的历史文化中轴线所组成的十字形发展轴衔接，上轴、下轴的东端分别与天津滨海新区的中新生态区、南港工业区对接。位于北京东南部的通州、天津武清和河北廊坊之间的通武廊地区则地处大京滨走廊的中枢位置。以京津塘高速公路沿线地区为核心的大京滨链式走廊应构成功能错位、层次分明的开放性城镇空间结构布局体系（见表7—1）。

表7—1 大京滨链式走廊的基本结构

	交通链	产业链	空间链	生态链
大京滨上轴	京沈高速、京哈高速、津蓟高速、蓟平高速；京滨城际、京唐城际、津承城际；京沈高铁天津联络线	科技创新产业、现代服务业、生态旅游产业	中关村科学城—北京未来科技城—怀柔科学城—国际临空经济核心区—通州副中心—宝坻—天津未来科技城—天津航空城—滨海新区	温榆河、潮白河、永定新河生态旅游带；北京密云水库、天津大黄堡—七里海—北三河湿地、滨海湿地
大京滨中轴	京津塘高速、京津高速；京津城际、京沪高铁；京山铁路、通武廊铁路	高新技术产业、现代制造业、现代服务业	北京中心城区—亦庄—武清新城—北辰—天津中心城区—东丽—滨海新区	永定河、海河、北运河生态旅游带；官厅水库、天津生态屏障区
大京滨下轴	京台高速、荣乌高速；津保铁路、津兴城际、津雄城际、京雄城际	现代物流业、现代制造业、商贸物流业	北京石景山—丰台—大兴—廊坊开发区—雄安新区—霸州—西青—天津中心城区—滨海新区	大清河、独流减河；白洋淀、团泊洼—北大港湿地

资料来源：笔者整理。

(二) 大京滨链式走廊的结构

1. 交通链

大京滨走廊的交通链是由高速/干线公路、城际铁路、高速铁路及市域（郊）铁路等多种交通方式和多条交通线路所组合而成的交通轴线，实现了功能定位、营运方式、始发经停站点、运行速度及运输费用等诸多方面的错位。大京滨走廊交通链的上轴主要由京滨、津承、京唐城际铁路和京沈、京哈、津蓟等高速公路所构成；中轴主要由京津塘、京津高速公路和京津城际铁路、京山快速铁路、京沪高速铁路及通武廊市域铁路（规划）所构成；下轴则主要由津保快速铁路、京雄城际、津雄城际（规划）、津兴城际（在建）等铁路和京台、荣乌等高速公路所构成。城际高速公路和城际铁路通道实现了京津冀核心区交通通道的多元化和互联互通，其中京津之间的京津城际、京滨城际、津兴城际及京沪高铁四条联络通道构成了大京滨交通走廊的主轴线和"大动脉"。

大京滨交通走廊串接了区域内主要的对外交通枢纽，形成高铁车站带、机场带和港口带。高铁车站带包括京滨主轴线上的北京西站、北京南站、北京站、北京城市副中心站以及天津站、天津西站、滨海站、滨海西站等主要客运站；机场带具体包括北京首都机场、北京大兴机场、天津滨海机场以及未来津唐共用的渤海湾海上机场（远景预留）；而渤海湾沿海走廊地区则构筑由秦皇岛港、唐山港、天津港和黄骅港所组成的港口带。当前京津冀"三地四场"机场群以及津冀"两地四港"港口群主要负责高新技术产品和现代制造业产品的国内外行销和运送，最终形成服务全国和覆盖全球的市场营销网络。

2. 产业链

当前京津冀地区的产业结构正处于优化升级过程中，打造区域高端产业链和产业集群是京津冀核心区提升产品国际竞争力的基础。由于京津冀核心区在高新技术产业、现代制造业方面具有一定的产业链基础，京津两地现有的科技优势也为区域产业集聚升级提供了先天条件，在产业结构上更易于形成以技术密集型产业为主体、以高新技术产业研发制造为主导的区域分工合作模式和资源整合模式。比较而言，大京滨走廊沿线的功能组团和产业园区及小城镇分布密集，沿线地区集聚了以云计算、大数据、移动互联网、智能终端、物联网为代表的新一代信息技术产业集群，以及生物医药、新能源、新材料、航空航天、智能制造等优势产业集群，适宜重点发展科技创新产业链、高新技术产业链、高端制造产业链、信创产业链和现代服务产业链。

从产业空间布局和产业链分工协作关系来看，北京中关村科学城、未来科技城和怀柔科学城为国际科技创新主平台；大京滨沿线地区的天津中关村滨海科技园、雄安新区中关村科技园、宝坻京津中关村科技城及天津未来科技城等产业园区主要是承接北京科技企业科研成果转化的中试基地及产业化基地；而北京亦庄地区、天津滨海新区则为航空航天、电子信息、生物制药、汽车制造等产品的先进制造业基地，滨海新区还在加快建设"四谷"（中国信创谷、生物制药谷、细胞谷、北方声谷）产业集群。京津冀地区的航空、铁路、港口等专业物流园区及其他保税区承担国际国内产品的物流配送，最终通过强化京津冀核心区各高端产业链的分工协作关系，逐步促成大京滨链式走廊形成"研发—生产—运输—销售"等环节构成的高端价值链、供应链、产业链和创新链，从而提高京津冀地区产业经济的全球竞争力，最终打造成为京津冀世界级高端产业集群。

3. 空间链

大京滨链式结构衔接了京津冀核心区的五大城区或新区——北京中心城区、通州副中心、雄安新区、天津中心城区、滨海新区。其中传统的京津塘中轴空间链依次串接北京中心城区、亦庄开发区、廊坊、武清、天津中心城区、北辰、东丽/空港经济区、滨海高新区、开发区及天津港，该城镇带依托京津塘高速和京津城际铁路，以交通枢纽作为区域城市空间的增长极核，现已基本构成功能错位、层次分明的带状开放式空间结构体系。分列京津塘发展主轴北面和南面的上轴和下轴是主要由新兴功能区所串接而成的空间链，其中上轴空间链衔接了北京昌平/中关村科学城、北京未来科技城、怀柔科学城、顺义/临空经济核心区、通州副中心、河北燕郊三县、天津宝坻、京津新城、天津未来科技城以及中新生态城；下轴空间链则顺接北京的石景山/首都西部综合服务区、房山/科技金融创新城、大兴/临空经济区、河北雄安新区、霸州、天津静海、津南、大港以及临港工业区，该轴线将强化京津雄保带状空间结构的发展。当前大京滨走廊中的上轴和下轴城市化水平相对较低，尚未形成城镇、功能组团或产业园区密集分布的城镇连绵区，更适宜于发展成为分散组团式的区域开放空间格局。

4. 生态链

从自然环境和地形地貌来看，京津冀地区主要分为北部和西部的山区地带、中部的平原地带与东南部的滨海地带。京津生态景观空间结构呈现为"两湾双带"的条带状组合特征，即由北京湾山地自然保护区和渤海湾海岸带自然保护区以及西北—东南走向的南北两大生态带所围合而成。其中北京湾是由北京西部太行山余脉的西山和北部燕山山脉的军都山在南口关沟相交所形成的半圆形大山湾，该山湾是京津冀核心区上游上风处的生态屏障。渤海湾是指渤海西岸的"C"形海岸带，主要为滨海滩涂湿地保护区。同向东南方向展开的"两湾"是京津冀核心区的生态敏感区，远古的北京湾退海成陆，已成为京津冀地区西北部上风上水区域，发源于此的永定河、潮白河、温榆河、北运河、拒马河等河流向东南流经华北平原，最后汇入渤海湾。大京滨走廊的南北两大生态带主要是指顺应海河流域原有的自然水系脉络走向而形成的网状蓝道系统。其中北部生态带包括北京境内的清河、潮白河、通惠河、北运河以及天津境内的永定新河、潮白新河、青龙湾减河等河流湿地保护区，沿线还有大黄堡湿地、七里海湿地、北三河湿地等自然保护区；南部生态带是由永定河、拒马河、凉水河、大清河、独流减河等河流湿地自然保护区以及白洋淀、王庆坨水库、团泊洼、北大港等湖泊湿地自然保护区等所组成的生态廊道。

由山湾（北京湾）和海湾（渤海湾）所围合的京津冀核心区属于海河水系流域范围，该区域顺应整个海河水系由西北至东南的走向，将沿线的各类生态组团（斑块）串接起来，依次构成山地—冲积平原（农田、森林）—湖泊湿地（水库）—滩涂—海洋等层次丰富、景观完整的生态景观系统，形成环绕京津冀核心区的生态景观带。该生态景观带结构以蓝道（温榆河、潮白河等）、绿道（武清港北固沙林、宝坻青龙湾固沙林等）为生态廊道，以山地、湖泊和湿地及城镇为斑块，以城市周边的农田、绿地等自然元素为基质背景，在区域尺度上形成生态景观系统。在北京湾地区应构筑以绿道为主体的生态保护区，其中在西山到颐和园之间建立西山生态缓冲带，在昌平到回龙观之间设置燕山生态缓冲带。这些缓冲带以城市森林为主，严格禁止大规模的开发和建设。京津冀核心区的生态链建设将构筑北京湾和渤海湾地区青山绿水、碧海蓝天的自然生态景观。

总的来说，京津冀核心区是建设世界级城市群的主体。大京滨走廊既是京津冀建成世界级城市群的示范标杆，也将是国际领先的全球创新走廊，同时还是疏解北京非首都功能的主要承载地和"2+4+N"产业疏解空间的主要载体。京津冀三地应以京滨、津兴城际铁路的建设为契机，推动京津冀主轴带状城市群发展，以通武廊地区为继通州城市副中心和河北雄安新区之后北京非首都功能疏解的集中承载地和全球创新产业基地，以带动京津冀核心区空间结构、产业结构的全面优化升级。

第二节 机场群、临空产业集群和航空都市群"三群联动"的基础理论

一 "三群联动"的基本概念

机场群是指在特定的区域空间范围内，以枢纽机场为核心、干线机场为骨干、支线机场为基础、通用机场为补充，依托以轨道交通和高速公路为骨干的区域综合交通体系，共同构筑分工合作、有序竞争、协力共进的多机场体系。临空产业集群是指以多个临空偏好型的主导产业为核心，在城市群内的不同机场地区空间范畴集聚大量上下游产业关联密切、横向协作紧密的临空型企业进驻，并吸引诸如科技研发、金融贸易、行业协会以及职业培训等相关的企业落户，由此形成具有区域产业竞争优势的特色性高端产业集群。航空都市群是指在特定的区域空间范围内相对松散地分布的若干不同规模类型和不同发展阶段的、航空特色鲜明的机场城市群落。这些机场地区之间在临空产业、航空交通以及地面交通等诸多领域存在更为紧密的内在关联互动。

在城市群范围内的机场群子系统、临空产业集群子系统、航空都市群子系统共同构成一个"三群联动"的复合系统（Airport Cluster—Airport Industrial Cluster—Aviation City Agglomeration Composite System，简称 AICCS）。这三大子系统的联动发展最终将促成机场群的交通空间、临空产业集群的经济空间以及航空都市群的城市空间相互作用、相互影响和相互融合，实现区域内的主要机场地区在"港产城"领域协同发展、共同提升。

二 "三群联动"的基本理论

（一）机场群、临空产业集群和航空都市群相互之间的互动

1. 机场群与临空产业集群的两两联动

机场群是国内国际"双循环"的主要交通运输承载平台，发展临空产业集群所需要的物质、技术、人才、产品等要素资源输入输出均有赖于机场群所承担的跨区域航空运输功能。临空产业集群的等级规模与机

场群的层级结构和运营规模有对应关系,高端化的国际临空产业体系往往对应着国际枢纽机场群。

2. 临空产业集群与航空都市群的两两联动

航空都市群是临空产业集群集聚的空间载体和发展平台,而区域临空产业体系所产生的集聚效应和扩散效应吸引了就业人口,推动机场地区土地开发,进而带动航空都市群的城市化进程。由此在整体上形成了区域内所有机场地区的城市化与产业化相互促进的联动关系。

3. 机场群与航空都市群的两两联动

机场群是航空都市群的核心所在和对外开放的门户,航空都市群普遍是机场群枢纽化和临空产业集群产业化之后的产物。机场群的发展定位和临空产业集群的性质规模很大程度上决定了航空都市群的功能定位,国际枢纽机场群和高端临空产业集群的发展将推动国际航空都市群的成长、成型和成熟。

(二)机场群、临空产业集群和航空都市群三者间的"三群联动"

1. 协同机制(synergy mechanism)

由机场群、临空产业集群和航空都市群组成的"三群联动"协同机制注重三者之间跨行政区划的政府审批通办和市场要素资源的共享,强调通过各机场地区的分工合作、通力合作和多方联动,在区域内产生远大于单一机场地区作用的共生协同效应。"三群联动"协同机制是政府和市场共同促进形成的一种内生的自组织演进机制,它既表现在机场群、临空产业集群和航空都市群"港产城"内部之间的同群协同,也呈现"港产城"三群之间跨交通空间、跨经济空间和跨城市空间的异群协同。

2. 竞合机制(co-opetition mechanism)

"三群联动"的竞合机制是促进机场群、临空产业集群和航空都市群演进的主动力之一。它强调在区域内的机场群、临空产业集群和航空都市群三者内部建立基于市场主体的一种动态的合作竞争关系。机场群、临空产业集群和航空都市群这三类枢纽节点型的"三群"往往依托发达的地面交通网络和信息技术网络,通过市场引导、优势互补和互惠互利,从竞争中产生创造性的新型合作关系,从而最终实现共赢的竞合目标。

3. 耦合机制(coupling mechanism)

"三群联动"的耦合机制是指机场群子系统、产业集群子系统和航空都市群子系统通过交通、产业和空间等领域之间的相互依存、相互协调及相互作用，最终在"三群联动"复合系统中形成一种动态的、良性的且具有联合倍增效应的关联关系。应用战略耦合理论（strategic coupling）来分析，"三群"耦合是在机场群、临空产业集群和航空都市群中各系统之间及其内部的磨合演进。依托国际枢纽机场群所构筑的全球航线网络体系，临空经济区所构建的全球创新临空产业体系将优先纳入高端化的全球生产网络体系（GPNs）之中，实现跨洲、跨境、跨区域的战略融合，共同推动"三群联动"呈现"三螺旋结构式"的递进，最终实现机场群运输服务能力最大化、临空产业集群综合效益最优化以及航空都市群城市能级最强化。

4."三群"联动模型

区域内的机场通过管理体制变革和航空资源要素整合，实现机场群的规模化、集约化和一体化运营，最终整体提升机场群在区域、国家或全球范围内的综合竞争力。区域内的临空产业通过集聚效应和扩散效应，推动临空产业的集群化、高端化和国际化，奠定其在全球、国家或区域创新链、价值链、供应链和产业链中的枢纽和关键环节作用，进而引领区域产业结构的升级转型。城市群空间范畴内的航空都市群是新型城镇化的示范区，也是产城融合的引领区，还将是世界级城市群中的先锋城市。

机场群是临空产业集群发挥集聚和扩散效应的交通平台，临空产业集群则推动机场群航空服务功能的全面提升和拓展；机场群是航空都市群发展的动力引擎，机场群的枢纽化可为航空都市群提供更大范围航空要素的流动，航空都市群则是机场群协同发展的空间依托和基础平台；临空产业集群是航空都市群提升城市功能的必备条件，临空经济的产业化和集群化可为航空都市群的城市化进程提供产业基础和就业机会，而航空都市群是临空产业集群内联外拓的承载平台和要素市场，可为临空产业体系的培育壮大提供人口、资金、信息及技术等资源禀赋。航空都市群可为机场群和临空产业集群提供市场供给和需求、基础设施及平台，是两者做大做强的基本保障，航空都市群的发展成熟是机场群、临空产业集群和航空都市群"三群联动"的最终体现（见图7—3）。

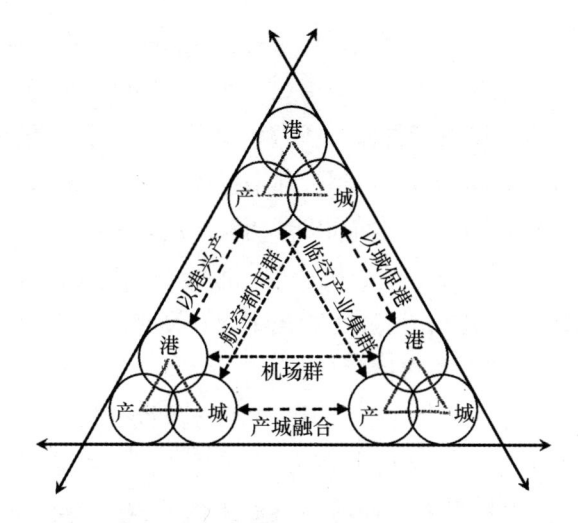

图7—3 机场群、临空产业集群和航空都市群"三群联动"基本模型
资料来源：笔者自绘。

三 "三群联动"的生命周期理论

当前大型机场总体上已超脱行政区划和管理体制的约束，其临空经济发展、航空城建设和机场运营均体现出区域化特征。在机场地区"港产城"一体化发展的基础上，需要统筹机场群、临空产业集群和航空都市群协同发展。在区域交通空间范畴，推动单一的航空枢纽、单一的综合交通枢纽向互联互通的枢纽机场群和城郊型综合交通枢纽体系升级；在区域产业空间范畴，促进主导临空产业集群由以航空物流业、临空制造业为主的传统产业集群向以临空型现代服务业为主的高端产业集群演替；在区域城市空间范畴，促成机场增长极模式、机场增长极轴模式向机场网络开发模式转型。最终在区域"交通—产业—空间—生态"链式结构的带动下，促成区域内各机场地区由"港产城"一体化发展阶段提升为网络化、规模化的机场群、临空产业集群和航空都市群区域协同发展阶段，成为引领城市群发展的临空产业高质量发展模式。

（一）机场群的生命周期理论

机场群是随着城市群的形成而逐渐发展成熟的，它是航空运输业发展到一定规模和水平的必然产物。依据美国专家菲利普·A. 博纳富瓦（Philippe A. Bonnefoy）和 R. 约翰·汉斯曼（R. John Hansman）提出的机场生命周期理论，每个机场群都拥有成型、发展、成熟和衰退等不同阶段的全生命周期。机场群的演化历程具有历史延续性和承继性，机场群中每个机场生命周期的先后演进是机场群保持活力和发展潜力的重要条件，至少涵盖市内型机场（downtown airport）和市郊型机场（peripheral airport）的基本组合形式。与城市群的发展周期和发展历程对应，机场群也有着相应的不同发展阶段。从时间维度上看，机场群一般需要先后经过独立发展阶段、弱相互竞争阶段、强相互作用阶段和协同竞合发展阶段。

1. 机场间各自独立发展阶段

欧美国家的机场群自航空发展之初便逐渐形成，以"一市多场"为特征的多机场体系主要集中在大城市地区，这可谓是机场群的雏形。尤其是在两次世界大战期间，大城市内普遍兴建有大量的军用机场。随着战后航空业务量的快速增长，不少军用机场通过改扩建方式由军用性质转为民用性质，如英国伦敦希斯罗军用机场于1946年转为民用机场。在第二次世界大战之前的航空运输发展初期，世界主要经济区域内的城市各自独立发展，区域内的地域空间结构和功能分工协作松散。地处不同城市的各机场之间同样孤立发展，机场的服务范围仅局限于所在城市，区域航空市场缺乏联系和协作。机场地面交通也仅考虑与机场所在城市的进场交通联系，无跨城市的直达和便捷交通线路进出异地机场。

2. 机场间弱相互竞争阶段

在第二次世界大战结束后的20世纪50年代，美国东海岸东北走廊带的城市连绵带开始出现，但其内部的各城市之间仅有着弱相互作用，这时期有的城市开始利用异地机场开展航空运输业务。20世纪50年代至60年代，多机场体系不再局限于中心城市内发展，而是跨城市区划设置服务于城市群，如美国纽约/新泽西地区自20世纪60年代开始共同运营肯尼迪、纽瓦克和拉瓜迪亚三大机场。随着区域内的城际交通走廊的加强，以及机场通过新建或改扩建方式进行大规模的建设，机场群中的各机场之间存在弱相互联系，机场的服务范围和功能定位有所重叠。这时期的机场群内的机场数量处于增长态势，航空业务总量增长快速，但机场运营规模总量偏低，原有少数机场所承担的市场份额下降，机场竞争态势明显。在机场地面交通方面，非机场所在地的周边城市仍无便利而直达的交通线路进出机场，但机场相关运营商通过绕城高速公路等方式已经开通邻近城市直达机场的专营线路。

3. 机场间强相互作用阶段

在20世纪70年代—80年代，欧美发达地区城市群的产业结构进行优化调整，现代服务业和高附加值的货运业发展加快；城市之间的职能联系更为紧密，地域分工更加广泛，人口规模增长快速。这时期机场群处于多机场体系的成型阶段，机场群内部的机场之间有着强相互作用，多机场体系的运营为不稳定状态。一方面是旧机场关闭的阻力甚大，而又有新机场进入区域机场体系之中，包括新建民用机场以及军用机场转为民用机场或军民合用机场，如日本东京地区在1978年开通东京成田国际机场，与羽田国内机场构成双枢纽的多机场模式；另一方面既有机场业务量因新航空公司或新机场的进入而发生变化，通过行政手段调控常常费力不讨好，在市场机制作用下，新增的大型机场往往对其他机场的运营造成冲击，以致区域机场体系中的现有机场出现关、停、并、转等各种现象。这一阶段的后期呈现出两大发展趋势：一是中心城市的枢纽机场综合功能集聚，枢纽机场多为骨干航空公司的所在地，航空公司开始构筑中枢航线网络，各个机场群之间的枢纽机场也彼此强化航线联系；二是随着各种新的航空市场需求的兴起，机场群中的各机场功能开始分化，枢纽、干线和支线机场功能分工逐渐显现，尤其是二线机场实行了专业化功能分工。但航空市场重叠率高、发展不平衡，机场之间的竞争加剧，甚至会导致恶性竞争，区域机场功能尚存在局部缺失现象。这一阶段大型机场与所在城市市中心之间逐渐开通轨道交通线，但尚未有直达的对外专用机场交通线路，区域机场群也开始利用跨城市的城际交通线路进出机场。机场和航空公司将航空市场营销拓展至机场所在城市以外的区域，以密集航线及航班频率拓展其服务范围。这样地面距离远而航班密度大的机场反而比航线少、航班频率低的近距离机场更具有吸引力。

4. 机场间协同竞合发展阶段

在世纪之交，欧美城市群的发展进入成熟阶段，基于世界级城市群的全球城市开始出现。在区域一体化和经济全球化的推动以及高新技术产业和现代服务业的带动下，区域内的航空市场发展快速。区域机场功能趋于齐全，对外综合竞争力提高。这时期的机场群也随之趋于成熟，机场群内部的竞合机制业已形成，机场之间分工协作并相互错位。区域内各机场之间的地面交通联系紧密，并与其他交通方式有机整合，区域航线网络服务空间范畴全面扩散。机场群的运营处于相对稳定状态，航空业务量增长平稳。城市群内机场数量的增长基本停滞，且少有低使用率的机场（under-utilized airports），并在基地航空公司机队规模、机场业务总量以及区域机场功能的建立健全等方面具有规模效应，整个机场群可达到"帕累托最优"。

成熟阶段的机场群地面交通体系趋于完善，城际铁路和高速铁路开始引入机场群中的大型机场，各个机场的进场交通系统逐渐融入区域内的城际交通网络和区域综合交通体系，区域内的主要机场也由此成为区域综合交通体系中的主要交通节点。这时期的机场群功能得以拓展，服务范围和服务对象得以延伸，运营规模也空前扩展。目前欧美国家的伦敦地区、纽约地区以及洛杉矶地区的多机场体系最为复杂而成熟稳定，以伦敦地区多机场体系为例，盖特威克、希斯罗、斯坦斯特德、卢顿及城市五大机场分布在伦敦市区不同方位，且距离市中心远近不同，彼此功能相互错位（涵盖低成本航空、包机航空、商务航空以及定向式和沙漏式国际枢纽等），又有便利的交通相互通达。伦敦城市机场作为20世纪80年代新建的内城型机场，由于其在功能、空间上的错位而并未对其他机场航空市场形成冲击（见表7—2）。

表7—2　　　　　　　　机场群生命周期的阶段划分

	功能定位和分工合作	构成特性	服务范围	运营特性	地面交通方式
各自独立发展阶段	机场各自独立发展，各机场功能定位模糊，彼此缺乏业务联系和分工协作	机场总体数量有限；各机场运营规模偏小；机场建设以新建或军转民为主	航空市场覆盖范围有限，以本地市场为主，机场服务范围局限于市域范围	各机场间运营业务关联少，航空市场竞争不明显	机场仅局限于与其所在城市之间的交通衔接，与区域其他城市无便捷的交通联系

续表

	功能定位和分工合作	构成特性	服务范围	运营特性	地面交通方式
弱相互竞争阶段	功能定位部分重合，分工不明确	机场以新建为主，辅以改扩建，机场数量增长滞后于业务量增长的需求	航空市场腹地有所重叠，开始争夺中间市场；市场总量增长快速；机场服务拓展到邻近城市地区	跨城市、跨区域的航空业务量开始增长，区域航空市场中的各机场之间出现相互竞争	机场与所在城市中心之间出现多通道、多方式的地面交通联系，与其他城市之间也有地面交通联络通道
强相互作用阶段	功能定位同化和分化并存	新建机场数量持续增加，并出现大都市第二机场；主要机场改扩建频繁	各机场腹地重叠交错，航空市场竞争态势激烈，以中间市场和交叉市场为主；机场服务范围拓展到区域	区域航空资源供给饱和，各机场运营水平参差不齐，部分机场发展受限，少数机场长期饱和运营	主要机场对外交通发达，衔接有高速公路网和城际铁路网，并逐渐打造成为区域综合交通枢纽
协同竞合发展阶段	机场群规模总量庞大，结构合理，枢纽、干支线机场等级分明，综合实力具备国际竞争力；各机场定位相互错位，分工明确	少有新增机场，机场数量相对稳定	市场协同；机场群综合实力加强；总体规模增大；机场服务拓展到区域和全国	在市场机制和政府调控双重作用下，机场群协同发展；各机场运营水平相对稳定，实现差异化发展	机场群内部之间的地面交通联系紧密，实现地面交通一体化，形成以航空综合交通枢纽为核心的区域综合交通体系

资料来源：笔者整理。

（二）临空产业集群的生命周期理论

1. 产业集群生命周期的基本原理

生命周期理论由卡曼（A. K. Karman）于1966年首次提出；同年哈

佛大学教授雷蒙德·弗农（Raymond Vernon）运用生命周期的分析方法提出了著名的产品生命周期理论；1989年，伊查克·爱迪思（Ichak Adizes）提出了"企业生命周期"概念。美国哈佛大学商学院教授迈克尔·波特（Michael E. Porter）在《竞争战略》《竞争优势》等书中系统地提出了产业集群理论，并论述了新兴产业、成熟产业和衰退产业中企业的竞争战略，他认为产业集群一般会经历产生、发展和衰亡三个过程。蒂奇（G. Tichy）提出了产业集群的生命周期一般经历产生、成长、成熟和衰退的四阶段演进理论（Tichy，1998）。Ahokangas等基于生物演化论原理，从产业集群的作用机制角度论述产业集群的生命周期应包括起源和出现阶段、增长和趋同阶段、成熟和调整阶段三个阶段（Ahokangas et al.，1999）。安德森等在《集群政策白皮书》中，从集聚经济的角度将产业集群的生命周期划分为集聚、集群诞生、集群发展、集群成熟和集群转型五个阶段。

2. 临空产业集群的生命周期理论

依据产业集群生命周期理论，顺应着区域临空经济区依次由"经济飞地""成本洼地""产业基地""创新高地"逐层递进，可以将临空产业集群的演进分为初始发展、培育成长、快速发展和成熟优化四个不同阶段，分别对应着机场经济、临空工业经济、临空服务经济、临空创新经济四个典型经济特性。

（1）初始发展阶段

这时期为以航空运输业为主体、以航空类资源密集型为主导的机场经济萌发阶段。区域内的各临空经济区依托土地、劳动力和资源等生产要素的聚集，打造以航空运输业为主体的直接关联产业链，侧重于发展机场地区的航空服务保障业、航空物流业等；区域空间范畴中的临空产业特色不鲜明，临空产业之间缺乏有机关联，临空关联产业链尚未成型，对临空偏好型企业的吸引力不明显。

（2）培育成长阶段

这时期为以现代制造业、航空物流业为主体，以劳动密集型产业为主导的临空产业集群培育成长阶段。临空经济区的直接和间接关联产业链发展快速，具有土地、劳动力、资金和产业等生产要素的优势，由此形成吸引若干劳动密集型临空产业集聚的"成本洼地"，区域范围内以现代工业为特征的临空产业集群的集聚效应明显,区域临空产业特色逐渐显现;但临空产业集群规模偏小,主导临空产业链尚有"缺链""断链""短链"等现象,临空产业链缺乏区域层面的分工和协作,也存在趋同现象,临空产业生态呈现出"集而不群"的状态。

(3) 快速发展阶段

这时期的区域临空产业集群进入以高新技术产业以及现代服务业为主体、以资本密集型和技术密集型临空产业集群为主导的快速发展阶段。临空经济区的直接关联产业、间接关联产业链发展成熟,引致产业链发展快速,区域范围内的临空产业集群化趋势明显,产业集群的集聚效应和扩散效应显著,区域临空经济呈现出"规模经济"的特征。临空经济区吸引了劳动力、产业、资金等生产要素资源的聚集,形成了"产业基地";但这一阶段的区域临空产业同质化现象加剧,区域临空经济区之间的协同以市场调节为主,临空产业关联和分工协作体系尚有待健全。

(4) 成熟优化阶段

这时期进入以生产性服务业为主体、以知识密集型和技术密集型临空产业集群为主导的高质量发展阶段。区域临空经济区之间建立了政府调控和市场调节相结合的协同发展体制机制,推动以航空运输业为核心的前向关联产业和后向关联产业逐渐在区域范围形成相对完整的纵向上下游产业链,并构建以航空器研发制造等龙头企业为核心的关联企业之间的横向协作体系;人才、知识、技术和信息等高端航空资源要素的持续聚集,以数字经济为表征的高端产业集群的集聚规模和水平持续上升,并针对主导临空产业链及产业集群的短板进行"增链""补链""强链",使主导临空产业集群的扩散效应更为显著,区域临空经济呈现出"范围经济"的特征,逐步在区域范围内形成全球化、高端化、差异化的临空产业集群和以技术研发为主的"创新高地",最终成为全面融入全球产业链、供应链、价值链和创新链的关键性中枢节点。这时期临空产业集群的结构层级、集聚规模和发展速度需要适度控制,以避免因集聚不经济而导致临空产业集群的衰落。

(三) 航空都市群的生命周期理论

城市群内不同机场地区的"港产城"一体化开发时序存在差异,与航空运输链的交通空间关联、临空产业链的经济空间关联不同,各机场地区所形成的城市空间链需要依托交通体系、产业体系及社会体系产生空间上的关联。根据不同的开发时序和阶段特征，城市群内机场地区的总体开发周期可分为起步、成长、成型和成熟阶段。

1. 各机场地区独立发展的起步阶段

这一阶段的机场地区以交通枢纽功能为主，各机场的航空运输业存在竞争与合作的关系，机场与所服务的主要城市之间联系紧密，而机场之间的地面交通联系不畅；机场周边地区开发程度有限，产业功能和城市功能基础薄弱，各机场地区的临空产业之间关联不大，整体上呈现为临空特性不显著且相互孤立的机场小城镇。

2. 各临空经济区以航空运输业联动发展为主的成长阶段

航空都市群的成长阶段普遍形成了以临空产业园区开发为主要特征的空港型城市功能区，机场之间由公路间接相连，区域内各机场地区以航空直接关联产业为主，区域临空产业体系尚不健全，主要机场地区的城市功能尚在逐步构建中。这时期区域内的机场地区多为产住分离的产业园区和自我配套的机场功能区的组合。

3. 各空港新城以临空产业联动发展为主的成型阶段

在航空都市群的成型阶段，区域内的机场地区多发展成为具备多元化城市功能的空港城市，产城逐渐融合。机场地区的综合交通体系基本成型，机场之间有便捷的快速公路通道；临空产业起主导作用，各机场地区的临空产业链存在上下游产业关联，并在机场周边地区聚集相关产业集群，从而在航空都市群中形成航空服务保障、航空制造维修、航空金融商贸等诸多临空产业链和产业集群。这时期区域内的机场地区普遍为产城相对融合、产业空间和城市空间趋同的空港新城群落。

4. 航空都市群协同发展的成熟阶段

在航空都市群的成熟阶段，机场地区普遍具备城市功能价值、交通节点价值和临空产业价值。区域内各机场的综合交通枢纽互联互通，区域临空产业体系自成规模，各机场地区根据产业化和城市化程度构建不同性质、不同规模的卫星城、新城或城市副中心。其中，中小机场地区的产业和人口呈现不断递增的趋势，枢纽机场地区形成以智能制造业和高新技术产业为主体的空港新城，国际枢纽机场地区或内城型机场地区构成以高端服务业、科技创新产业为主体的国际空港新城或城市副中心。

各机场地区之间实现轨道交通互联互通，在区域范围总体体现网络化分布和集群化发展的空间特征，整体形成高端临空产业集群集聚、国际航空枢纽功能显著、绿色生态宜居的国际航空都市群。

从"三群联动"的建设目标来看，世界级的机场群、临空产业集群和航空都市群应发挥其在国际航空交通体系、全球高端产业链以及全球城市体系中的枢纽节点作用。其中世界级机场群应打造辐射全球、世界一流的国际枢纽机场集群和国际交往主平台；区域内的主要临空经济区也将构建以空港型自贸区为载体、服务于共建"一带一路"合作国家的国际高端临空产业集群；区域内的主要枢纽机场地区则致力于构筑"港产城"全面融合的世界级航空都市群，以及具备引领全球的"孵化器"功能和枢纽功能的机场城市群。

第三节　京津冀机场群、临空产业集群和航空都市群"三群联动"的总体思路

一　京津冀机场群、临空产业集群和航空都市群"三群联动"的生命周期

京津冀地区机场群是我国三大机场群之一，区域内主要机场的周边地区正加快建设临空经济区，其城市化进程不断加快，并成为区域经济发展的引擎。但京津冀各机场地区之间彼此缺少密切的合作和联系，且区域内各机场地区的"港产城"发展不平衡，"港产城"一体化发展所处的阶段也存在明显的差别。其中，北京首都机场地区处于相对成熟阶段，临空经济核心区发展较快；现有常住人口 22 万人，其中机场就业人口 5 万人；北京临空经济核心区 2019 年属地税收达 197.88 亿元，临空产业结构正由以现代制造业为主体的"二三一"转型升级为以现代服务业为主体的"三二一"结构，人均生产总值突破 1 万美元，但首都机场地区空港、临空产业、航空城的发展尚未全面融合。天津滨海机场地区的临空产业较强，但航空城总体上尚处在成型阶段；其中空港经济区趋于成熟，机场地区产业空间和城市空间呈现偏心结构布局，东丽临空经济区和空港经济区有待于统筹规划建设。北京大兴机场地区新航城还处在快速成长阶段，正推动临空区、自贸区和综保区"三区"耦合发展。石家庄正定机场地区则

尚处于起步阶段，空港运营规模偏低，临空经济区架构有待建立健全，临空产业发展水平有待提升（见表7—3）。

表7—3　京津冀机场地区的"港产城"发展现状及特征

	发展模式、阶段及特征	机场交通枢纽（港）	临空产业（产）	航空城（城）
北京首都机场	航空运输驱动型；成熟发展阶段；"港盛、城兴、产强"	国际枢纽机场；国际性航空交通枢纽；城郊型、区域性对外综合交通枢纽；主要服务对象为城市群内的航空旅客及本地居民	临空指向性的高新技术产业和现代服务业占据主导地位；60多个总部型企业；20多家研发机构；30多家世界500强企业	定位：国家临空经济转型升级示范区、国家对外开放重要门户区、国际交往中心功能核心区和首都生态宜居国际化先导区；"一港四区"圈层式空间结构（首都空港、航空物流与口岸贸易区、临空产业与城市综合服务区、临空商务与新兴产业区、生态功能区）
北京大兴机场	科技创新驱动模式；快速成长阶段；"港大、城小、产弱"	国际枢纽机场；国际性航空交通枢纽和区域性对外交通换乘枢纽；服务对象以京津冀城市群市中心的航空旅客为主	以生命健康产业为主导产业，以枢纽高端服务业和航空服务保障为两大基础产业，以新一代信息技术产业和智能装备产业为补充的"1+2+2"临空产业发展体系	定位：国际交往中心功能承载区、国家航空科技创新引领区、京津冀协同发展示范区；分散组团式的功能区模式（服务保障区、航空物流区和科技创新区）

续表

	发展模式、阶段及特征	机场交通枢纽（港）	临空产业（产）	航空城（城）
天津滨海机场	航空制造业驱动模式；发展成型阶段；"港小、城弱、产强"	区域航空枢纽；区域性对外交通换乘枢纽；主要服务对象为周边城市的航空旅客及本地居民	以高新技术产业和现代服务业为主体的临空产业集群趋于成型	东丽临空经济区定位：国际化、智能化、现代化、生态型都市临空经济示范区（临空CBD、临空产业区、航空服务区和科技创新区）；空港经济区定位：宜业宜居国际生态活力新城；偏心式空间形态向结构紧密的圈层式转型
石家庄正定机场	航空物流业驱动模式；起步萌发阶段；"港小、城弱、产衰"	区域航空枢纽；单一航空交通功能的对外交通枢纽；主要服务对象为冀中南地区的航空旅客	基于产业链的规模化产业集群为主导发展模式	综保区定位：京津冀国际商贸物流基地、京津冀产业协作先行区、石家庄产业升级新引擎、京津科技成果转化平台；空间形态为小城镇和功能区结合的模式

资料来源：笔者整理。

总体而言，京津冀"三地四场"地区亟待整合升级，应在机场"港产城"一体化与机场群、临空产业集群和航空都市群协同发展领域发挥应有的全国性示范作用和引领作用。京津冀机场群要打造以北京"一市两场"为核心的世界级机场群，京津冀临空产业集群要共同打造全球供应链关键节点、全球价值链高端环节和全球临空产业链集聚高地，而京津冀航空都市群要成为国际化、高端化和生态化的世界级航空都市群。

二 京津冀机场群、临空产业集群和航空都市群"三群联动"的动力机制

从京津冀城市群协同发展的动力机制来看，要充分发挥京津科技研发高地的优势，将"三地四场"的四大临空经济区作为科技创新应用转化的平台，以服务创建京津雄地区全球科技创新中心和战略性新兴产业策源地为目标，构建大京滨全球科技创新走廊、国家创新中心和区域创新高地。北京市依托两大国际空港的双枢纽驱动，着力打造推动国家发展的新的动力源，服务于"一带一路"倡议和京津冀协同发展战略以及北京"四个中心"的城市定位；天津市通过天津港、天津机场的"海港、空港"双枢纽驱动，也将服务于"一带一路"倡议和京津冀协同发展战略以及天津"一基地三区"的城市定位；河北省通过港口群、机场群双枢纽集群的驱动，以雄安新区建设和京津冀协同发展为契机，服务于河北"一基地三区"的发展定位。

在京津冀协同发展纳入国家发展战略的背景下，需要将京津冀地区机场群、临空产业集群和航空都市群的建设分别纳入区域综合交通规划体系、区域产业集群发展规划以及区域城市群的规划建设中，发挥其对京津冀地区的区域交通互联互通、产业集群联动和城市群建设的推动作用，使其成为京津冀协同发展的新途径。要实现协同联动、优势互补，以区域交通一体化发展为引领高质量发展的抓手，以空港新城为新型城镇化建设的示范平台，以临空产业集群为带动产业结构升级的引擎，最终形成京津冀"三地四场"临空经济区特色发展、错位发展、梯度发展的高质量综合开发模式。

京津冀地区机场群、临空产业集群和航空都市群的协同发展需要建立健全良好的互动机制。一方面是建立良好的政府层面和企业层面的合作协调机制。目前首都机场集团公司基本统筹管理了京津冀地区主要的运输机场，基本形成了跨省级行政区划、由单一机场管理主体主导的多机场体系。该公司通过对各机场制定合理的发展策略，实现了京津冀区域所属的机场体系有效地分工合作和协同发展。另外，建议京津冀各临空经济区的管理机构及其主管政府部门之间建立横向的协调体制机制，在交通对接、产业合作及园区互动等领域开展广泛的合作，共同打造京津冀地区国际化、生态化的航空都市群，联合培育集群化、高端化的临

空产业链，引领区域产业结构优化升级。

另一方面要有灵活的市场调节机制。当前京津冀各机场地区均不同程度地形成了以现代服务业、高技术产业以及临空物流业为主导的不同特色的临空产业集聚区，这些临空产业集群需要在区域层面进行产业链的"增链""补链""强链"，并加速集聚相关产业链的资本、劳动、土地、技术等生产要素。为此需要充分发挥临空经济区及其经济腹地的市场调节作用，以高效的市场经济体制作保障，通过跨区域的上下游临空型直接关联产业和间接关联产业的互动，实现不同临空产业集群在各航空城市群之间的资源优化配置，最终实现区域机场交通枢纽集群、区域临空产业集群和区域航空都市群之间的统筹布局和协同发展。

三 京津冀机场群、临空产业集群和航空都市群"三群联动"的目标与路径

（一）机场群、临空产业集群和航空都市群"三群联动"的目标

京津冀地区机场群、临空产业集群和航空都市群协同发展的总体目标是推动京津冀主要机场地区成为高质量发展"经济飞地"、高端产业聚集的"创新高地"、投资成本相对低廉的"成本洼地"，打造全球领先、国际一流的京津冀世界级机场群，构筑高端高新高质的临空产业集群，构建宜居宜业宜产的航空都市群，最终建成京津冀世界级机场群、国际高端临空产业创新集群（Innovation Cluster）和国家新型城镇化示范标杆的航空都市群。从发展时序来看，京津冀机场地区的"港产城"协同发展具体分近期和远期两大阶段予以实施。

至 2025 年，京津冀机场群基本成型，开始加快建设国际性航空综合交通枢纽集群和全球型航空物流枢纽集群，适宜建设机场的各地级市均建成机场。京津冀四大机场的临空经济示范区基本建成，各临空经济区加强临空产业分工合作，初步建立健全以临空偏好型为主体的临空产业链和临空产业集群；区域高端临空产业体系基本成型，嵌入性的临空产业集群逐渐向根植性的临空产业集群转变，逐步形成各具特色、协同发展的世界级高端临空产业体系。北京首都机场地区和天津机场地区的空港新城模式基本成型，宜居宜业宜产的城市环境持续改善。北京大兴机场地区正按照新城模式逐步建设，石家庄正定机场地区则按照临空经济

功能区模式启动建设,两大机场地区的城市功能有待完善。

至2035年,京津冀机场群建设世界级机场群的目标基本实现,以"三地四场"机场体系为核心的京津冀机场群将立足北方,打造服务全国、辐射全球的京津冀世界级机场群,构建服务于"一带一路"倡议的国际性航空综合交通枢纽集群和全球型航空物流枢纽集群。京津冀地区以"三地四场"临空经济区为依托,以支线机场的临空经济区为补充,大力发展具有根植性的航空制造、生物医药等临空产业创新集群,建立各有侧重、分工协同的全球化、高端化、开放型、创新型临空产业体系。这时期京津冀四大航空城的发展已基本成型或成熟,将以建设世界级城市群为目标,共同打造国家级、区域型的京津冀临空经济示范区和宜居宜业宜产的空港新城。最终推动京津冀核心机场地区"港产城"一体化高质量发展,实现京津冀机场群、临空产业集群和航空都市群"三群"的高水平协同发展。

(二)京津冀地区机场群协同发展的实施路径

1. 推动京津冀机场群分工合作和协同发展

目前京津冀地区的航空运输市场发展不均衡,随着北京大兴机场的建成,这种趋势更加明显。若机场群内各机场竞相发展的格局愈演愈烈,将会造成巨大的航空资源浪费,不利于京津冀协同发展。另外,京津冀地区机场群内各机场的分工不合理,缺乏明确的功能定位。京津冀机场群规划建设应纳入京津冀地区的区域经济、区域交通、区域生态以及区域空间体系之中,并加强京津冀地区机场群内部的协同发展。京津冀机场群应体现专业化的分工和协作,尤其是北京大兴机场、首都机场和天津滨海机场应加强区域分工合作,协调好专用机场和运输机场、客运机场和货运机场、主要机场和辅助机场之间的关系。

顺应国际产业的转移和人员的大规模流动,京津冀地区机场群应优化调整以北京终端区空域为核心的京津冀地区空域结构,打造以"三地四场"为核心的京津冀世界级机场群,共同承担以全国交通为目标的国内枢纽和以全球交通为目标的国际枢纽两大职能。由此将形成结构合理、功能完善、布局均衡、分工合作的京津冀区域机场体系和国际航空交通体系,并显著提升北京"一市两场"国际航空枢纽的全球航空市场竞争力和影响力,充分发挥天津滨海机场的内城型机场和航空货运优势以及石家庄正定机场的低成本航空优势，增强天津滨海机场和石家庄正定机场两大区域枢纽疏解北京非首都航空交通的能力。

2. 推动京津冀机场群地面集疏运交通体系互联互通

针对京津冀地区航空运输业发展不均衡、不充分的现状，需要加强京津冀四大枢纽机场的互联互通，加大京津冀地区机场群地面交通集疏运体系的协同建设。为此，需要实现京津冀核心机场群与京津、京石、京滨、津兴等城际铁路以及京九、京沈、京广、京沪二线等高速铁路的有效衔接，加快京津冀机场群地面交通的一体化发展，规划建设以"三地四场"机场体系为平台、以航空运输为主体的多式联运中心，打造集高铁、城际铁路、城市轨道交通、机场轨道专线以及高速公路、快速路于一体的城郊型综合交通枢纽。同时还应加强空铁联运模式的统筹布局，目前石家庄正定机场高铁站与北京西站之间已经通过京石高铁开展空铁联运，天津机场也借助天津站与北京南站之间的京津城际开通了空铁联运。空铁联运的方式对京津冀核心区的航空客货分流起到了一定的作用，有效地扩展了机场的服务范围，也促进了京津冀地区机场群的融合。

（三）京津冀地区临空产业集群协同发展的实施路径

1. 临空产业集群协同发展的总体思路

京津冀地区临空产业集群需要综合考虑国际航空产业链的全球分工格局，结合我国航空制造业、民航运输业以及临空产业的发展现状，充分发挥京津冀地区临空高端型产业、资本密集型和技术密集型产业的比较优势；在政府管控与市场驱动的共同作用下，对京津冀临空经济区进行系统的临空产业集群合理分工和空间布局。联动发展以航空客运、航空物流、航空保障服务为核心的航空运输类基础产业，分工合作发展以航空航天产业集群为主体的关联产业，重点发展以临空高科技、智能制造业为主体的引致产业，共同培育完善以新兴高端产业为主体、国际化程度高的临空产业发展体系。着力对临空偏好型的国际高端产业链予以"补链""增链""强链"，在京津冀区域内基本形成高端产业分工明确、上下游产业功能互补、临空产业结构引领升级的高质量发展、高水平开放的临空经济产业空间形态，探索推动京津冀区域经济发展的新动力、新机制和新模式。

2. 临空产业带的协同发展路径

在京津冀协同发展战略及疏解北京非首都功能的推动下，京津冀地区正在形成和逐步显现出包括大京滨科创产业走廊、环渤海海洋产业带、京津冀新能源产业带、北方高端制造业产业带等在内的若干条产业带。其中大京滨科创产业走廊是京津冀核心区中的高技术发展主轴线，它将京津冀"三地四场"临空经济区纳入优势互补和功能完善的高新技术产业带体系中。在该产业带中，京津临空经济区已经成为京津冀区域经济发展的新驱动力，北京首都机场、北京大兴机场和天津滨海机场临空经济区内的产业多以与航空相关的高新技术产业、现代制造业以及现代服务业为主，对区域产业升级和发展具有重要推动作用。例如，天津空港经济区及其周边园区正在着力打造以大飞机、直升机、无人机、大火箭、卫星为产业核心的"三机一箭一星"格局。

另外，结合北京大兴机场临空经济区及京石城际铁路的规划建设，京津冀核心区有潜力发展形成中关村—北京大兴机场临空经济区—固安—雄安新区—石家庄空港经济区新兴产业带；结合津兴城际铁路通道的规划建设，京津冀核心区也有潜力发展形成中关村—北京大兴机场临空经济区—廊坊经开区—天津华苑高新区—西青—海河教育园—临港工业区新兴高新技术产业带。这将直接促成天津城市空间结构的优化调整，并进一步强化大京滨科创产业走廊。

3. 临空产业链的协同发展路径

当前京津冀临空经济区已经汇集若干主导产业集群，从京津冀制造业产业结构门类在全国的产值排名来看，计算机、通信和其他电子设备制造业，医药制造业，铁路、船舶、航空航天和其他运输设备制造业分别为临空偏好型制造业的前三位。从临空产业链类别来看，京津冀临空产业区主要涵盖集成电路装备、微电子、智能成套装备等电子信息产业链，以生物医药、汽车零部件为主的高新技术产业和现代制造业，以研发服务、贸易展示、信息服务、文化创意为主的现代服务业和生产性服务业。从区域产业协同发展的角度来看，需要强化京津冀临空型直接关联产业链和间接关联产业链的协同，尤其是国家级的民航运输业和航空工业产业链跨区域的协同，重点打造航空航天产业链、生物医药（健康）产业链和新型（新一代）信息技术产业链三大临空型创新产业链和产业集群。

（1）建立健全国家级的民航运输全产业链

京津冀"三地四场"地区基本形成以航空运输业为核心，涵盖航空管理、航空保障、航空配套和航空技术等多种业态的完整航空服务产业链。在航空物流业方面，京津冀三地机场地区依托综合保税区及出口加工区，发展"保税+研发""保税+制造""保税+检测""保税+物流"等业务，普遍形成了以航空物流业为核心，集航空运输、保税仓储、包装流通、货运通关、信息处理等业态的航空物流基地；在航空维修业和航空器材保障服务方面，北京首都机场和北京大兴机场以运输飞机维修为主，天津机场以公务机、直升机维修检测为主，京津三大机场依托中国航材集团打造中南航、中航、东航"三大航"的航材共享平台和空客全球航材备件中心，初步建立涵盖大飞机、公务机、直升机等航空器整机、发动机、航空器材及技术装备的制造维修保障服务体系；在航空服务保障方面，京津冀机场地区建立了以基地航空公司为主体的航空总部、航空金融、航空培训、航空服务等运行保障体系；在民航科技和教育培训方面，京津冀地区建立以中国民航科学技术研究院实验基地、中国民航机场建设总公司实验基地（北京首都机场）和中国民航大学（天津滨海机场和北京大兴机场）为主体的民航科技研发产业化基地，健全以中国民航大学和中国民航管理干部学院为主体的民航高等教育基地和民航职业培训基地。

（2）优化京津冀地区的航空工业产业链布局

航空产业是高科技、高投入、高收益和高风险的国家战略支柱产业和知识密集型核心产业，具有产业关联度高、产业链条长、技术集成度高、科技创新性强的临空偏好型产业特征。目前京津冀地区依托国家级的航空航天产业基地，基本上形成以京津石三地为重点的飞机及其零部件研发、设计、试验与生产的产业分工体系。

以天津机场地区及其周边地区的保税区、高新区、经开区西区为空间承载平台，以大飞机、直升机等为产业核心，大力发展空客系列民用干线飞机和大中型直升机以及特种飞行器制造业，积极发展航空电子设备、航空信息技术和航空零部件、航空材料和元器件等相关配套产业，共同打造全国航空产业创新和成果转化示范基地，基本形成了直升机产业化基地、特种飞行器研发生产基地、航空航天高端紧固件研制生产基地等航空产业高端研发制造基地。最终促成天津滨海机场地区形成以空客系列飞机制造为核心，涵盖航空总装、航空零部件加工、飞机材料制造、航空维修改装、航空金融、航空租赁及航空展示的航空工业全产业链。

重点打造首都机场地区的中航工业北京航空产业园,集航空发动机、航空机载系统的研发、试验、部件制造、维修和国际交流为一体。结合北京航空航天大学等航空类科研院所的优势,加快国产大中型航空发动机及零部件的研发和制造,打造全国航空产业创新和研发示范基地(见表7—4)。

表7—4　　　　　　　京津冀核心机场群航空产业发展现状

		航空航天研发制造业	航空服务业	航空物流/金融/教育业
北京	首都	中航工业集团所属中航复材、中航工贸等7家企事业单位;中航发动机集团直属研究院等4家;中国商飞研究中心;泰雷兹航电、卓越天翔航空等;顺义航空航天产业园	空管局运行管理中心、航行情报服务中心和气象中心,民航华北局及空管局终端管制中心;国航、中航油、中航材、中航信等80余家航企	顺丰速运、TNT、普洛斯、宅急送等物流企业270余家
	大兴	大兴军民结合产业基地;航空研发创新中心和航空服务示范区	南航、东航、首都航空、北京航空、东海航及中国邮航基地	综合保税区、自贸区机场片区
天津		60多个航空制造业项目(天津空客A320总装厂、A330完成交付中心、西飞天津公司;中航直升机总部及总装厂等);彩虹无人机研发生产基地;民航科技产业化基地;天津航空机电公司;天津渤海复合材料公司	200多个航空服务保障项目;天津直升机博览会;庞巴迪公务机维修中心、天津海特飞机工程维修基地、海航技术、华彬航空等10多家维修企业;天津飞安、中航国际物流;天津华翼蓝天科技等公司	航空物流园空港和快递产业园;国航货运、华宇、TCS等一级货站;中国民航大学;天津大学航空航天研究院

续表

	航空航天研发制造业	航空服务业	航空物流/金融/教育业
河北	中航通飞华北飞机工业公司；保定惠阳航空螺旋桨公司；保定向阳航空精密机械公司；石家庄海山实业发展总公司（空军5721工厂）、邯郸硅谷新材料公司	河北自贸区正定片区；正定数字经济产业区；石家庄综合保税区、正定工业园	国际快件分拣中心和石家庄航空邮件处理中心

资料来源：笔者整理。

（3）完善中航工业体系下的通用航空制造产业链

京津冀地区通航产业的发展主要由中航工业所主导，这一由国有企业主导的通航产业发展模式有利于在区域范围内打造全通航产业链。为此针对通航产业链长、涉及面广的特性，需要从国家层面统筹规划，引导其在区域内建立健全覆盖整个通航产业全系列的完备产业链和产业集群。目前中航工业利用京津地区科技研发实力强的优势，依托京津冀现有的通航产业基础，在京津冀地区通过国际合作生产、收购国外成熟品牌、自主研发等方式初步形成通用航空器研发制造、服务保障、运营维修等综合能力，通过分工合作的方式在区域内基本形成了一个包括直升机、公务机和固定翼飞机在内的、相对完整的全通航产业链和产业集群。其中，天津中航直升机总部基地和总装厂重点自行研制AC312、AC313系列大中型直升机；石家庄地区的石飞公司通用航空产业基地则着重发展国产运五系列固定翼通用飞机和"小鹰500"公务机，并与美国赛斯纳公司合资生产赛斯纳208系列大型通用飞机。

（四）京津冀地区航空都市群协同发展的实施路径

1. 京津冀航空都市群协同发展的总体思路

以建设京津冀世界级城市群为导向，以疏解北京非首都功能为契机，加快京津冀临空经济区的城市化建设，提升临空经济区城市公共服务水平。结合临空经济的特色优势，推动京津冀"三地四场"临空经济区形成新型城镇化示范区和宜居宜业宜产的国际一流航空都市群，打造国际化、高端化、生态化的国家级临空经济引领区和京津冀城市群高质量协同发展先行区。

2. 加强京津冀航空都市群的发展定位协同

自 20 世纪 90 年代以来，京津冀地区的北京首都、天津滨海、石家庄正定及北京大兴等机场地区相继进行了临空经济区规划建设，其中首都机场和天津机场的临空经济发展迅速，临空产业形成集聚效应，两地的航空城建设初具规模。目前京津冀"三地四场"的临空经济区或机场片区都提出各自的发展定位。作为北京市六大高端产业功能区之一，北京顺义临空经济区围绕打造临空经济区、建设世界空港城的战略目标，推动产业化发展阶段向城市化发展阶段转型，已逐渐形成航空商务功能和航空总部功能突出的产业新城。北京大兴机场所在的新航城是京津冀核心区和大京滨走廊城镇发展带的重要城市空间节点，定位为世界枢纽、中国门户、区域引擎、绿色新城的新航城将作为国家新的动力源带动京津冀地区区域经济发展。天津机场所在地的东丽临空经济区提出要建设成为功能完善、生态智能、宜居宜业的国际化临空经济都市区；天津空港经济区则在着力打造国家级航空航天产业基地，整个天津机场地区正以航空制造业、民航科技教育业和民航运输业三大产业集群为核心动力，推动机场地区由产业园区向航空城转型升级。石家庄正定片区以和谐、畅达、宜业、宜居为发展目标，将建设成产业高地、服务之城和国际门户。这些航空城的发展定位尚需要从航空都市群协同发展的角度进行相互错位。

3. 强化京津冀航空都市群在京津冀区域空间结构中的示范引领作用

在京津冀区域空间结构中，"三地四场"所在的机场地区逐渐成为所在城市的主要功能平台，并将发展成为京津冀城市群中关键性的空间节点。京津冀"三地四场"机场地区将形成以航空为特色的机场城市群，其中首都机场地区和天津机场地区未来远景则有望由空港新城提升为城市副中心。北京首都机场地区和北京大兴机场地区均为双核模式，其中首都机场地区为"顺义新城＋临空经济核心区"模式，大兴机场则是"大兴新城＋新航城"模式，顺义新城和大兴新城分别为两大临空经济区提供城市化生活平台。双核模式有助于快速推动大兴区由传统农业区直接向现代化新城转型升级，其中新航城打造为国际交往承载平台，大兴新城则承担区级的行政商业、医疗教育等城市综合配套服务职能。

为建设世界级的京津冀航空都市群，应积极提升京津冀"三地四场"航空城的城市化水平，加速吸引机场地区高端人才聚集，建立健全机场地区的国际人才社区、国际健康医疗体系以及国际教育体系。一是构建国际人才社区，建设低密度、高绿化率的国际高端别墅区，并配套建设生活保障基础设施。二是建设以国际连锁医疗机构为主体的国际医疗中心，吸引国际医疗机构、国际专科医院和国际保健产业进驻发展。三是大力发展外向型的国际教育，引导以托幼及中小学教育为主的国际学校进驻。最终为中高端国际人才的引进创造居住条件、健康医疗条件以及子女教育条件。

四 服务于建设世界级城市群的京津冀机场地区"三群联动"的重点任务

（一）将京津冀机场群构建成为全球骨干航空网络体系中的关键枢纽

为了充分发挥京津冀机场群全球交通枢纽和"国之重器"的作用，应构建以北京首都机场和北京大兴机场两大国际枢纽机场为主，天津滨海机场和石家庄正定机场两大区域枢纽机场为辅的全球骨干航线网络。着力增加两大国际枢纽机场的中远程国际航线，引导其部分支线航班转移到津冀其他机场，推动其国际旅客量占比由21.8%提升至30%以上，最终促进以北京首都机场和北京大兴机场为核心的京津冀航线网络结构，从以国内航线为主向国际、国内航线并重的全球中枢辐射型航线网络结构转型。

（二）推动京津冀机场群成为互联互通的"轨道上的机场群"

依托《中长期铁路网规划》（2016—2025年）、《京津冀城际铁路网规划》（2015—2030年）以及京津冀机场所在城市的城市轨道交通规划，健全完善京津冀"三地四场"地区的综合交通枢纽建设，推动京津冀地区主要的民用机场至少衔接两种轨道技术制式以上的轨道交通线路和两条以上的高速公路或快速路，以形成主要机场与主要城市之间0.5—2.0小时的地面交通圈，并且力争京津冀地区的支线机场全部衔接有轨道交通，最终推动京津冀机场群的地面交通一体化。

（三）促进京津冀临空产业集群成为区域经济结构转型升级的引擎

根据《京津冀产业转移指南》的产业空间布局规划，京津冀地区将构建"一个中心、五区五带五链、若干特色基地"的产业发展格局。该指南从京津冀产业一体化发展的角度，提出将北京首都机场临空经济核心区、北京大兴机场临空经济区和天津空港经济区发展成为京津走廊高新技术和生产性服务业的主要聚集地。在以国内大循环为主体、国内国际双循环相互促进的新发展格局下，京津冀地区以外向型经济为特征的临空经济发展面临着战略转型和迭代升级。不仅需要考虑临空产业空间结构的优化布局，更要突出临空经济在区域内的总体驱动效应和临空特色产业资源禀赋特性，从而推动京津冀临空产业集群成为区域经济结构转型升级的引擎和典范。

（四）将京津冀"三地四场"临空经济区打造成为新型城镇化的示范区

以京津冀建设世界级城市群为总体目标，率先将京津冀"三地四场"临空经济区打造成为国家新型城镇化的示范区。首都机场地区的国际临空经济核心区、天津机场地区的空港经济区以及石家庄正定机场地区的综合保税区目前已经由发展期向成熟期转型，依托既有的航空产业基础和密集的地面交通路网，正由临空经济区功能板块向城市功能日渐健全的航空城转型升级。将航空城建设成为城市新的经济增长极和产业新城，促进航空城与城市其他功能组团协同发展。

（五）将京津冀重要的支线机场和通用机场地区建设成为航空特色小镇

根据机场区位优势和城市产业基础，将遴选出来的京津冀支线机场地区和通用机场地区规划建设为具有产业特色的临空经济区或航空小镇。在临空产业形态、机场运行模式、用地空间布局等方面探索创新，重点发展飞行培训、飞机租赁、航空博览、飞机维修等多种航空经济业态。根据当地自然资源禀赋打造航空工业型、商贸会展型、休闲度假型等不同主导功能的航空特色小镇，探索"航空特色小镇+临空经济"发展模式，以此为国内其他城市发展特色小镇、完善城镇体系发挥示范作用。例如，石家庄栾城机场的通用航空产业基地可打造以航空制造产业链为核心的航空工业型小镇，积极开拓航空器组装、航空器贸易航展、航空器零配件制造、航空服务等业务；河北雄安新区拟建的雄县通用机场地区，便可打造立足于白洋淀空中观光旅游的旅游休闲型通航小镇，构建以航空旅游产业链为重点的休闲产业区。

总体而言，在京津冀协同发展的大背景下，京津冀机场地区不仅需要单个机场地区的"港产城"一体化发展，同时也需要实现京津冀整个区域内的机场群、临空产业集群和航空都市群"三群联动"式的协同发展；并全面融入区域交通发展、产业联动发展和城市群的建设发展之中，引领和示范京津冀地区的协同发展；最终在大京滨链式结构中发挥关键性的枢纽作用和"孵化器"作用，推动大京滨走廊地区打造成为全球创新走廊。

第四节 京津冀机场群、临空产业集群和航空都市群协同发展的对策

在京津冀"三地四场"机场地区"港产城"一体化发展的基础上，进一步推动京津冀地区的机场群、临空产业集群和航空都市群协同发展，以实现"三群联动"。合理制定京津冀地区"三地四场"机场体系的发展策略，实现各机场之间的合理分工和优势互补，共同打造世界级机场群；以"三地四场"机场为城郊型综合交通枢纽，衔接京津冀区域内主要城区、城市功能区及其他综合交通枢纽，实现京津冀地区内临空经济区之间的快速连接；推动京津冀四大临空经济区实现优势互补、分工协作、错位发展和互利共赢，共同打造京津冀地区以高新技术产业和现代服务业为主体、各具特色的临空产业体系；统筹规划北京大兴临空经济区、首都机场国际临空经济核心区、天津航空城（包括空港经济区和东丽临空经济区）及石家庄临空经济区，加快城市化建设水平，积极承接北京非首都功能，有效分担城市中心区的压力。通过提升京津冀机场地区的枢纽化水平、产业化水平和城市化水平，促进其机场群、临空产业集群和航空都市群协同发展。

一 建立健全京津冀机场地区"多规衔接"的规划体系

近年来，职责不同的政府职能部门先后编制了多个机场地区的专项

规划，涉及机场地区不同的发展领域。例如，机场总体规划由民航专业规划院按照机场专业要求编制，由民航部门负责批复审核，侧重机场范围内的发展建设；机场周边地区临空经济区的规划建设则多由当地的规划与自然资源局负责，涉及机场土地的开发利用、空间布局和功能划分；临空产业发展规划则多由当地的工业与信息化局主导编制，涉及临空产业的发展路径、空间布局等。这些规划分别从不同角度对机场地区的建设提出建议，主要问题是缺乏统筹，彼此在规划理念、发展路径选择及价值选项等诸多方面缺乏有效的对接，各规划之间始终存在刚性拼接的痕迹，最终在操作层面难以全面落实。显然，机场地区的规划是一项综合性的战略规划，应遵循"多规合一"的国土空间规划理念，全面加强机场专项规划与机场周边地区的城市规划、交通规划和产业规划的融合，推动机场地区各类功能区规划的"多规融合"，以期实现整个机场地区的城市空间开发、产业发展、交通组织和机场运营等多方面的合作共赢。同时加快建立健全京津冀机场地区的土地开发利用、航空噪声防治、机场净空保护及电磁环境保护等方面的法规制度。

  由于京津冀地区的机场用地范围和控制管理范围较大，机场地区涉及多头管理的问题。当务之急是机场地区需要建立健全"多规衔接"的规划体系。从机场地区土地综合开发、管理体制机制、"港产城"一体化发展等诸多方面进行统筹协调，推动京津冀核心区临空产业发展规划、国土空间规划、机场总体规划等各类专项规划有机衔接，建立健全机场地区的国土空间规划体系，以在顶层设计层面实现"多规衔接"。建议由京津冀协同发展领导小组牵头，京津冀三地政府共同编制《京津冀临空经济区协同发展规划》，在战略层面统筹京津冀地区的各项临空经济区规划。重点协同京津冀"三地四场"的临空经济区规划，并将张家口空港经济技术开发区、承德空港城等已有的临空经济区以及秦皇岛、邯郸等规划中的临空经济区纳入该规划，以加强统筹区域临空产业体系的总体布局；避免同质化竞争，重点加强航空航天、生物医药、数字经济、信创产业等领域的优势互补，并建立京津冀三地临空经济区在规划层面的协同合作机制。

二 创新京津冀机场地区"三群联动"发展的体制机制

在京津冀协同发展的背景下,坚持以政府为引导、以市场为主导的协同开发理念,创新京津冀机场地区的开发建设和运营管理体制机制。在机场地区层面,鉴于我国临空经济区普遍存在多头管理且无统一协调管理机构的现状,针对首都机场集团统管京津冀"三地四场"的特殊机场管理体制,建议将京津冀"三地四场"机场地区列为航空城管理体制改革试点。围绕机场地区"港产城"三方面统筹发展进行制度创新,协调机场有关部门、当地政府、各类功能区及驻场单位的利益诉求,推动探索我国机场地区土地开发新模式、航空城管理的新体制和新机制,以实现航空城行政区划和管理体制的有机统一。

在机场群的管理体制机制方面,目前首都机场集团公司已经基本实现了对京津冀核心机场群的统筹管理;在临空产业集群领域,建议成立以企业为主体的京津冀临空产业联盟,共同打造具有全球竞争力的创新型高端产业链及产业集群,合力构建协同有序、分工合作的高端临空产业体系;在航空都市群领域,建立健全涵盖北京顺义区、北京大兴区、河北廊坊市、天津东丽区以及河北石家庄正定新区等政府层面的京津冀临空经济区联席会议制度,共同创建京津冀国家级临空经济先行区和示范区。

在政府协作层面,建立临空经济区主管机构之间的政府服务平台合作机制,加强招商引资优惠政策、投资环境评价和临空产业准入标准等政策规章制度方面的战略协同。例如,依据国务院办公厅印发的《关于加快推进政务服务"跨省通办"的指导意见》(国办发〔2020〕35号),推动京津冀各临空经济区主管机构政府服务平台之间落实"跨省通办"工作机制和合作方案,并对临空企业落户等相关环节予以相互授权。在市场化运作层面,依托北京综保区开发管理中心、天津天保控股有限公司等综保区的开发主体和平台型公司,采用相互参股、控股或股权合作等方式,尝试在"三地四场"的空港综保区进行异地交叉投资、经营和管理,实现战略联合开发和优势互补。探索建立京津冀机场地区临空产业开发、管理、运营的市场化机制,并考虑由京津冀三地政府、企业等共同筹集设立京津冀临空产业发展专项基金,以引导区域内的临空产业体系向高端化、国际化和集群化升级。

三 合作共享京津冀机场地区各类国家支持政策

当前京津冀核心机场群的临空经济区片区普遍叠加了多重国家政策，是国家级新区、自贸区（综合保税区）以及临空经济示范区等的密集分布区。北京首都机场临空经济核心区和北京大兴机场临空经济区共享北京自贸区、中关村示范区、北京市服务业扩大开放综合试点等地的相关国家和城市支持政策，其中北京大兴机场临空经济区还享受河北自贸区机场片区的政策。天津滨海机场则享受天津自贸区机场片区、滨海新区综合保税区等地的相关政策。石家庄正定机场也享受河北自贸区正定片区、正定机场综合保税区等地的政策。京津冀机场地区各平台的国家级和市级政策参差不齐、覆盖不全，需要在京津冀层面统筹打造国家级的政策高地，力求共享空港型自由贸易试验区、空港型跨境电商综合试验区、贸易便利化示范区以及综合配套改革试验区等多平台的各类国家支持政策。

结合京津冀"三地四场"空港型综合保税区的转型发展以及空港贸易便利化示范区的申报创建，积极创新升级京津冀"三地四场"的临空经济区。以首都机场国展中心、天津国家会展中心及北京大兴机场国际会展中心（筹建中）为主体，共同申报创建国家进口贸易促进创新示范区；并共同推动京津冀"三地四场"地区实现中关村科技园区、中关村国家自主创新示范区"1+6"政策体系的全覆盖，使航空类创新项目享受中关村国家自主创新示范区的相关扶持政策。

四 积极探索设立政策普惠的京津冀空港型自由贸易区

随着中国（天津）自由贸易试验区（天津机场片区）、中国（北京）自由贸易试验区（天竺综保区片区）和中国（河北）自由贸易试验区（大兴机场片区、正定片区）的先后建立，京津冀"三地四场"地区已经实现自贸区政策的全覆盖。可积极探索设立区域性、专业性的京津冀空港型自由贸易试验区，共同出台航权开放、航空金融租赁、一体化通关、流程简化等系列政策。为此要积极推动京津冀三地的自由贸易试验区机场片区、临空经济示范区和空港型综合保税区的"三区联动"建设，打造京津冀地区高水平开放的临空经济发展平台。

秉承优势互补、分工错位、联动协同发展的原则，加强京津冀三地航空口岸与自由贸易试验区机场片区、空港型综合保税区、跨境电商综合试验区之间的联动发展，优化跨境电子商务的通关服务，推动航空货物转运、邮政服务、商业快递等多种方式跨境电商航空物流服务业快速发展。统筹规划建设京津冀机场地区的大通关基地，建立健全"互联网+海关"预约通关平台；实施先放行后改单作业模式、生产型出口企业出口退税服务前置等各种跨境贸易便利化举措，简化通关程序，增加通关效率，实现 7×24 小时通关，以促进航空物流与临空产业融合发展。

五 共同申报京津冀"三地四场"地区国家临空经济协同发展先行区

临空经济区既是推动区域产业升级转型的试验田，也是践行我国新型城镇化的示范点。目前我国已先后规划建设了 100 个以上的临空经济区，这些新兴而颇具特色的功能区的发展路径、开发模式和管理体制机制等都不同，亟需通过示范区探索临空经济区发展的新思路、新路径和新模式。2012 年 7 月发布的《国务院关于促进民航业发展的若干意见》（国发〔2012〕24 号）明确提出要大力推动航空经济发展，通过民航业科学发展促进产业结构调整升级，带动区域经济发展。选择部分地区开展航空经济示范区试点，加快形成珠三角、长三角、京津冀临空产业聚集区。2015 年 6 月，中共中央、国务院印发的《京津冀协同发展规划纲要》提出打造国际一流的航空枢纽，加快北京新机场建设，开展北京新机场临空经济合作区改革试点。2015 年 7 月发布的《国家发改委、民航局关于临空经济示范区建设发展的指导意见》明确了临空经济示范区建设发展的总体要求、设立条件、申报程序、建设任务、职责分工等，以推动临空经济示范区健康有序发展。2016 年 12 月，民航局、国家发改委和交通运输部联合发布的《中国民用航空发展第十三个五年规划》又提出要贯彻落实《关于临空经济示范区建设发展的指导意见》，鼓励地方政府在业务规模较大的机场周边规划设立临空经济区，引导各临空经济差异化发展，在机场—产业—城镇一体化协调发展方面先试先行，加快形成珠三角、长三角、京津冀临空产业聚集区和示范区。

时至 2021 年，我国已经先后批复了郑州航空港经济实验区、西安航空城实验区等 17 个国家级临空经济示范区。北京大兴机场和首都机场临空经济示范区也已经分别于 2016 年 10 月和 2019 年 2 月获得国家发改委和民航局的联合批复，分别占地 150 平方千米和 115.7 平方千米。我国至今尚未从区域协同发展角度设立区域型的临空经济协同发展示范区，为此建议在《京津冀协同发展规划纲要》的指导下和国家发改委、交通运输部以及民航局相关部委的支持下，京津冀"三地四场"的临空经济区可向国务院及国家发改委申请共同打造京津冀临空经济区协同发展先行区，以建立健全世界级机场群、临空产业集群和航空都市群为总体目标，力求在区域各机场地区"港产城"一体化发展、机场土地综合开发、管理体制机制改革、自贸区航空金融制度创新等方面先试先行。

六 统筹协调京津冀航空口岸及各类指定口岸的布局建设

目前京津冀地区已经初步形成了以航空口岸、海运口岸为主导，以铁路、公路口岸为补充的设施完善、功能齐备、运行高效的国家客货口岸体系。首都机场已拥有进境食用水生动物、肉类、植物种苗、药品、整车进口口岸功能以及国际邮件转运等指定口岸功能，北京大兴机场正在申报进境植物种苗、食用水生动物、肉类、水果、冰鲜水产品以及伴侣动物六类指定口岸以及国际邮件转运口岸，天津机场拥有进境水果、冰鲜水产品、食用水生动物、植物种苗、药品等指定口岸功能以及国际邮件转运功能，而石家庄正定机场仅拥有进境药品口岸功能和金伯利钻石指定口岸功能。总的来看，京津冀航空口岸并未实现所有类别指定口岸的全覆盖，区域性的航空口岸体系也有待建立健全。

针对京津冀地区功能性的指定口岸开通数量不足的现状，建议由国家口岸办牵头，联合民航局、国家发改委、海关总署、质检总局、国家邮政管理局等相关职能部门统筹布局京津冀地区的各类指定进境口岸以及国际邮件转运口岸的规划建设。积极推动京津冀机场群内所有指定口岸的全覆盖，并构建面向全球开放、通关各具特色的区域性航空口岸体系，共同打造京津冀地区高水平、大开放、全覆盖的航空类国家指定口岸体系。

七 加快整合京津冀地区的快递物流园区

加强大京滨交通走廊沿线的航空物流中心、陆路物流中心、海运物流中心的协同，推动沿线地区物流体系化，形成分拨中心、仓储中心、海陆空集散中心和城市末端配送快递网点，重点打造集保税仓储、分拨转运、信息服务、交易展示等功能为一体的京津塘高速沿线快递产业集群，推动大京滨走廊沿线地区形成通达全国、辐射世界的全球快递资源配置中心、全国性海陆空快件集散中心。

优化大京滨交通走廊沿线的物流基地、物流中心（综合物流区）和配送中心（专业物流区）的总体布局，推动沿线的北京顺义空港、通州马驹桥、平谷马坊、大兴京南等物流基地以及十八里店物流中心、西南物流中心等与天津武清物流基地、北辰陆路港物流园、天津机场航空物流区、东疆港物流园构建分工合作的物流园区体系，重点打造空港快递专业类航空物流园、高铁快递专业类铁路物流园、海港快递专业类跨境物流园、网络零售快递专业类电商物流园等快递专业类物流园区。重点推动以数码产品等为典型、以航空物流方式为代表的高价值物流产业发展，重点发展医药、家用电器等专业物流集聚区；鼓励国际快递企业在大京滨走廊设置仓储、集散、呼叫、数据和研发中心，以聚集快递产业群；最终推动京津冀"三地四场"机场群依托航空物流园和国际邮件转运站，大力增强国际航空货运、物流保障和中转的能力，形成服务全国、辐射全球的货运航班网络，打造服务共建"一带一路"合作国家的全球航空物流节点和国际邮政快递枢纽集群。

八 创新探索京津冀机场地区的土地综合开发模式

当前在公共交通枢纽、铁路等交通设施用地领域，国家已先后出台了多项鼓励政策。如2013年1月发布的《国务院关于城市优先发展公共交通的指导意见》明确支持在公共交通设施用地上进行土地综合开发，提出对新建公共交通设施用地的地上、地下空间，按照市场化原则实施土地综合开发。对现有公共交通设施用地，支持原土地使用者在符合规划且不改变用途的前提下进行立体开发。公共交通用地综合开发的收益用于公共基础设施建设和弥补亏损。2013年3月国家发改委印发的《促进综合交通枢纽发展的指导意见》提出了鼓励土地综合开发的保障措施：要在保障枢纽设施用地的同时，集约、节约用地，合理确定综合交通枢纽的规模。对枢纽用地的地上、地下空间及周边区域，在切实保证交通功能的前提下，做好交通影响分析，鼓励土地综合开发，收益应用于建设和运营枢纽设施。2014年8月发布的《国务院办公厅关于支持铁路建设实施土地综合开发的意见》提出支持铁路运输企业利用自有土地、平等协商收购相邻土地、依法取得政府供应土地，或与其他市场主体合作，对既有铁路站场地区进行综合开发，引导市场主体综合开发铁路用地及站场毗邻区域土地，提升铁路建设项目的资金筹集能力和收益水平。

为了满足航空客货运量快速增长的需求，空港地区的市政基础设施和公共服务环境普遍需要进一步改善。而当前机场建设投入多、运营成本高、回报周期长，机场总体规划红线范围内的土地作为单一的交通类划拨用地，开发强度较小，发展潜力未得到完全释放。相对而言，民航部门尚缺乏涉及机场土地综合开发的政策支持。鉴于当前京津冀"三地四场"机场体系均归属于中国民航局直属企业——首都机场集团公司所管辖，建议将京津冀"三地四场"的机场地区设为机场土地综合开发的试点，推动在这些机场总规红线内进行土地一级开发，所获的收益仅可用于机场建设和运营。例如，建议天津市政府授权由空港经济区管委会、东丽区政府和首都机场集团以及其他机构单位共同组建股份制的建设开发平台公司，对天津机场总体规划范围内尚未征用开发的土地以及机场大道沿线地区进行综合开发，以期实现航空城的合理有序建设；加快第二、第三跑道东侧和南侧用地以及机场大道南通道外围用地的综合开发，并面向航空类企业进行定向招商引资，尤其以机场大道南北延长线建设为契机，进行沿线地区的重点招商引资和综合开发，项目以航空物流、航空维修、航空制造以及通用航空产业为主。

参考文献

［英］彼得·霍尔等，2009，《从大都市到多中心都市》，罗震东等译，《国际城市规划》第 S1 期。

蔡云楠、李冬凌、杨宵节，2017，《空港经济区"港—产—城"协同发展的策略研究》，《城市发展研究》第 7 期。

曹允春、赵冰，2020，《临空经济区：空中丝绸之路的战略支点》，中国民航出版社。

曹允春、踪家峰，1999，《谈临空经济区的建立和发展》，《中国民航学院学报》第 3 期。

陈光宇，2020，《大力发展天津临空经济可行性初探》，《天津经济》第 10 期。

陈欣等，2020，《基于复杂网络的机场群航线网络动态特征分析》，《交通科技与经济》第 3 期。

陈修颖，2005，《区域空间结构重组——理论与实证研究》，东南大学出版社。

陈应先，2001，《高速铁路线路与车站设计》，中国铁道出版社。

崔功豪、王兴平，2006，《当代区域规划导论》，东南大学出版社。

邓海超、欧阳杰，2015，《"空港、临空产业、航空城"互动发展的灰色关联度分析——以北京顺义航空城为例》，《现代城市研究》第 4 期。

丁磊、徐行方，2019，《以上海虹桥枢纽为中心的长三角地区空铁联运分析》，《中国管理信息化》第 19 期。

关竣仁，2020，《"港、产、城"融合视角下空港工作区功能构建及空间形态研究》，硕士学位论文，华南理工大学。

管驰明，2008，《50多年来中国空港布局演变及其影响因素——基于空间分析和数理统计的方法》，《经济地理》第3期。

郭文炯、白明英，1999，《中国城市航空运输职能等级及航空联系特征的实证研究》，《人文地理》第1期。

韩传虹，2007，《和谐环境，人畅其行——长吉城际铁路龙嘉机场站设计》，《工业建筑》（增刊）第S1期。

郝媛、全波，2018，《京津冀协同背景下天津客运交通枢纽优化策略》，《城市交通》第16期。

贺竹磬、孙林岩，2006，《联合运输研究综述》，《长安大学学报》（社会科学版）第4期。

胡科等，2020，《临空经济区的空间范围识别——对北京首都国际机场的实证分析》，《城市规划》第9期。

黄建中，2006，《特大城市用地发展与客运交通模式》，中国建筑工业出版社。

黄民、张建平，2007，《国外交通运输发展战略及启示》，中国经济出版社。

黄志刚、荣朝和，2008，《北京城市客运交通枢纽存在的问题及分析》，《综合运输》第6期。

蒋伶，1999，《南京市建设航空城的可能性和必要性》，《城市规划汇刊》第1期。

金忠民，2004，《空港城研究》，《规划师》第4期。

赖天珍，2020，《新时代京津冀地区铁路网规划研究》，《铁道经济研究》第6期。

李东泉、韩光辉，2013，《1949年以来北京城市规划与城市发展的关系探析——以1949—2004年间的北京城市总体规划为例》，《北京社会科学》第5期。

李丽萍，2005，《国际城市的理论与实践——国际城市的形成机制、发展模式与形成路径》，新华出版社。

李艳波、刘松先，2014，《港口群、产业群与城市群复合系统的共生关系研究——以厦漳泉同城化为例》，《华东经济管理》第8期。

李挚，2009，《长沙市当前建设航空城的可能性与必要性初探》，《中外建筑》第 4 期。

《临空经济发展战略研究》课题组，2006，《临空经济理论与实践探索》，中国经济出版社。

刘荣增，2003，《城镇密集区发展演化机制与整合》，经济科学出版社。

刘淑敏，2017，《空港型综合交通枢纽陆侧交通系统关键技术问题研究》，《现代交通技术》第 6 期。

刘欣葵，2010，《北京城市规划建设管理 60 年反思》，《当代北京研究》第 2 期。

刘雪妮、宁宣熙、张冬青，2007，《发展临空产业集群的动力机制研究》，《现代经济探讨》第 1 期。

刘晏滔，2008，《基于 DEA 方法的长三角地区机场效率分析》，硕士学位论文，中国民航大学。

刘玉芳，2008，《北京与国际城市的比较研究》，《城市发展研究》第 2 期。

吕斌、彭立维，2007，《我国空港都市区的形成条件与趋势研究》，《地域研究与开发》第 2 期。

吕小勇、赵天宇，2014，《空港—城市轴带式产业空间的形成机制与布局模式研究》，《城市建筑》第 22 期。

茅芜，1998，《上海浦东临空产业的发展对策》，《上海综合经济》第 11 期。

缪仲泉，1989，《天津城市规划（天津城市建设丛书）》，天津科学技术出版社。

欧阳杰，1999，《关于我国航空城建设的若干思考》，《民航经济与技术》第 3 期。

欧阳杰，2005，《链式空间结构：京津冀核心区的发展模式》，《北京规划建设》第 4 期。

欧阳杰，2005，《我国航空城规划建设刍议》，《规划师》第 4 期。

欧阳杰，2013，《以机场导向的 AOD 综合开发模式》，《空运商务》第 6 期。

欧阳杰、陈晓珍，2014，《基于生命周期理论的京津冀机场群协同发展战略》，《综合运输》第 12 期。

欧阳杰等，2018，《基于城际铁路网的京津冀机场群轨道交通衔接模式探讨》，《城市轨道交通研究》第 9 期。

欧阳杰、邓海超，2014，《京津冀地区"港、产、城"一体化发展对策研究》，《中国民用航空》第 8 期。

欧阳杰、李家慧、陈生锦，2018，《"一带一路"国家战略下我国货运枢纽机场群布局》，《国际航空》第 11 期。

欧阳杰、李旭宏，2007，《城域·市域·区域——以京津城市空间结构的演变为例》，《规划师》第 10 期。

欧阳杰、李旭宏，2009，《航空城发展的动力机制及其综合开发模式》，《规划师》第 11 期。

欧阳杰、苏千，2016，《天津机场地区"港、产、城"一体化发展对策研究》，《城市》第 1 期。

欧阳杰、苏千，2017，《航空城空间结构演进过程及其动力机制分析》，《现代城市研究》第 2 期。

欧阳杰、徐翀宇，2017，《共建世界级京津冀城市群与机场群》，《国际航空》第 5 期。

欧阳杰、张倩丽，2018，《大湾区机场群布局规划和发展特征》，《国际航空》第 3 期。

欧阳杰、赵岩，2014，《北京构建面向世界城市的国际航空职能体系比较研究》，《城市》第 2 期。

欧阳婧、刘雪妮，2021，《航空货运产业关联性及临空产业体系构建研究》，《综合运输》第 1 期。

庞效民，1997，《区域经济合作的理论基础及其发展》，《地理科学进展》第 4 期。

彭李琪、干浩亮，2020，《成渝地区临空产业协同发展思考与建议》，《空运商务》第 12 期。

彭涛、刘云亚，2003，《发展与控制——广州新白云国际机场周边地区规划的思考》，《城市规划》第 1 期。

秦灿灿、刘武君，2006，《上海机场与磁浮、铁路开展联运的设想》，《综合运输》第 5 期。

施卫良、赵峰，2005，《北京城市总体规划的继承、发展与创新》，《北京规划建设》第 2 期。

孙莉，2017，《北京临空经济发展问题与对策研究》，《中国市场》第 14 期。

孙艳峰、龚昕、黄子惺，2009，《空港经济的产生机理与空间分布模式》，《北方经济》第 8 期。

汤凯，2020，《我国临空经济区对地区经济增长的影响——基于离散型空间溢出效应》，《中国流通经济》第 8 期。

唐怀海、潘昭宇，2020，《枢纽机场与多层次轨道交通体系的衔接布局》，《城市交通》第 4 期。

唐路、薛德升、许学强，2003，《1990 年代以来国内大都市带研究回顾与展望》，《城市规划汇刊》第 5 期。

陶瑞，2015，《河北承接航天产业转移研究》，知识产权出版社。

天津市地方志编修委员会办公室、天津市规划局，2009，《天津通志·规划志：1404—1990 年》，天津科学技术出版社。

天津市地方志编修委员会办公室、天津市规划局，2015，《天津市志·规划志：1991—2010 年》，光明日报出版社。

王东、白劲宇，2016，《从"城市机场"到"机场城市"》，《北京规划建设》第 5 期。

王亮，2016，《北京市城乡建设用地扩展与空间形态演变分析》，《城市规划》第 1 期。

王炜等，1998，《城市交通规划理论及其应用》，东南大学出版社。

王晓川，2003，《国际航空港近邻区域发展分析与借鉴》，《城市规划汇刊》第 3 期。

王晓、王俏，2019，《优化完善京津冀铁路网规划》，《北京规划建设》第 10 期。

王珍珍、黄茂兴，2013，《"产业—港口—城市"联动发展的理论演进脉络与协调机制》，《管理学刊》第 4 期。

王珍珍、李雪莲，2013，《海西"产业—港口—城市"三群联动的共生系统》，《厦门理工学院学报》第 2 期。

王铮、孙翊、顾春香，2014，《枢纽—网络结构：区域发展的新组织模式》，《中国科学院院刊》第 3 期。

魏后凯，1988，《区域开发理论研究》，《地域研究与开发》第1期。

[美] 沃尔特·艾萨德，2011，《区位与空间经济》，杨开忠等译，北京大学出版社。

谢守红，2004，《大都市区的空间组织》，科学出版社。

谢永琴，2006，《城市外部空间结构理论与实践》，经济科学出版社。

薛凤旋、郑艳婷，2007，《国际航空货运枢纽港：以航空物流为新竞争优势》，《国际城市规划》第1期。

严定中等，2016，《天津城市规划历史沿革及启示》，《城市发展研究》第12期。

阎小培、周素红，2006，《高密度开发城市的交通系统与土地利用》，科学出版社。

杨婧，2017，《产业集群的生命周期及其演化机制研究》，硕士学位论文，南京大学。

杨荫凯，1999，《交通技术创新与城市空间形态的演化》，《城市问题》第2期。

姚士谋，1997，《中国大都市空间的空间扩展》，中国科学技术大学出版社。

叶立梅、陈新国，2003，《北京的国际城市功能与空间布局调整》，《城市问题》第3期。

曾菊新，2001，《现代城乡网络化发展模式》，科学出版社。

张凡、宁越敏，2019，《全球生产网络、航空网络与地方复合镶嵌的战略耦合机理》，《南京社会科学》第6期。

张京祥、殷洁、何建颐，2008，《全球化世纪的城市密集地区发展与规划》，中国建筑工业出版社。

张蕾、陈雯、宋正娜，2011，《空港经济区范围界定——以长三角枢纽机场为例》，《地理科学进展》第10期。

张文尝等，2002，《交通经济带》，科学出版社。

张学兵，2000，《利用北京铁路枢纽发展城市交通》，《铁道运输与经济》第7期。

张越、胡华清，2007，《珠三角地区五大机场的协调运营模式》，《综合运输》第7期。

张愁琼，2020，《爱尔兰香农自由贸易区对中国临空经济发展的启示》，《现代营销》（下旬刊）第 10 期。

赵冰、曹允春、沈丹阳，2016，《港—产—城视角下临空经济的新模式》，《开放导报》第 2 期。

赵坚，2008，《从区域协调发展看北京城市空间规划问题》，《综合运输》第 11 期。

赵亮，2006，《京津关系发展历程及未来趋势》，《北京规划建设》第 2 期。

赵玉娟等，2019，《时空耦合视角下港产城融合发展的策略研究——以陕西省西咸新区空港新城为例》，《城市发展研究》第 S1 期。

甄峰，2004，《信息时代的区域空间结构》，商务印书馆。

郑德高、杜宝东，2007，《寻求节点交通价值与城市功能价值的平衡——探讨国内外高铁车站与机场等交通枢纽地区发展的理论与实践》，《国际城市规划》第 1 期。

周长林、沈锐、范小勇，2017，《从城市转型升级看天津市新一轮城市总体规划修编的重点》，《上海城市规划》第 4 期。

周振华、陈向明、黄建富，2004，《世界城市——国际经验与上海发展》，上海社会科学院出版社。

［英］朱利安·罗斯，2007，《火车站——规划、设计和管理》，铁道第四勘察设计院译，中国建筑工业出版社。

Banister, David, Moshe Givoni, 2013, "High-Speed Rail in the EU27: Trends, Time, Accessibility and Principles", *Built Environment*, Vol. 39, No. 3.

Berg, Leo van den et al., 1997, *Metropolitan Organising Capacity. Experiences with Organising Major Projects in European Cities*, Aldershot: Ashgate Publishing Company.

Bertolini, Luca, 1996, "Nodes and Places: Complexities of Railway Station Redevelopment", *European Planning Studies*, Vol. 4, No. 3.

Burns, Malcolm C., Josep Roca Cladera, Montserrat Moix Bergadà, 2008, "The Spatial Implications of the Functional Proximity Deriving from Air Passenger Flows Between European Metropolitan Urban Regions", *Geo Journal*,

Vol. 71, No. 1.

Castells, M., 1996, "The Net and the Self: Working Notes for a Critical Theory of the Informational Society", *Critique of Anthropology*, Vol. 16.

Chin, A., 2001, "Regional Hubs versus Mega Hubs: Prospects, Challenges and Impediments for Regional Airports", *Journal of Aviation Management*, No. 2.

Cohas, François J., Peter P. Belobaba, Robert W. Simpson, 1995, "Competitive Fare and Frequency Effects in Airport Market Share Modeling", *Journal of Air Transport Management*, Vol. 2, No. 1.

Conway, H. McKinley, 1980, *The Airport City: Development Concepts for the 21st Century*, Atlanta: Conway Publications.

Corey, Kenneth E., 2000, "Intelligent Corridors: Outcomes of Electronic Space Policies", *Journal of Urban Technology*, Vol. 7, No. 2.

Correia, M. D. F., J. D. A. E. Silva, 2015, "A Review of Airport Concepts and Their Applicability to the New Lisbon Airport Process", *Revista Portuguesa de Estudos Regionais*, Vol. 38, No. 1.

Eichinger, Andreas, 2007, "Characteristics and Competitive Implications of Air-Rail Links in Germany", *World Review of Intermodal Transportation Research*, Vol. 1, No. 3.

Givoni, M., 2005, "Aircraft and High-Speed Train Substitution: The Case for Airline and Railway Integration", University of London.

Givoni, Moshe, David Banister, 2006, "Airline and Railway Integration", *Transport Policy*, Vol. 13.

Govind, Shekhar, 1992, "Urban Port and Harbor Management", Transportation Science Section of the Operations Research Society of America, Vol. 26, No. 2.

Hall, Peter, 2002, *Urban and Regional Planning*, London, GB: Routledge.

Hess, Stephane, John W. Polak, 2004, "Mixed Logit Modelling of Airport Choice in Multi-Airport Regions", *Journal of Air Transport Management*, Vol. 11.

Kasarda, John D., 1991, "Global Air Cargo-Industrial Complexes as Development Tools", *Economic Development Quarterly*, Vol. 5, No. 1.

Kasarda, John D., 2004, "Asia's Emerging Airport Cities-Airport-Linked Real Estate Takes off", *Urban Land Asia*, No. 12.

Neufville, R. de, 1995, "Management of Multi-Airport Systems: A Development Strategy", *Journal of Air Transport Management*, Vol. 2, No. 2.

Neufville, Richard de, Amedeo Odoni., 2003, *Airport Systems: Planning, Design and Management*, New York: McGraw Hill.

Rimmer, Peter J., Sandra M. Davenport, 1998, "The Geographer as Itinerant: Peter Scott in Flight, 1952–1996", *Australian Geographical Studies*, Vol. 36, No. 2.

Roeseler, W. G., 1971, "Airport Development Districts: the Kansas City Experience", *Urban Law*, No. 3.

Schaafsma, M., J. Amkreutz, M. Guller, 2008, "Airport and City: Airport Corridors: Drivers of Economic Development", Amsterdam Schiphol, The Netherlands: Schiphol Real Estate.

Schaafsma, Maurits, 2010, "From Airport City to Airport Corridor: Airport and City, Sustainability and Economy", in Ute Knippenberger, Alex Wall, eds., *Airports in Cities and Regions Research and Practice*, Karlsruhe: KIT Scientific Publishing.

Varlet, J., 1992, "Interconnection of Transport Networks in Europe", Document 92/1, Institute of Air Transport, Elements for a Prospective Geography.

Weisbrod, Glen E., John S. Reed, 1993, "Airport Area Economic Development Model", paper presented at the PTRC International Transport Conference, England: Manchester.

后　　记

　　自 1997 年进入民航研究领域以来，我便开始着手从城市规划和交通运输工程学科交叉的维度研究机场相关领域，并着重从机场角度切入研究京津冀空间、产业和交通领域的规划发展。在研究过程中，我始终重视机场研究领域的基础理论创新，早在 1999 年便在《关于我国航空城建设的若干思考》一文提出了航空城的开发模式；而后又提出机场地区"港、业、城"一体化开发模式、航空城空间结构的理想模型以及以机场为导向的开发模式（AOD 模式）；再后在论证"交通—产业—空间—生态"链式结构的理论基础上，提出"大京滨走廊"概念。本书从区域机场地区"港产城"协同发展角度提出机场群、临空产业集群和航空都市群"三群联动"的发展模式。

　　本书是我主持的教育部人文社科规划项目（15YJAZH053）"机场地区'港产城'一体化发展模式研究——以京津冀地区为例"的学术研究成果，也是我近些年围绕机场相关研究领域所完成的阶段性总结，还部分汲取了我博士论文的相关内容。本书得到了我校临空经济团队曹允春、石学刚、沈丹阳、白杨敏等诸多老师的大力支持，特别感谢我校科技处和原机场学院领导为本书的出版提供的支持，也特别鸣谢我的研究生赵岩、左伟伟、苏千、邓海超、陈晓珍、徐翀宇、李晓、李朋、张倩丽、李家慧、陈生锦、文婷等，他们协助为本书绘制了部分插图，有的还提供了部分研究素材。需要指出的是，我在与学生合作撰写论文和指导学生写作论文的过程中，切身体会到了在机场研究领域"教学相长、协力精进"的学术乐趣。最后要致谢中国社会科学出版社周佳编辑等为本书出版所作的精心编排。

　　本书以机场研究为重点，涉及机场地区"港产城"发展的诸多方面，可供从事机场、临空经济和航空城理论研究和应用实践的同仁借鉴参考。因本书涉及面广,研究深度和高度有待进一步拓展,研究方法和技术路线有待进一步完善,研究不足和疏漏有待进一步匡正,望读者不吝指正。